図解 よくわかる これからの 品質管理読本

吉原 靖彦

同文舘出版

まえがき

製造業が継続的に発展していくには、短期的にも中長期的にもモノづくりの狙いとして、外（顧客など）に対しては顧客満足度の追求、内（企業内など）に対しては生産効率の向上、この2つを複眼的に捉えながら活動していくことが欠かせません。

品質管理の面でも、まさにこの取り組みの方向に変わりはありません。

製造業における品質の歴史を見ると、第二次大戦後の復興期においても、「安かろう悪かろう」という日本製品への悪評が続き、日本の製造業は苦難の時代がありました。

1950年、アメリカの統計学者であり、コンサルタントでもあった、W・エドワード・デミング博士の来日講演がきっかけで品質管理活動が盛んになり、これが高度成長時代を演出しました。このような中で生まれた、日本型TQCが製品品質の向上面で大きな効果を生み、米国など海外の製造業に勝る力を発揮してきたと言えます。

このような日本の躍進は、アメリカ社会全体に危機意識を高めた一方、日本企業の優れた経営手法に注目が集まるようになってきました。この日本型TQCの、「カイゼンし続ける」という特徴を取り入れ、アメリカの企業風土に合うように、トップダウン型の意思決定による品質マネジメント手法としてTQMの考え方が提唱され、アメリカの製造業復活の原動力のひとつとして力を発揮してきました。1990年代半ばにこれが日本に逆輸入され、日本でもＴＱＭの考え方に基づいた品質管理が広がってきていると言えます。

品質管理活動では、日本型ＴＱＣのボトムアップ型活動と、ＴＱＭで提唱されているトップダウン型活動の両方が不可欠であり、これをどのように融合化・高度化させていくかが課題と言えます。

本書では、このような品質管理の発展の流れを見ながら、ボトムアップ型活動である日本型ＴＱＣの活動の進め方を中心に、これらの活動をわかりやすく、また具体的に活用しやすいように解説し、品質管理の基礎づくりに役立つことを目指しています。

本書では、広義の品質管理活動での、仕組みや手順・課題を図解でわかりやすく解説しています。

1章では、よい品質の姿と取り組み方、戦後の品質管理の流れとこれからの発展の方向について。2章では、データやバラツキの面から見た品質管理の考え方、またＱＣを行なうための考え方について。3章では、品質管理に効果的に取り組む基本として、標準化やＱＣサークル、5Ｓなどへの取り組み方について。4章では開発や設計・試作・生産準備段階での品質保証の考え方、ネライの品質の作り込みの進め方について。5章では、製造段階におけるデキバエの品質の作り込みの具体的活動内容として、変化点管理、ストップルック、作業訓練などの進め方について。6章では、品質改善の進め方として、原因の追究や効果の確認の進め方などの工程内不良やクレームへの対応の手順について。7章、8章では、パレート図などのQC7つ道具について、それぞれの手法の働きや使い方、またそれらの作り方に関して具体的に説明します。9章では、人の問題から見た品質不具合、すなわちヒューマンエラーの要因と対策の考え方について。10章では、これからの品質保証活動の課題として、ISO9001での体質改善や高齢者と品質保証の問題などについて考えていきます。

著者は生産管理のコンサルタントとして37年余、生産活動の場において、その仕組みの効率化、品質改善や現場改善の推進、そしてモノづくり人材の育成と、多面的に活動してきました。これらの活動を通して体得した管理や改善のノウハウを、本書にまとめました。

本書が、品質管理や品質保証に関する管理手法や、現場改善の進め方を習得したいと思っている製造企業の経営者や管理・監督者、生産スタッフの方々にとって、お役に立つことを期待しています。

最後に、本書の出版にあたっては、同文舘出版の古市達彦氏に大変お世話になりました。

ここに深く感謝の意を表します。

2024年2月

吉原靖彦

図解　よくわかる　これからの品質管理読本◎目次

3章

品質管理の取り組み方の基本

4章

ネライの品質の作り込み …… 67

5章

デキバエの品質の作り込み …… 87

6章 品質改善の進め方

第7章

QC7つ道具の理解と活用：Part1 …… 127

8章

QC7つ道具の理解と活用：Part2 …… 145

カバーデザイン／春日井恵実
カバーイラスト／野崎一人
本文デザイン・DTP／マーリンクレイン

1章

品質管理は どう進化してきたか

1-1

製造業の重要な目標は
「品質第一」

よい製品とは、よい品質とは

よい製品・よい品質が、顧客満足度の向上を生み、当社のファンを増大させ、売上げの増大につながり、そして利益を創出して勝ち抜く企業になる。

◎よい製品とは

企業活動の基本は、顧客の要望にマッチし、かつ顧客にとって望ましい効用を提供できる製品を開発・設計して、生産・販売することと言えます。

このようにして作られた製品は、会社発展の原動力でもあり、同時に多くの消費者に貢献するという、社会的責任を果たすことになります。

◎利益を生み出す製品とは

企業が、組織の活性化と利益を継続的に獲得するには、現在の生産で確実に利益を生んで、次の製品開発や生産効率化の改善に投資することが大切です。

生産活動で製品が生み出す利益は、次の2つを同時に追求することで、現在と将来にわたって効果的に生み出せます。

▼顧客満足度の向上

▼生産活動の効率化

この2つの視点を、常に複眼的に見つめながら、これらの高度化を狙った活動を進めていくことが大切です。

◎顧客満足度の向上を図る

明日（将来）の利益を確保する面で最も大切な点は、当社のお客様（ファン）を増やすことです。そのためには顧客満足度を高めることが最重要課題と言えます。

➡明日の利益は、顧客満足度の向上から

顧客満足度を高める面で重要な要素は、次の点です。

- 当社の製品の仕様や使い勝手、また製造品質が顧客の要求に合っているだけではなく、それを超えていること
- 要求納期は、モノづくりの仕組みの工夫や製造の努力により達成していること

◎生産活動の効率化を図る

生産活動の効率化のネライは、会社の今日（現在）の生産での利益を確保することです。

➡今日の利益は生産活動の効率向上から

生産活動の効率化の面で、重要な要素は次の点です。

- 製造原価面でのムダが発生していない
- 品質の確保や安定化により、品質コストの低減を図る
- 納期の管理・順守体制ができている
- 常に改善活動を推進している

よい製品とは、よい品質とは

勝ち抜く製造業への2つの視点

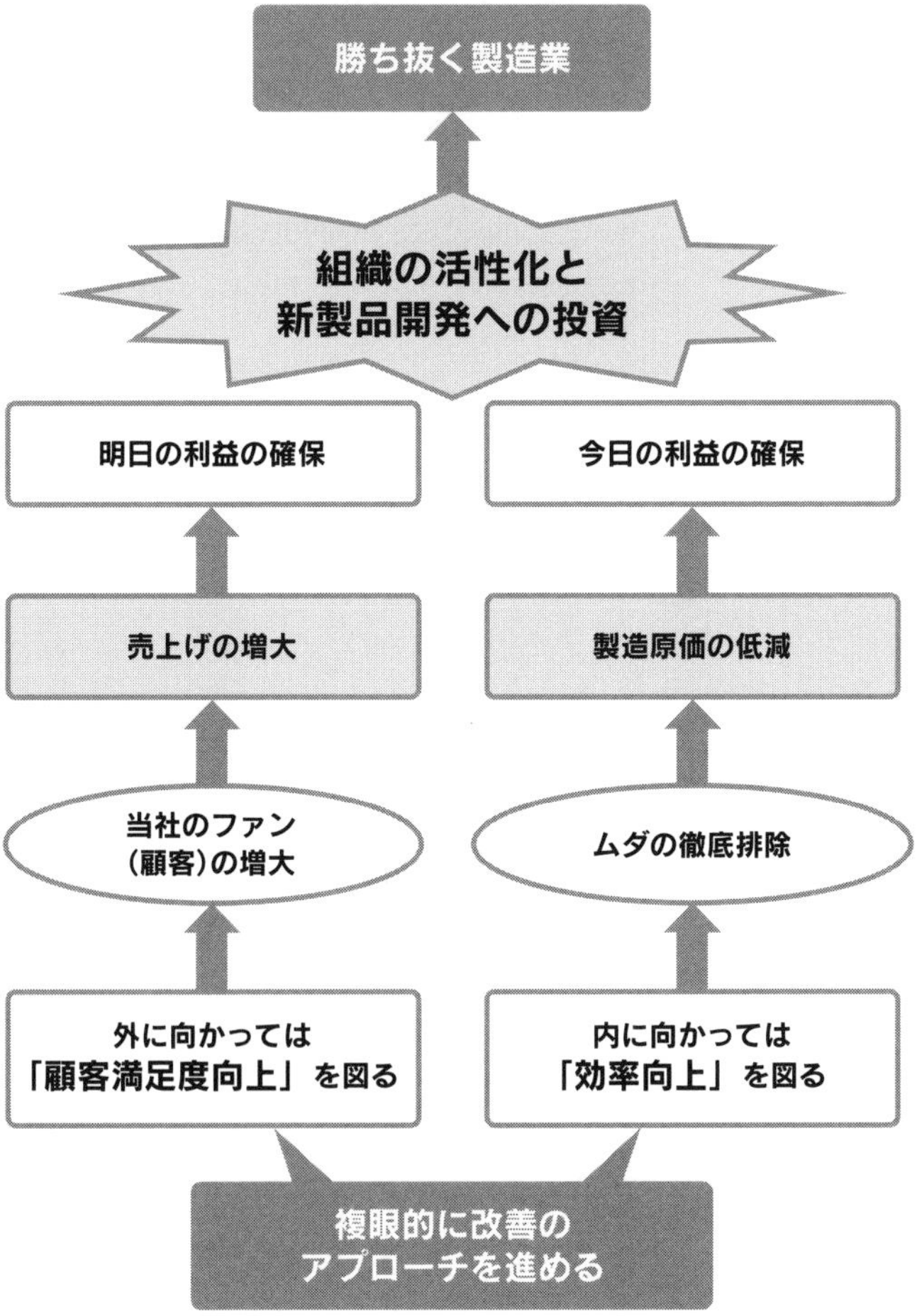

顧客満足度：Customer Satisfaction（CS）

1-2

製造業に求められる
品質とは何か？

顧客満足のための よい品質

顧客満足度を高めるには、ネライの品質、デキバエの品質、サービスの品質の3つを同時に高める、製造業としての総合力が必要だ。

品質とは

JIS Z 8101では、品質を次のように定義していました。「品物又はサービスが、使用目的を満たしているかどうかを決定するための評価の対象となる固有の性質・性能の全体」（この定義は1999年の改訂の際に削除された）。一方、ISO9000では、「対象に本来備わっている特性の集まりが、要求事項を満たす程度」と定義されています。

品質の種類

顧客に「満足していただける品質」には、次の3つの面の品質があります。

①**企画・設計の品質**：製品の仕様、性能、デザインなど、企業から見ると顧客に購入してもらえる品質です。「ネライの品質」と言うこともあります。

②**製造の品質**：製造段階ではネライの品質に対して、加工・組み立て段階で、一台一台の製品の品質にバラツキが生じます。そのバラツキの度合いが製造の品質です。「デキバエの品質」と言うこともあります。

③**サービスの品質**：顧客への製品の納入後に発生する故障や不具合に対して、受けられるサービスの度合いを言います。

品質の顧客満足化

「よい品質」、すなわち顧客に「満足していただける品質」というのは、前述の3つの品質がともに優れていることが、大前提となります。

しかし、これらの3つの品質は、次のように企業の中ではそれぞれ異なった複数の部門が担当しているのが、多くの企業での実態と言えます。

- **企画・設計の品質**：販売部門や、開発設計部門が担当しています。
- **製造の品質**：工場や製造部門・調達部門が担当しています。
- **サービスの品質**：品質保証部門やアフターサービス部門が担当しています。

真に顧客満足度を満たした製品を製造するには、これらの部門の横断的な、全社的品質管理体制のもとでの活動が欠かせないと言えます。1章6項の「全社的品質管理TQC」は、このような背景の中から生まれたと言えます。

顧客満足のためのよい品質

品質の種類と作り込みの流れ

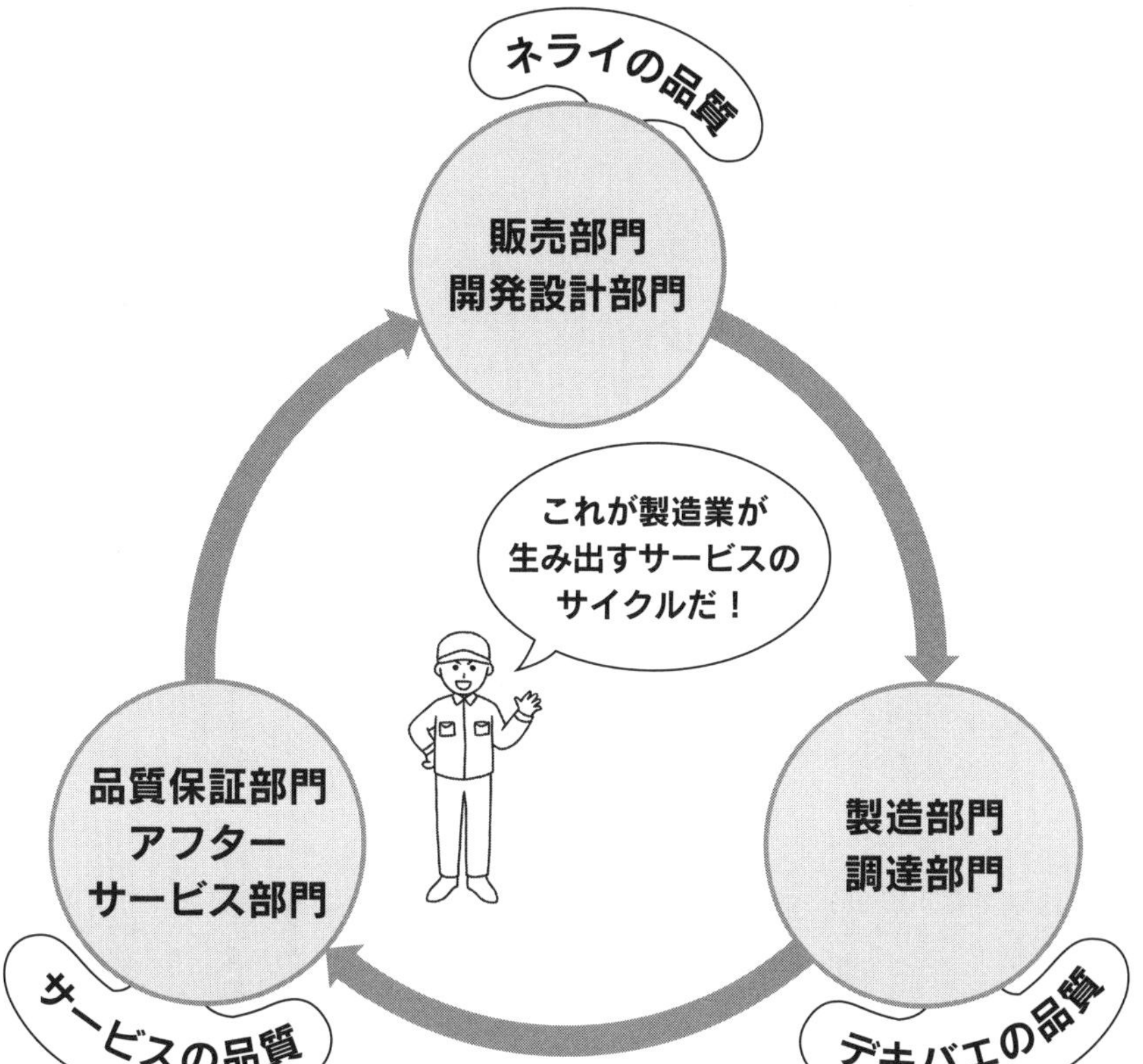

1-3

生産管理の3要素はQ、C、Dだ

生産管理と品質管理の関わり

生産活動で、企業が第一に目指す点は「顧客の要求する品質」を確実に製品に作り込むことである。

生産管理活動では、「顧客満足度の向上」と「生産活動の効率化」という2つの大きなネライがあります。

このネライの下、「生産管理の3要素」である「Q：品質、C：原価（コスト）、D：納期」の向上に向けた活動を展開していくことが重要です。

◎生産の3要素の向上活動

①顧客の要求する品質

生産活動で、まず実現すべきネライは、顧客の要求する品質を、確実に実現することです。

しかし近年は、顧客要求を満たさない、即ち品質面に問題のある製品は少なくなってきて、「製品の品質」自体は差別化要因とはなりにくくなっています。

一方、「ネライの品質」や「デキバエの品質」の確実な達成により、手戻りなどを減らして、生産効率の向上を図るという面では、大きな差別化要因となります。

②顧客の要求する納期

顧客の指定期日どおりに納入するのが、納期の順守です。

近年は受注から納入までの期間（納期）が短くなってきており、この短納期への要求に応えることが、製造業にとって重要なテーマとなってきています。

このようなことから、単なる工程管理面からの納期順守という対応だけでなく、製造リードタイムの短縮という視点からの、改善が求められています。

顧客の要求品質に対して、デキバエの品質に問題があると、その品質改善への対応で、製造現場は混乱し、製品の出荷が遅れてしまうことが頻繁に見られます。その結果、納期の順守ができず、顧客満足度が失われるという大きな問題に発展するケースがあります。

③顧客の要求する原価

原価の低減は、ただちに利益の増大につながります。この面において、品質の向上と納期順守・リードタイム短縮は、原価の低減にとって重要な要件と言えます。

このように生産の3要素はお互いに関連しており、生産改善活動では、この3つの要素を同時に満たすように取り組むことが欠かせません。

生産管理と品質管理の関わり

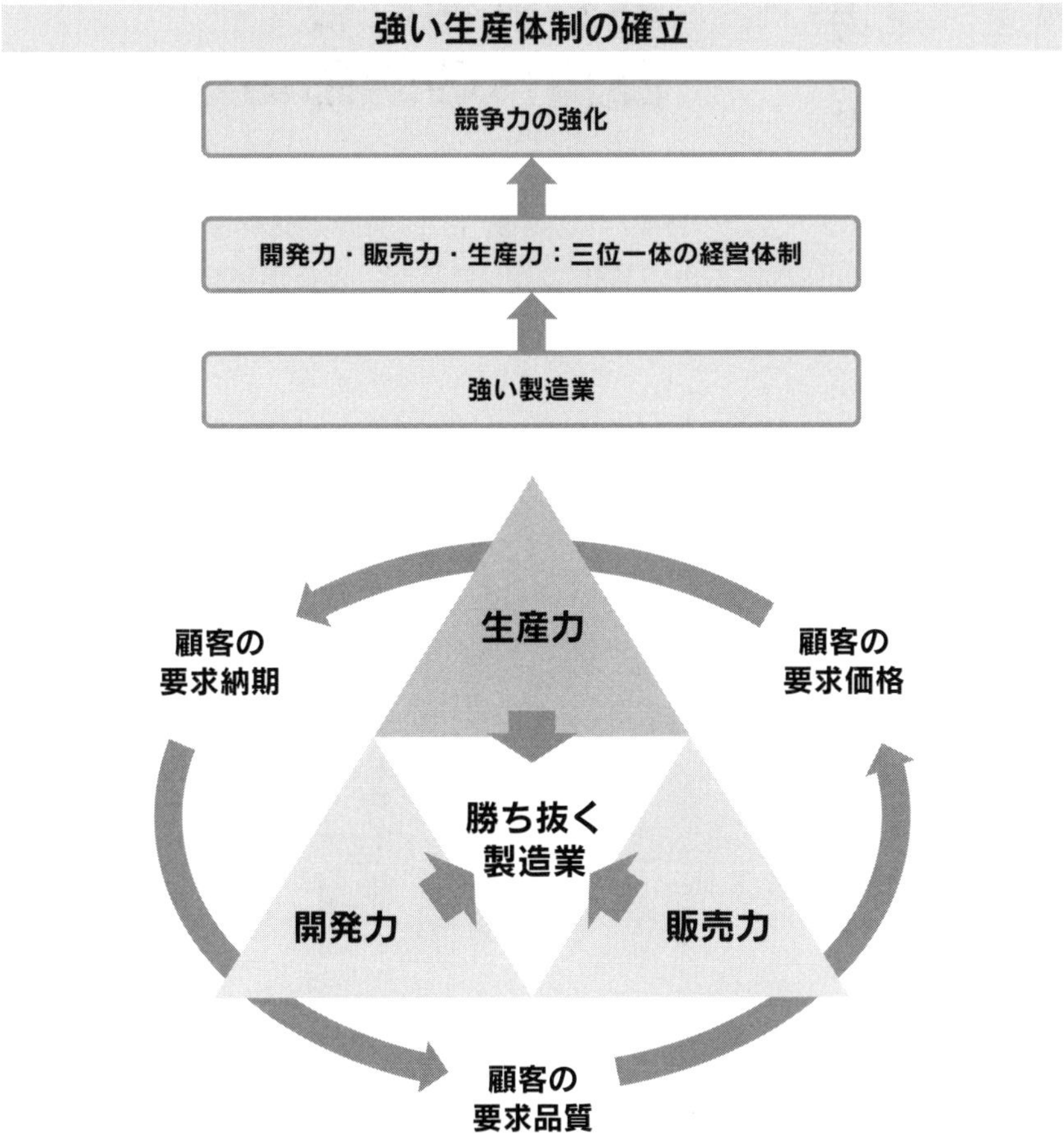

「マネジメントの父」とも言われる、ピーター・F・ドラッカーの言葉に次のようなものがあります。

「我々の事業とは何かを知るためには、最後に最も難しい問題を解決しなければならない。つまり、顧客にとって価値あるものとは何か、顧客は何を求めて製品を買うのか、という問題に解答を見出すことだ」

（『現代の経営』）

1-4

品質管理と品質保証の役割を理解する

品質管理とは：品質への対応の仕組み

広義の「品質管理」には、製造段階での品質つくり込みを狙う「（狭義の）品質管理」と、お客様の安心と満足を確実にするために多くの部門が関わる「品質保証」がある。

品質管理、品質保証とはなにか

品質保証と品質管理の業務の役割は、次のような点です。

▼品質保証（Quality Assurance）

品質保証は、製品に関する以下のような点を確認し、処置をとる体系的な活動です（左ページ参照）。

- 顧客の求める品質を満たしているか
- 使用時に満足して使用できているか
- 製品に故障はないか、アフターサービスはよいか

このような品質保証活動は販売・設計・製造・アフターサービスなど多くの部門を対象とした全社的な取り組みと言え、これにより、顧客満足度（CS）の向上を目指します。

▼品質管理（Quality Control）

製造段階で、ネライの品質どおりの製品を作り込むために行なう、一連の手法や管理の活動です。

例えば、変化点管理やQCサークルによる品質改善活動の展開、ポカヨケの設置などを行ない、製造プロセスの管理や改善を図ります。

このような品質管理活動により、顧客満足度の向上を目指します。

品質管理と品質保証は両輪だ

▼両者はCSの向上に不可欠

前記のように、品質管理と品質保証の関係は、両者ともよい品質のものを、高い顧客満足度とともに、お客様に届けるというネライでは同じです。

言い換えると、両者は品質活動の面でも、不可欠な車の両輪と言えます。

▼両者はCSの向上で補完し合う

また両者は、相互に関連することで、顧客満足度や製品の品質をより高めるための、補完関係にあると言えます。

例えば、顧客からのクレームに関する対応において、

- 迅速なクレーム処置により、顧客の不満を静める面
- 製造工程の改善により、品質不良の再発防止を進め、顧客満足度の向上を図る面

これらを同時に行なうことにより、現時点と将来的にも顧客満足度の向上に関して、相乗的にその効果が期待できます。

品質管理とは：品質への対応の仕組み

品質管理と品質保証の流れと主な活動

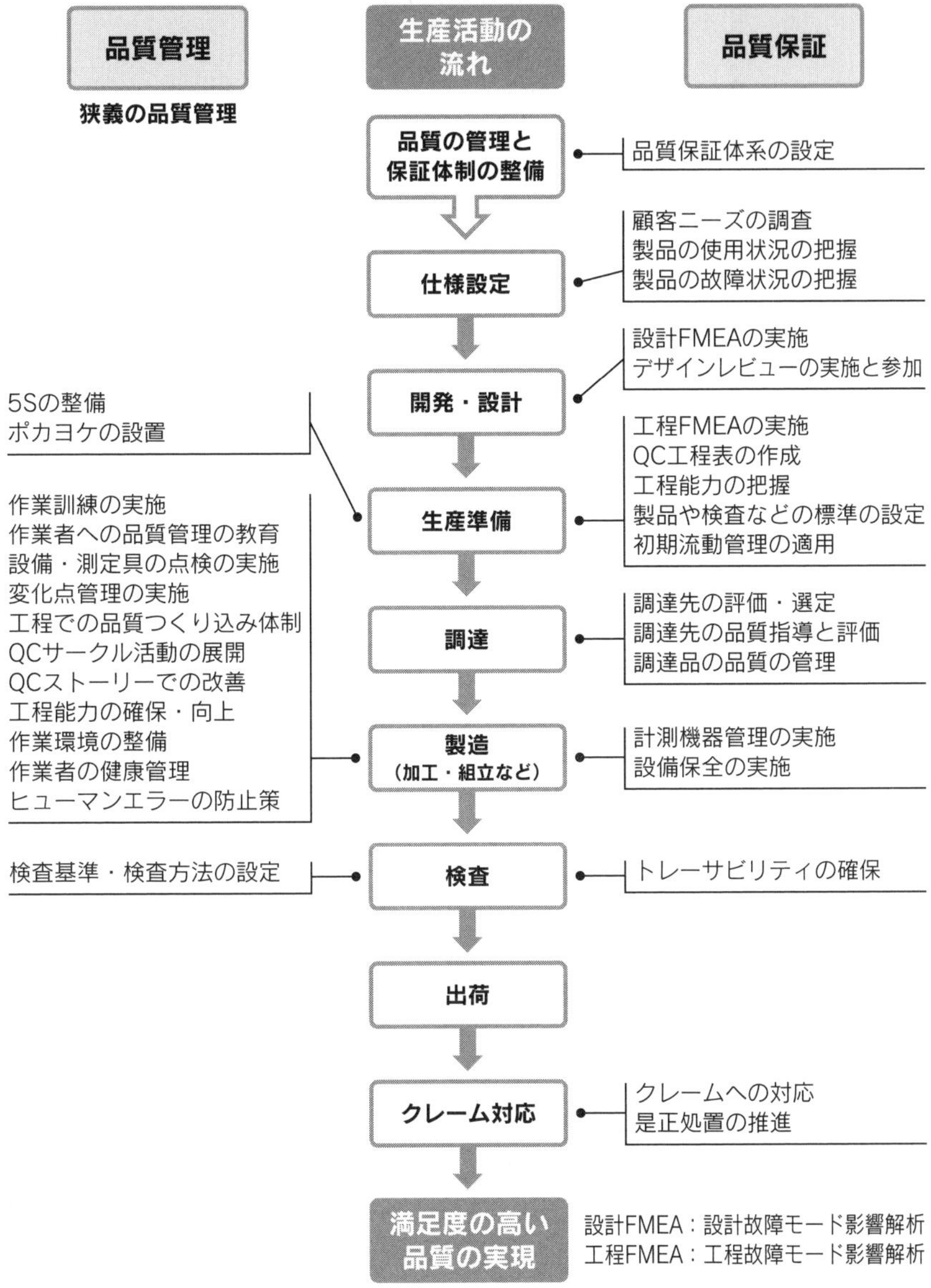
品質管理
生産活動の流れ
品質保証
狭義の品質管理
品質の管理と保証体制の整備
品質保証体系の設定
仕様設定
顧客ニーズの調査
製品の使用状況の把握
製品の故障状況の把握
開発・設計
設計FMEAの実施
デザインレビューの実施と参加
5Sの整備
ポカヨケの設置
生産準備
工程FMEAの実施
QC工程表の作成
工程能力の把握
製品や検査などの標準の設定
初期流動管理の適用
調達
調達先の評価・選定
調達先の品質指導と評価
調達品の品質の管理
作業訓練の実施
作業者への品質管理の教育
設備・測定具の点検の実施
変化点管理の実施
工程での品質つくり込み体制
QCサークル活動の展開
QCストーリーでの改善
工程能力の確保・向上
作業環境の整備
作業者の健康管理
ヒューマンエラーの防止策
製造（加工・組立など）
計測機器管理の実施
設備保全の実施
検査基準・検査方法の設定
検査
トレーサビリティの確保
出荷
クレーム対応
クレームへの対応
是正処置の推進
満足度の高い品質の実現
設計FMEA：設計故障モード影響解析
工程FMEA：工程故障モード影響解析

1-5

日本の品質管理は、第2次大戦後のアメリカからの統計的手法の導入に始まる

品質管理の発展の流れ

デミング博士は日本での講演会の中で、統計的手法の重要性と、デミングサイクルに基づく品質管理の考え方の重要性を伝えた。

◎統計的品質管理の普及

品質管理の展開においては、「事実に基づいて行動する」という心構えと具体的な方法が必要です。

そのためには分析・解析したい事象を正しく表わしている特性値（データ）を集め、このデータを整理して事実をつかむことが大切であり、この方法を「統計的品質管理（ＳＱＣ：Statistical Quality Control）」と言います。

このような統計的手法は、１９２５年頃からベル研究所のシューハートによって管理図、その他の新しい手法が工夫され、従来の検査中心の品質管理とは異なった管理手法として適用が進められました。

アメリカでは、ＳＱＣは第二次大戦中の軍需産業に活用され、戦後は一般産業に適用され、普及してきました。

「よい品質の製品」を作り、お客様に買っていただくという仕事の中で、特に統計的手法を有効に使おうとする活動を「統計的品質管理」と言います。

◎日本の品質管理の黎明期

日本の品質管理は、第二次大戦後の、産業界の戦後復興事業の中で発展してきました。

１９５０年７月に、日本科学技術連盟の招聘により、Ｗ・Ｅ・デミング博士が来日し、アメリカの品質管理について講演をしました。このデミング博士のはたした役割りは大きく、博士は「日本の品質管理の生みの親」とも言われています。

講演の中で博士は、品質管理の実施にあたっては、管理図や抜き取り検査法など統計的手法の活用が必要であると強調しました。これをきっかけに、統計的手法を用いた品質管理活動が盛んになりました。

◎デミング・サイクルとは

デミング博士はさらに、この講演の中で、品質管理の基本的な考えを示すものとして、デミング・サイクルというものを紹介しました（左ページ参照）。

これは、企業がモノを作るにあたって「製品の品質を重視する心構え」「品質に対する責任感」という基盤の上に立って行なう４つの活動と、その活動のつながりの重要性を示したものです。

品質管理の発展の流れ

デミング・サイクル

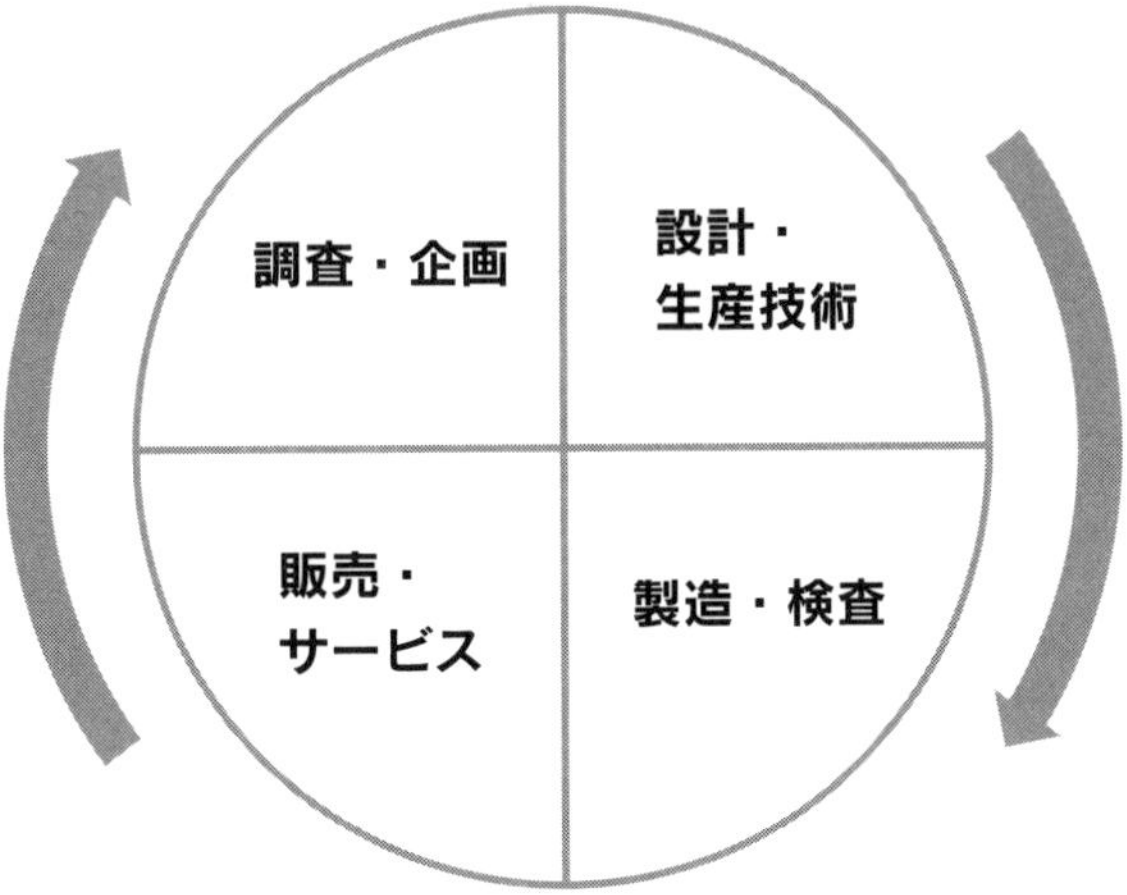

基盤にある考え
品質を重視する心構え
品質に対する責任感

デミングサイクルでは、
①製品の品質に対するお客様の要望を、よく調査研究する
②お客様の要望を満足させるような品質の製品を、企画・設計する
③設計どおりのモノを製造する
④製品をお客様に販売し、満足度を調査し、次の製品に反映させる

この調査・設計・製造・販売という4つの企業内の活動の輪を回して、品質向上を図ることが重要だということを示しています。

1-6

「日本型品質管理」の発展と
工夫の拡大

全社的品質管理 TQCとは

「全社的品質管理：TQC」はアメリカから導入されたが、同時に日本の文化に合った、独特の品質管理「日本型品質管理」が工夫されてきた。

管理の統計的手法の活用が広がりましたが、この統計的手法を、現場でもより活用しやすい形への改良や、推進方法の研究が広がりました。

たとえば、「QC7つ道具」という品質管理手法の普及や、現場発信型の品質改善活動としての「QCサークル」活動の導入などが、活発に展開されました。

◎全社的品質管理

このような中で、1950年にゼネラル・エレクトリック社の品質管理部長A・V・ファイゲンバウムが、品質管理を実践するうえで考え出したのが、「全社的品質管理（TQC：Total Quality Control）」理論です。

全社的品質管理TQCの最大の狙いは、「最も経済的な水準で、顧客を十分に満足させるような製品を生産するために、企画・設計する段階から、製造や販売そしてアフターサービスまでの全プロセスを総合的に調整して品質管理を行なうこと」にあります。

企業の一部門だけが取り組むのではなく、全従業員（経営者、管理者、監督者、作業者など）が取り組むことが、大きな特徴です。

◎日本型TQC

▼1958年に渡米した日本のQCチームが、全社的品質管理TQCの情報を持ち帰り、東大の石川馨教授を中心とした品質管理の指導者によって、QCサークルが生み出されました。この結果、製品不良の低減と再発防止が進み、品質が飛躍的に向上するきっかけになりました。

▼**日本型TQCの発展：1960年代**

貿易の自由化や、開放的経済体制への移行が急進展する中で、企業間競争が加速し、品質管理の対象が広範になってきました。

このような中で、SQCを中心とした経営管理の実施面での行き詰まりを感じ、日本企業はTQCの開発に熱心に取り組み始めました（左ページ参照）。

◎QC活動

製造現場における品質管理、つまり個々の製品の品質向上を目指して行なう活動をQC活動と言います。

デミング博士による講義を契機に、品質

全社的品質管理TQCとは

TQCのフレームワーク

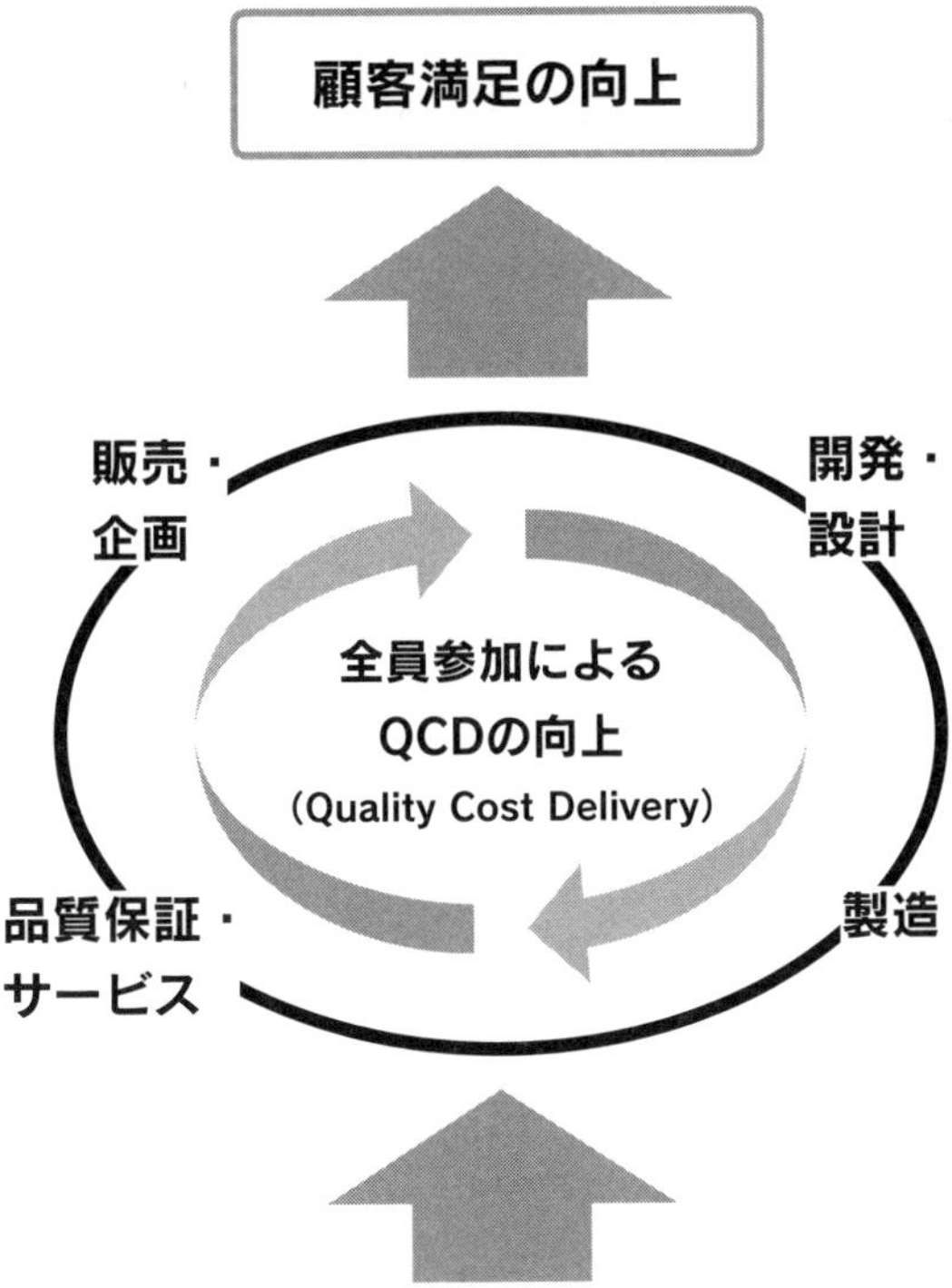

方針管理	企業の方針を一般社員まで含めて全社展開し、確実に達成する
新製品開発	マーケット・インの考えに基づいて、顧客志向の開発体制の確立
小集団活動	QCサークルを元にした問題解決力の向上と企業体質の改善
品質保証	顧客の要求する品質を保証するための組織的活動の展開

1-7

日本企業によるアメリカ市場の席巻とその反動

TQCからTQMへの流れ

アメリカでは「総合的品質管理：TQM（Total Quality Management）」による、組織全体で統一した品質目標への取り組みへと方向を修正した。

TQM（総合的品質経営）とは

▼1970年代後半から80年代初頭にかけて、日米間では自動車や工作機械などの市場で激烈な製品開発競争が起き、日本企業は急速にアメリカ市場を席巻しました。

この当時、日本の企業では、ＴＱＣがＱＣサークルに代表されるボトムアップ型の活動に独自に進化し、日本型ＴＱＣと呼ばれていました。

アメリカ市場では危機意識が高まっていった一方、日本企業の優れた経営手法に関心が集まり、特にトヨタなどの製造業に対しての研究が盛んに行なわれ、これらの研究の中で、日本独自の進化を遂げた日本型ＴＱＣに対して注目が集まりました。

これをもとに、新しい経営のモデルとして、日本型ＴＱＣの特徴であるＱＣサークルが持つ「カイゼンし続ける」という特徴を取り入れ、アメリカの企業風土に合うように、トップダウン型の意思決定プロセスによる品質マネジメントを行なう手法として、ＴＱＭの考え方が提唱されました。

▼ＴＱＭはＴＱＣで唱えられた、組織全体として統一した品質管理目標への取り組みを、経営戦略へ適用したものと言えます。

ＴＱＭは、１９８０年代後半から１９９０年代初頭にかけて、多くのアメリカ企業で導入され、アメリカ復活の原動力のひとつとなったとも言われています。

日本でのＴＱＭの流れ

一方、日本では、バブル崩壊後の不況下で、アメリカ復活の原動力としてＴＱＭが注目され、１９９０年代半ばに日本に逆輸入されました。

そして、マネジメントという考え方が浸透するにつれて、ＴＱＣは徐々にＴＱＭへと置き換わっていきました。

▼この背景として、ＴＱＣに次のような課題が露呈してきたことがあります。

- 現場での小さな改善が、顧客にとって重要な効果となっていなかった。
- デミング賞の獲得や社内での事例発表が目的となり、ＴＱＣ活動が持つ本来の目的が見失われてきた。

▼アメリカでの成功にならって、日本でもＴＱＭの考え方に基づいた、品質管理が広がってきていると言えます。

TQCからTQMへの流れ

TQCとTQMの関係

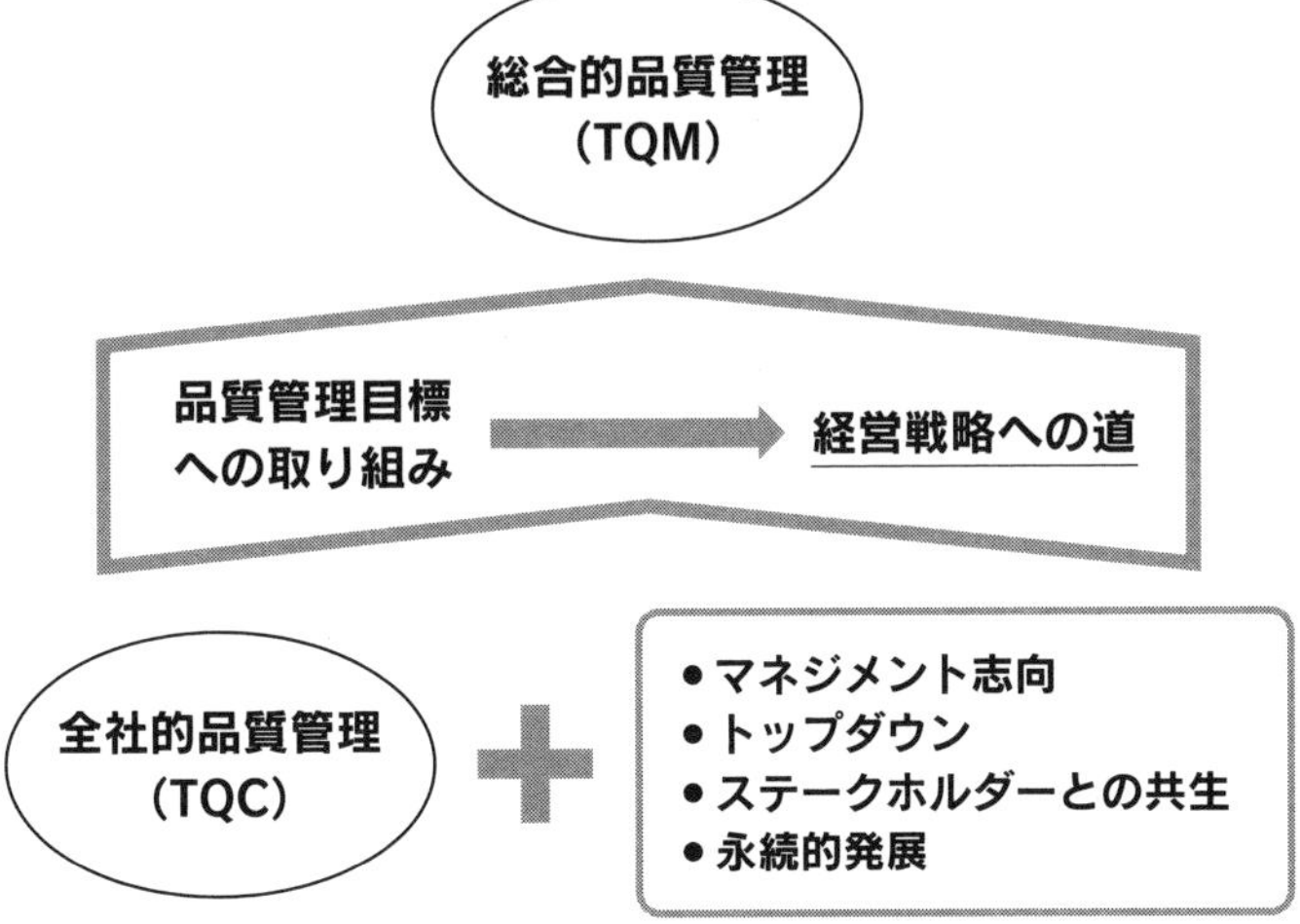

QC⇒TQC⇒TQMへの進化

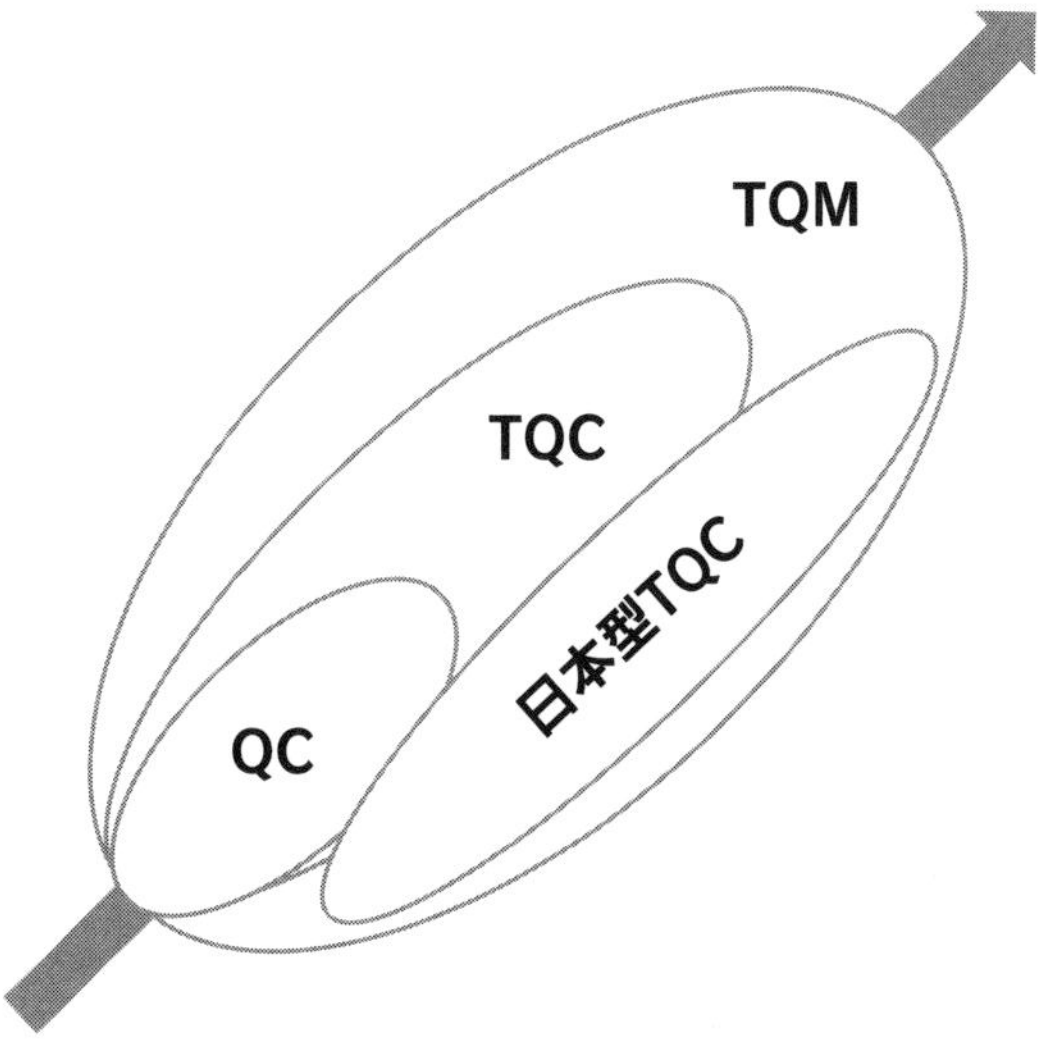

COLUMN

お客様は変化する

顧客の製品に対する期待は、その製品を求めたいと思う国民の生活水準や社会状況と、強い関連性を持ちながら変わってきました。

戦前においては、国策として圧倒的に国力増強に向けた生産体制が敷かれました。

メーカーは、このような社会情勢の中で、「安く・早く・量を作る」という考えで生産に臨み、製品の質を高めるという考えは重要視されなかったと言えます。

戦後は物不足の社会状況の中で、お客様の要求は「質より量」という時代で、「質が悪くても、まず量が揃わなければだめだ」という考えで、製品への要求は広がっていきました。

メーカーにおいても、最低限の質を満たす製品を、選別（検査）してお客様に届けるというような考えで生産に臨み、「品質は検査でつくる」という時代でした。このため製品の品質ロスは高く、生産効率の悪い状況が推移していたと思われます。

昭和40年代に入り、日本は高度成長時代に突入し、経済が飛躍的に発展してきた中で、お客様の要求内容も徐々に「品質中心」での製品の高度化を求めるようになってきました。

メーカーも、高い性能・高い機能をデキバエ品質で追求するようになり、よい品質は当たり前という時代になりました。

近年においては、お客様の生活水準がより一層高まり、「ネライの品質」の高度化による、利便性や使いやすさ、さらには個のニーズに対応した製品への期待へと変質し、さらには「サービスの品質」面で環境対応型製品などへのニーズも高まってきました。

このような顧客ニーズの変化は、これからどのように変わっていくのでしょうか?

人にやさしい製品、地球にやさしい製品へのニーズが、より強くメーカーに押し寄せてくると思われます。

2章

品質管理の考え方

2-1

品質管理の大元は
バラツキ管理だ

品質と平均値・バラツキ

バラツキのない品質特性はない。品質特性のバラツキの原因を捉え、これを抑制して品質を安定化させる活動が欠かせない。

品質の特性値

製品が「よい、または悪い」を判定するための性質を、その製品の「特性」と言い、その特性を何かの方法で測定して得た値を特性値と言います。

一定の品質を狙って製造した製品群を、測定したデータから読み取って、製品の特性値がよいか悪いかを判断するには、通常そのデータの「平均値」と「バラツキ」を用いて判定します。

言い換えると、その製品群の平均値とバラツキが、規格に対するその製品の特性の状態を表わしていると言えます。

平均値とバラツキ

①バラツキとは、測定した製品群のデータの「観測値・測定結果の大きさがそろっていないこと。又は不揃いの程度（JIS Z 8103:2019 計測用語）」を言います。

②平均値とは、データの分布の中心がどこにあるか、その位置を示すもの（カタヨリとも言う）で、多く使われるのは算術平均値（一般には単に平均値）です。

▼製品群の特性値を調べてみると、特性値には必ずバラツキがあります。

このバラツキが規格値（図面公差）を超えると、直接的には、その製品の不良品が発生し、廃棄や手直しコストの増大などの不都合を生じることになります。

データとバラツキ

製品の特性値のデータを見るときは、通常この平均値とバラツキの両方を見て判断します。

この平均値とバラツキの発生パターンの類型として、左ページのような4つのパターンがあります。

よい品質の製品を作るには、パターン1のように、平均値が規格の中央に近く、かつバラツキが少なく、全体が許容値の幅に対し、ゆとりを持って入っていることが望ましいと言えます。

バラツキの要因

バラツキの原因となり得るものとして、次のようなものがあります。

●作業者によるやり方の差異　●機械の具合　●原材料の品質　●作業方法の変動　●測定値の変動　●環境　●管理体制　などです（5章7項参照）。

品質と平均値・バラツキ

平均値とバラツキ

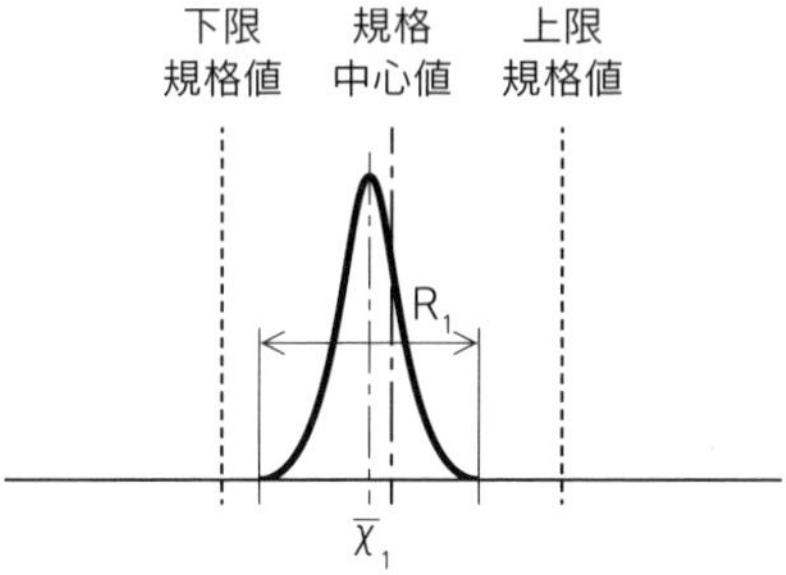

- **パターン1** …平均値が $\overline{X}_1$ が規格中心値の近くにあり、バラツキR_1も小さい

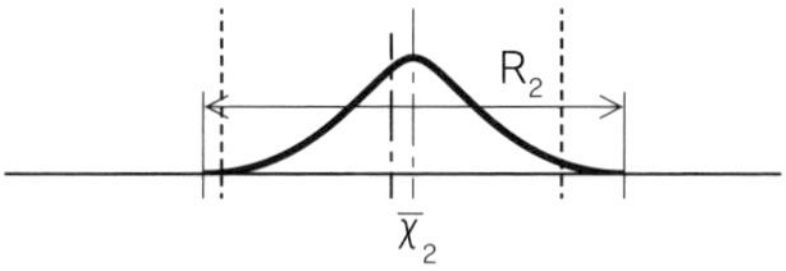

- **パターン2** …平均値 $\overline{X}_2$は規格の中心近くにあるが、バラツキR_2が大きく、規格限界値からのはみ出しがある

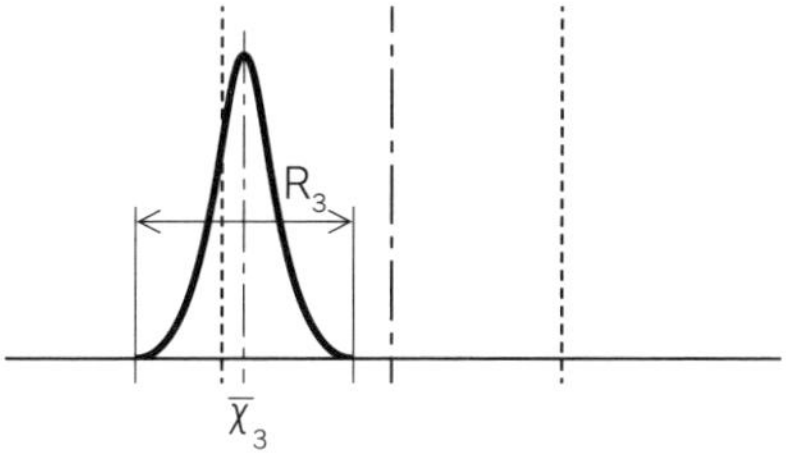

- **パターン3** …バラツキR_3は小さいが、平均値 $\overline{X}_3$は規格中心値から離れ、限界値からのはみ出しもある

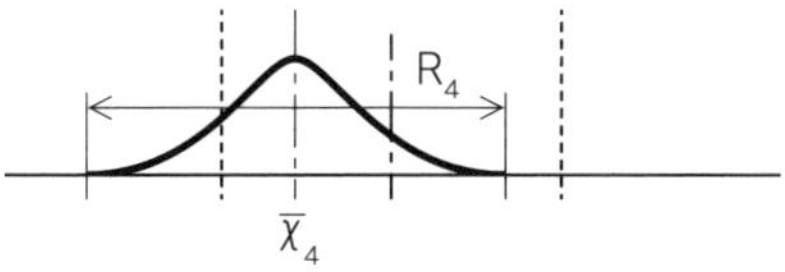

- **パターン4** …バラツキR_4も大きく、平均値 $\overline{X}_4$も規格中心値から離れている

データの平均値とバラツキは、次のように考えます。

- 加工データには必ずバラツキがある
- データを見るときは平均値だけではなく、バラツキも考えて判断する

バラツキには2種類のタイプがある

バラツキの種類と改善

異常な原因によるバラツキの発生を徹底追究して、品質を安定状態にする、言い換えると管理状態に持っていくことが、品質管理のネライだ。

バラツキ対策の進め方

製造工程における効果的な品質管理とは、製品の特性値の傾向や状態、また要因の変動状態を的確に捉えて管理を行ない、安定的な製品を生み出すことと言えます。

しかし、製造工程を管理するために科学的管理方法を用いても、どうにもならない原因不明のバラツキがあり、またこのバラツキの原因を調べても、そこでは無意味な偶発的な原因によるバラツキに遭遇することも多くあります。

2種類のバラツキ

品質目標を達成するために原材料規格、工具規格、作業標準などの標準化を行なって製造しても、できた製品の品質には大なり小なりのバラツキが発生します。

このバラツキは、次の2つに分けることができます。

①偶然の原因によるバラツキ

②異常原因によるバラツキ

▼①のバラツキは、原因を追究してみても意味のない、許されるバラツキで、管理されたバラツキとも言えます。

▼②のバラツキは、何らかの異常原因から生じるので、ただちに原因を探し出して処置をしなければならないものです。管理されていないバラツキとも言えます。

異常原因への対応

前記のような異常原因によるバラツキについては、次のような改善処置を講じることが、現場では大切です。

- 作業標準どおりに作業を行なっていなかった場合は、ただちに正しい、または決められた作業手順に戻させる
- 作業標準に不備があったときは、その改善対策を立て、作業標準の改善や充実化を行ない、再発防止に努めます。

▼このようなバラツキ要因を探し出して、再発防止に重点を置いた改善を進めていけば、見逃せない原因はしだいに取り除いていけます。

この結果として、製造工程は、安定した状態である「管理状態」に近づきます。

▼このような管理状態を保つために、品質管理としては、管理図などを適切に使用していきます（5章7項、7・8章参照）。

偶然の原因によるバラツキと異常原因によるバラツキ

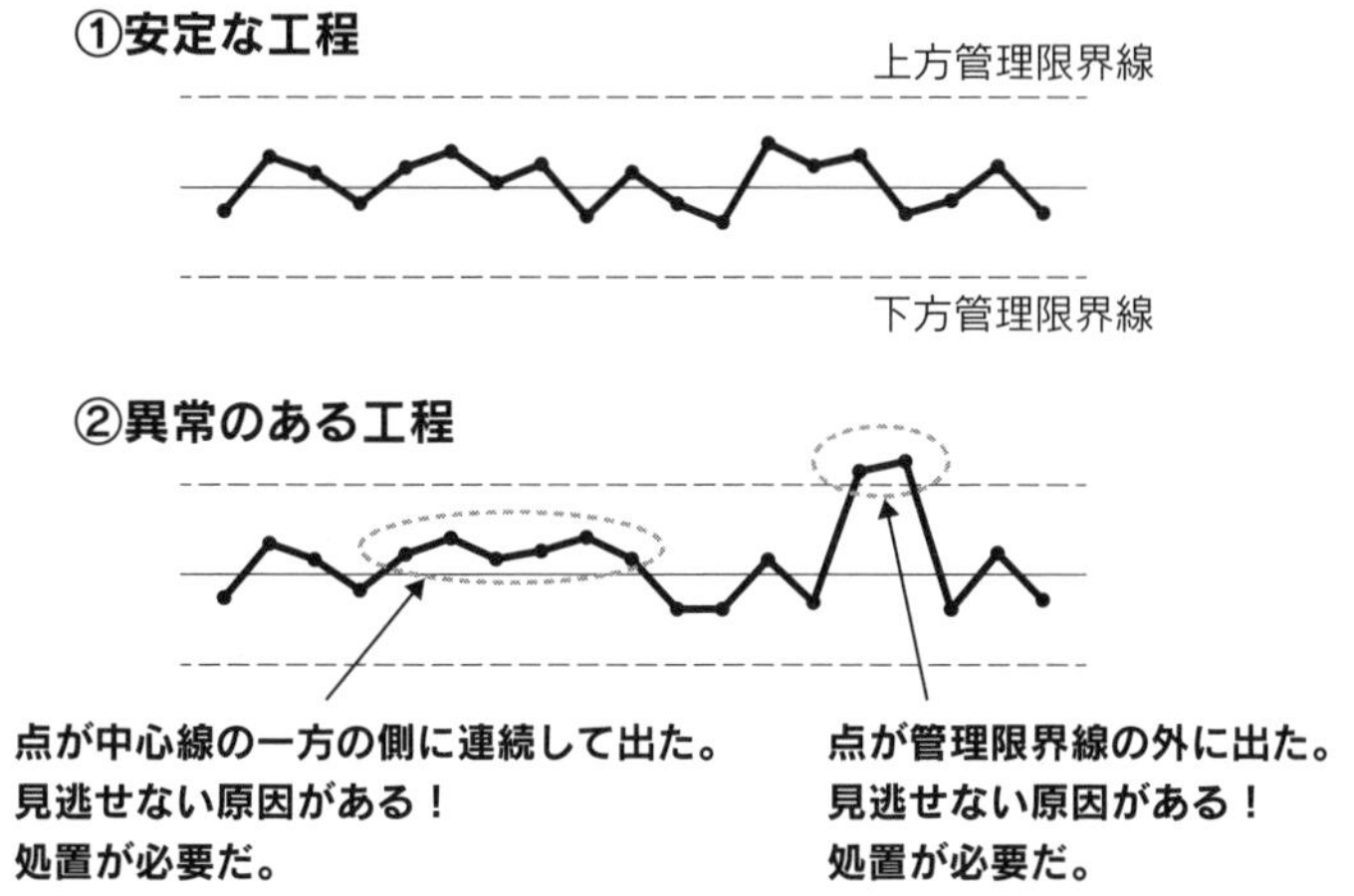
①安定な工程
上方管理限界線
下方管理限界線
②異常のある工程
点が中心線の一方の側に連続して出た。
見逃せない原因がある！
処置が必要だ。
点が管理限界線の外に出た。
見逃せない原因がある！
処置が必要だ。

①安定な工程における「避けることができないバラツキ」

同じ作業者が、同じ機械や同じ材料を用いて、同じ方法で加工しても、バラツキをまったくなくすことはきません。

このバラツキは技術的に避けることができない、いわば「避けることができないバラツキ」です。

このバラツキをできるだけ小さくするには、バラツキが出にくい加工性のよい材料に変更する、加工能力が高く安定した機械に変更するなどが必要でしょう。

②異常のある工程での「 避けることができるバラツキ」

NC旋盤で「シャフトの加工」をするときに、いつもとは異なる何らかの原因によってバラツキが発生することがあります。

- 機械の刃物台の固定ねじが緩んでいた
- 所定の材質の材料が不足していたため、異なる材質の材料を使ったため
- 部品の軸径測定用マイクロメーターが調整不良だったため、測定誤差が出た

このようなバラツキは、その原因を取り除けば、なくすことができる一時的なバラツキと言え、「避けることができるバラツキ」です。

品質管理活動の推進には
QC的なものの見方や考え方が有効だ

QCを行なうための考え方 1/3

QC的なものの見方・考え方には、長年の日本型TQC活動の真髄が含まれている。

品質を安定化した状態に維持・改善していくには、以下のような「QC的なものの見方・考え方」を全員で共有しながら、品質管理活動を実施・徹底していくことが重要です。

これらの「QC的なものの見方・考え方」は、仕事に取り組むときの基本的な姿勢であり、効率的な品質管理や、仕事の質の向上につながります。

品質第一主義

品質を最優先の経営課題として取り上げて、顧客が魅力を感じて買い、喜んで使ってもらえる満足度の高い製品やサービスを作り出していくことを言います。

このような活動と結果が、当社のファンを増やし、長期的な売上げや利益の増大にもつながります。

マーケット・イン

「マーケット・イン」とは、顧客が何を求めているかを調査・確認し、これをもとに製品を企画・開発して、提供するという考え方です。

言い換えると、ＣＳ（顧客満足度）を大事にする生産のことです。

この逆は、「プロダクト・アウト」で、作る側の立場に立って、「よい製品であれば、消費者は購入する」と考えて、生産した製品やサービスを、市場に押し込んで、販売していくという考え方です。

品質は工程で作り込む

「品質はプロセスで作り込む」とも言われるように、よい結果を出すためには、仕事の結果のみを追うのでは、成果は高まりません。

プロセス（ものごとが進む過程・仕組み、工程）を管理することによって、その仕事のやり方を向上させ、結果として仕事の質（品質）を向上させるのが効果的だ、という考え方です。

言い換えると、各工程で不良品を作らないように、それぞれが品質を作り込んで、次の工程に引き渡すことにより、最終的な製品の品質を高めていくことができると言えます。

PDCAサイクルを回す

PDCAサイクルとは、あらゆる管理や作業を行なう際に、まず計画（Plan）を立て、これに従って実施（Do）し、その結果を確認（Check）し、必要に応じてその処置（Act）として、計画や実施の見直しを行なうというサイクルのことです。

計画と実績との差異を発見すれば、これをアクションとして是正することによって、管理レベルの向上が図られます。

このPDCAサイクルを繰り返し回すことにより、管理や作業のレベルはスパイラル的に向上していきます。

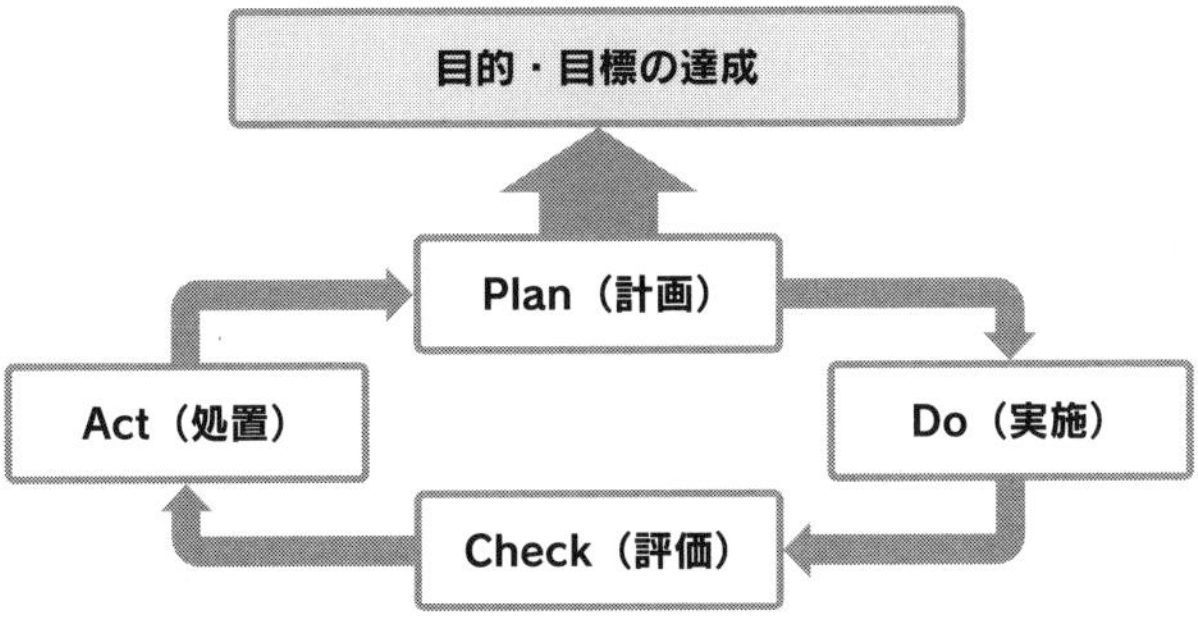

スパイラルアップ

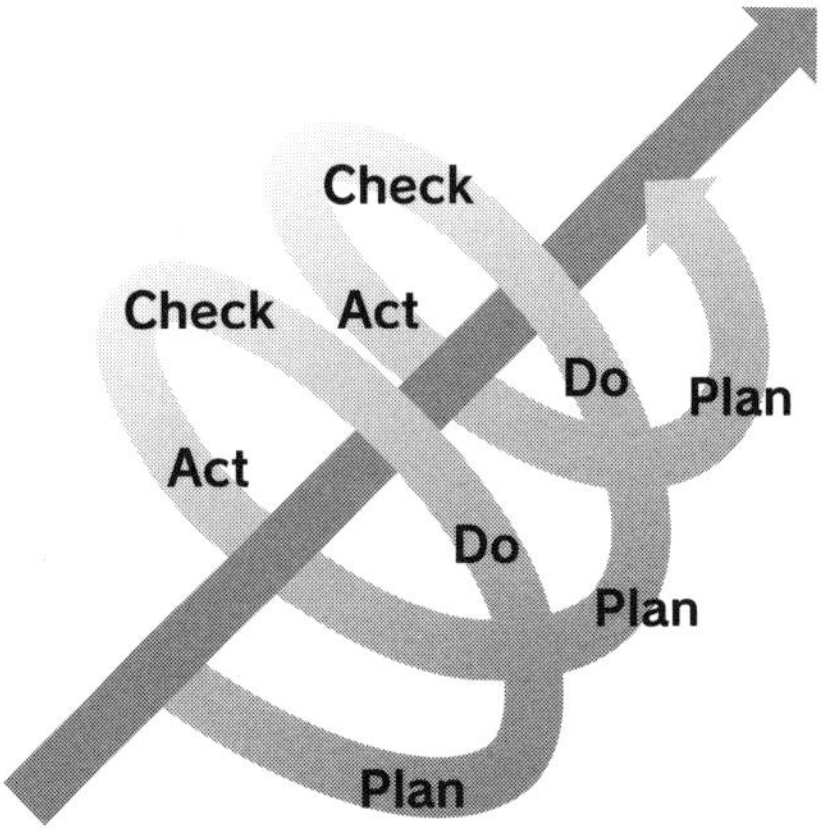

2-4

QC的なものの見方・考え方は
品質改善活動のキーワードだ

QCを行なうための考え方 2/3

QC的なものの見方・考え方には、統計的な方法、保証の考え方、管理の考え方、改善の考え方などが含まれている。

後工程はお客様

後工程とは、自分が行なった作業の結果を受け継ぐ、自工程の次の工程のことです。自分の工程の都合だけを考えて（部分最適への道）仕事をしていたのでは、後工程で効率の悪い作業や、手直しに追われる事態が発生しかねません。

後工程が楽でやりやすく、必要な生産に支障がないように、前工程が気配りをしながら、必要な数量の製品だけ楽に作れること（全体最適への道）が、大切な工程の役割と考えます。

源流管理

源流管理とは、新製品の開発管理において、製品企画や設計、生産準備などの源流段階で、品質の機能や品質不具合の予測を行ない、下流段階で起こりうるトラブルに対して、予防的に対策を講じることです。これにより、新製品の開発を効果的に進めることができます。

また、製造の源流で見つかる品質不具合などの問題点ほど、下流工程に対して影響が拡大する場合が多いと言えます。このため、問題点は源流管理として「元から断つ」ことが大事で、波及的に発生する悪影響を断つことができます。

事実に基づく管理・データで語る

品質問題では、具体的な事実（データ）をつかみ、データで見える化、定量化することが大切です。その情報を使ってPDCAを回し、対策をとるようにします。

- 現場・現物・現象などをよく観察する
- 観察した結果をデータで表わす
- 原因と結果を区別して考える
- 重点指向する
- バラツキに着目して評価する
- 徹底的に層別分析する

目的志向

活動や行動のあらゆる段階で、常に整合性のある展開になるように、目的を意識して展開することを言います。

今行なっている活動の目的は何か、目的を達成する行動になっているか、を常に考えることで、真の目的達成ができる行動がとれるようになります。

ナゼナゼを5回繰り返す

製品に品質問題が起きた時には、なぜそのような問題が起きたのかの真の原因を調べ、再びそのような問題が起きないような、根本的な対策をとる（これを再発防止策と言う）ことが重要です。

再発防止策を的確に進めるには、「なぜこんなことが起きたのか?」とその問題点に問いかけます。これを5回ぐらい繰り返すと、ほぼ真の原因に到達できると経験則で言えます。

仮説検証のフロー図

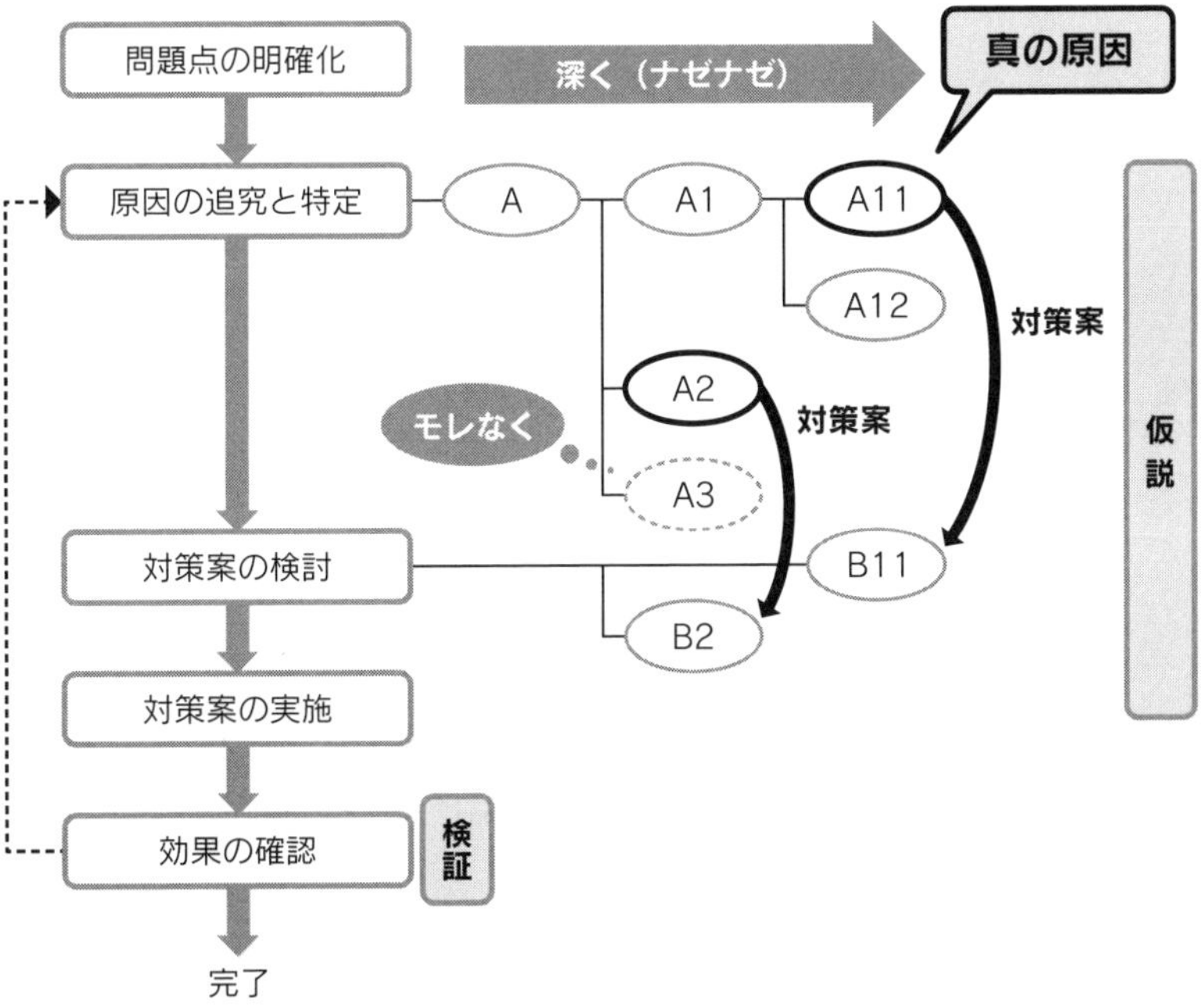

2-5

QC的なものの見方・考え方を
常に心に浮かべ活動を行なう

QCを行なうための考え方3/3

QC活動で壁に突き当たったときに、取り組み方や活動内容を振り返るのに、QC的なものの見方・考え方が役に立つ。

標準化

企業においては、各人が勝手にバラバラに行動するよりも、ある基準（標準）に則って行動するほうが効果が上がります。この基準が社内「標準」であり、このような基準を作ることが標準化です。

「標準を定め、全員がこれに基づき活動し、その結果、標準に問題点があれば、これを改訂して、新しい標準を設定し活動を行なう」という「標準のサイクル」を回しながら業務や作業を展開するというやり方が、効率の高い業務や作業の進め方です。

重点指向で進める

「重点指向」とは、改善効果の大きい問題に着目して、その優先順位の高いものから取り組むという考え方です。

- 問題がいろいろあっても、本当に重要な問題はごくわずかである
- 重点問題を取り上げて解決すれば、同じ改善努力でも効果が大きい
- 重点指向するための代表的手法がパレート図である。

バラツキ管理

製品品質には、特性値だけでなく、各種の要因にもバラツキが発生しています。このバラツキが品質を低下させる大きな要因と言えます。

バラツキが発生する原因を追究して、バラツキをいかに許容範囲内に抑え込むか、というバラツキ管理が大切な課題です。

変化点管理を重視する

変化点管理とは、製品やプロセスにおいて発生する製造要件の変化やバラツキを把握して管理することで、品質の維持や向上を図るものです。

変化点管理の目的は、意図しない変化によって生じる品質不具合を未然に防止することです。

変化点管理では、生産に用いる要素である「4M（人、機械、材料、方法）」に変化がないかを管理します。

これらに変化があると、製品品質に影響を及ぼす可能性があるので、品質に影響を及ぼさないような対策を進めます。

原因の把握のためには「層別」を徹底する

層別とは、データの特徴に着目して、何らかの共通点や、クセを持ついくつかのグループに分けてデータを分析することにより、データのグループ間（層間）に生じる差（層間差）を見つけ、有益な情報を引き出す手法です。

それぞれの層内では、できるだけデータの傾向が均一になるようにして、層間の差が大きくなるように行なうと有効です。

層別は、異なる層の間の分布の違いを分析したり、層の中での分布を調べてバラツキの原因を探るために役立ちます。

散布図での層別のイメージ

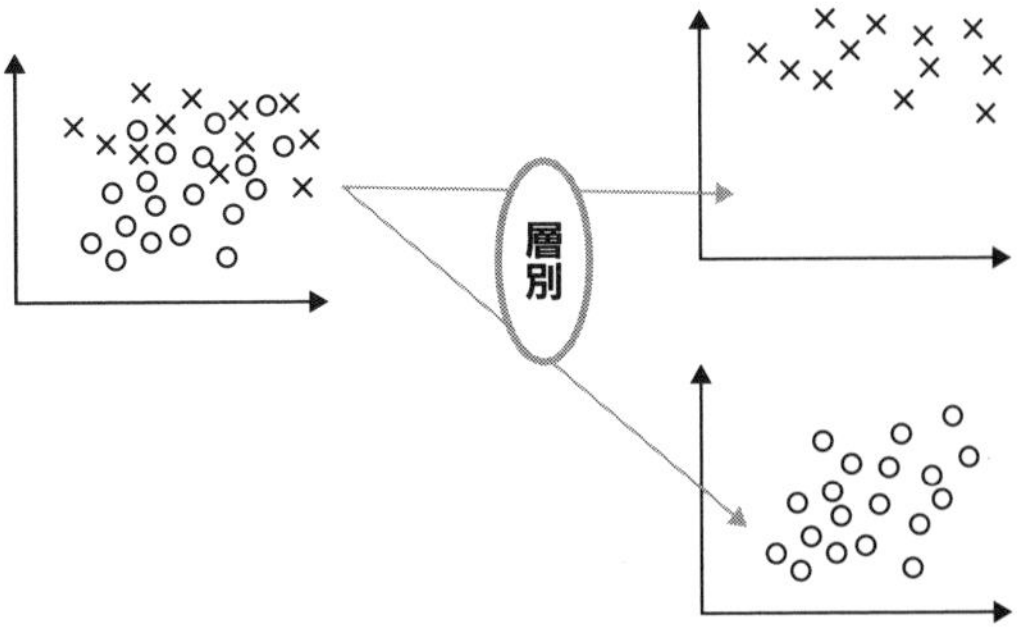

ヒストグラムでの層別のイメージ

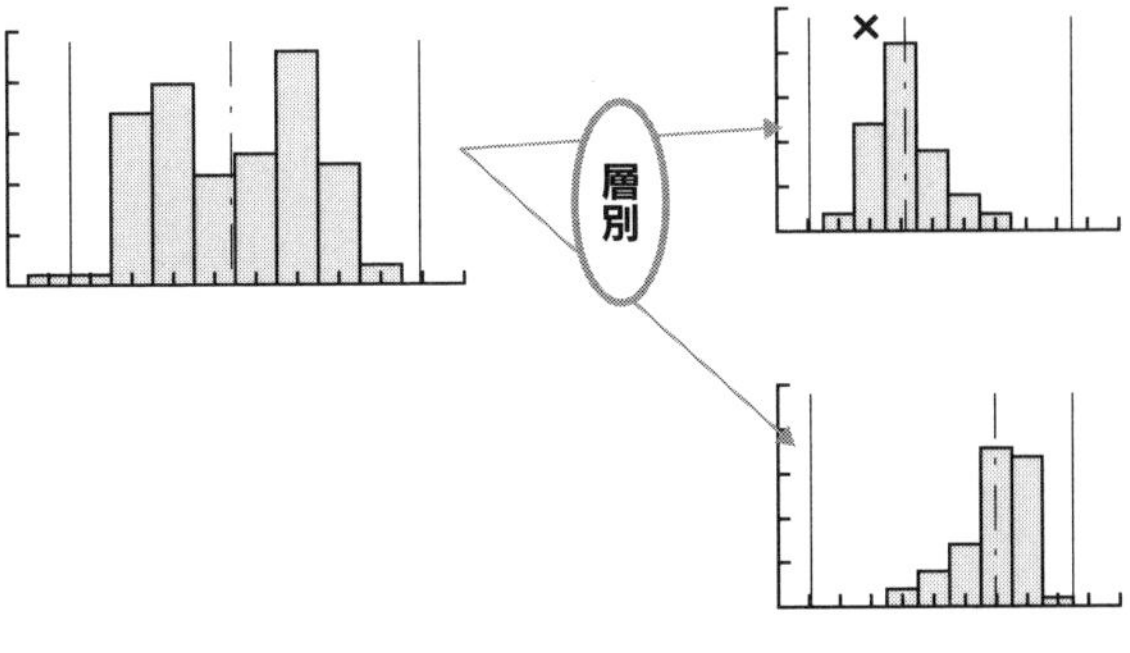

2-6

生産管理のフレームワークを認識しながら、
品質管理の位置づけを考えよう

モノづくりのフレームワーク

品質管理の仕組みづくりや 改善の展開において、全体像を明確にすると、活動の位置づけが明確になる。

品質管理は、左ページのような生産管理のフレームワークの流れの中で、その位置づけやハタラキを捉えることが大切です。

フレームワークにより、以下のような点を明快にすることができます。

生産管理の目的・目標

生産管理の目的を、「勝ち抜く企業の実現」と設定してスタートするのもよいでしょう。これを実現するために、「顧客満足度と生産効率の向上」という目標に向かって、活動を展開します。

さらに、この目標を達成するために、次のようなネライを設定します。

生産管理の目標を達成するネライ

▼日々の生産活動でのネライの設定

P：生産性（Productivity）の向上

- 人・機械・材料のムダをなくす
- 人、設備の正味稼働率を高める

Q：品質（Quality）の確保

- 顧客要求の品質水準を確保する
- クレーム、ミス・手直しの低減を図る

C：コスト（Cost）の低減

- モノの効率化を図る→在庫の削減
- 人と材料の効果的使用→ムダの排除

D：納期（Delivery）の順守

- 遅れない→納期の順守

▼中長期的なネライの設定

競争力の向上のために、明日の利益の源泉として、在庫削減やリードタイム短縮に取り組みます。

これらのネライは、以下の仕組み改善と基礎改善をとおして実現化を進めます。

仕組み改善

次の2つの改善が基本となります。

▼管理機能面の改善…PQCDを達成するための、工程や品質・購買などの管理・運営についての方法や手順の改善です。

▼製造機能面の改善…同じくPQCDを達成するための、作業方法や設備管理、レイアウトなどの面からの改善です。

基礎改善

仕組み改善で確実に成果を生むには、生産活動の中で発生する阻害要因やムダを、次の面を通して排除することが必要です。

▼5Sの充実化…モノの面の基礎

▼見える化の活用…管理・情報面の基礎

▼多能工化の展開…人の面の基礎

モノづくりのフレームワーク

生産管理のフレームワークの流れ

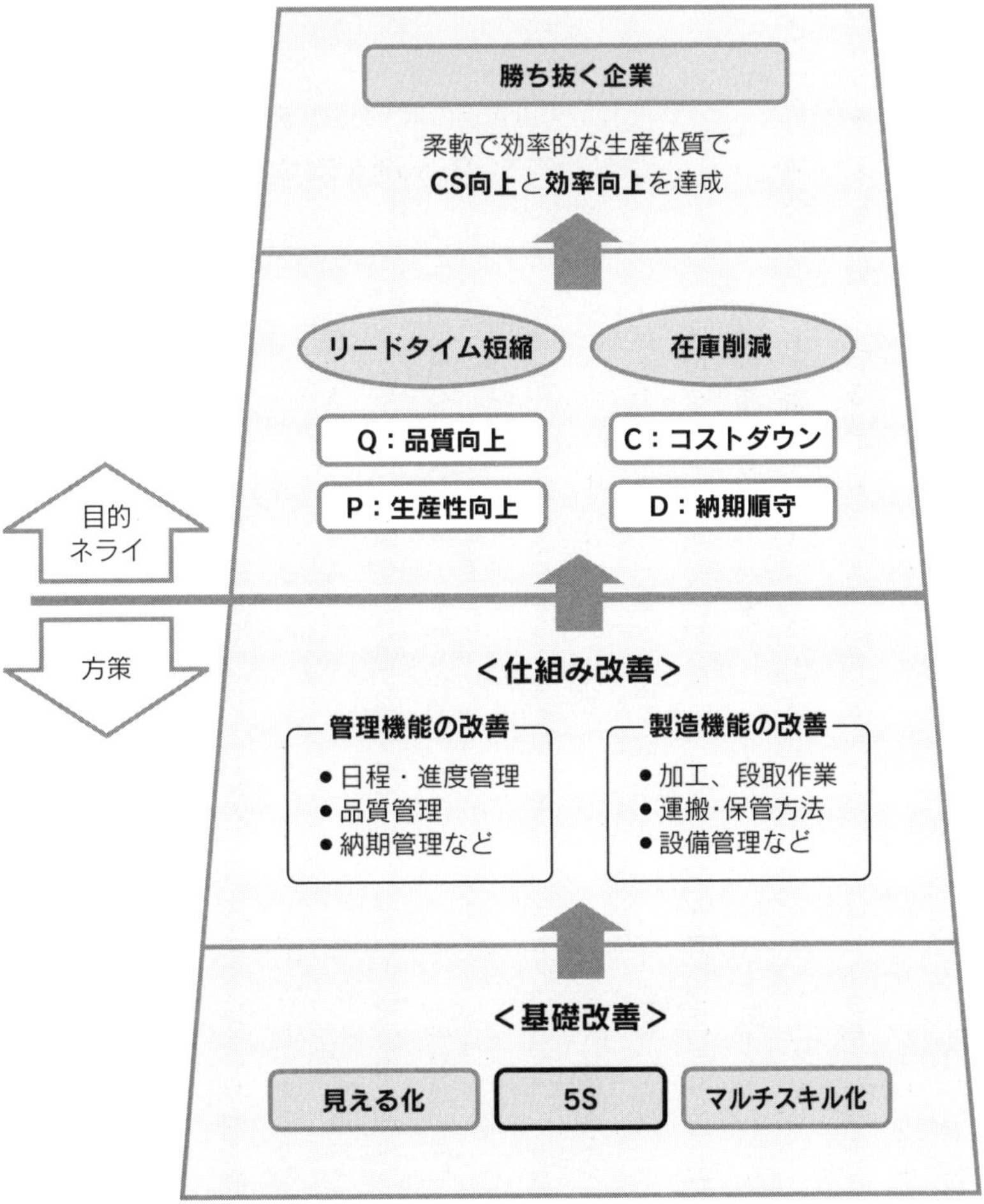

＊CS：顧客満足（Customer Satisfaction）

2-7

製品のデキバエ品質は製造プロセスから決まる。すなわち、4Mの状態から決まる

品質の向上に欠かせない4Mの内容

4Mのどれかひとつ不十分な状態でも、安定した品質、すなわちバラツキのない品質を生む製造活動はできない。

４Mとは、Man（人）、Machine（機械）、Material（材料）、Method（方法）の４つの要素を表わします。

この４つがうまく機能することにより、最終的にできあがる製品はＰＱＣＤを満たす要件が整い、品質は所要のレベルを実現できると言えます。

４Mの要件の確認例

▼Man（人）の要件は

- 生産計画を達成するために必要な、工程ごとの必要人員、必要な技能の種類やレベルと人員数を明確にして、作業者を配置できるようにする。
- 良品を継続的に製造するために、現場作業者には常に、必要な作業能力の向上をさせる。
- 設備保全をできる作業者を育成し、設備故障時に迅速な対応ができるようにする。
- 作業者の意識状態や健康状態を確認する手順を定め、実施している。

▼Machine（機械）の要件は

- 生産能力と加工品質の確保の面から、自社の製造工程に必要な設備類を、必要にして十分な台数準備する。
- 生産現場で使用されている機械は、日常点検・定期点検などで設備保全を行なっている。
- 経年劣化などで性能･機能が低下するので、設備の保全活動を適切に行なっている。
- 作業者が作業しやすく、製造面でムダのない動線の機械レイアウトを確立する。

▼Material（材料）の要件は

- 必要にして十分な量の材料が、所要納期どおりに納入されている。
- 材料調達先や外注先の変更、異なる材料ロットの混在、産地の変更など、材料の変動があった場合の、品質確認の手順を定めている。
- 納入部品の品質検査項目を具体的に定めて、検査を実施している。

▼Method（方法）の要件は

- 作業手順や方法が明確に定められ、作業作業者に教育して、実施させている。
- 作業手順書の内容が変更になったときは、現場への周知と訓練を行なっている。
- 金型の段取り時の調整手順と、部品の合否判定基準を定めてある。

品質の向上に欠かせない4Mの内容

4Mから生産のネライへの流れ

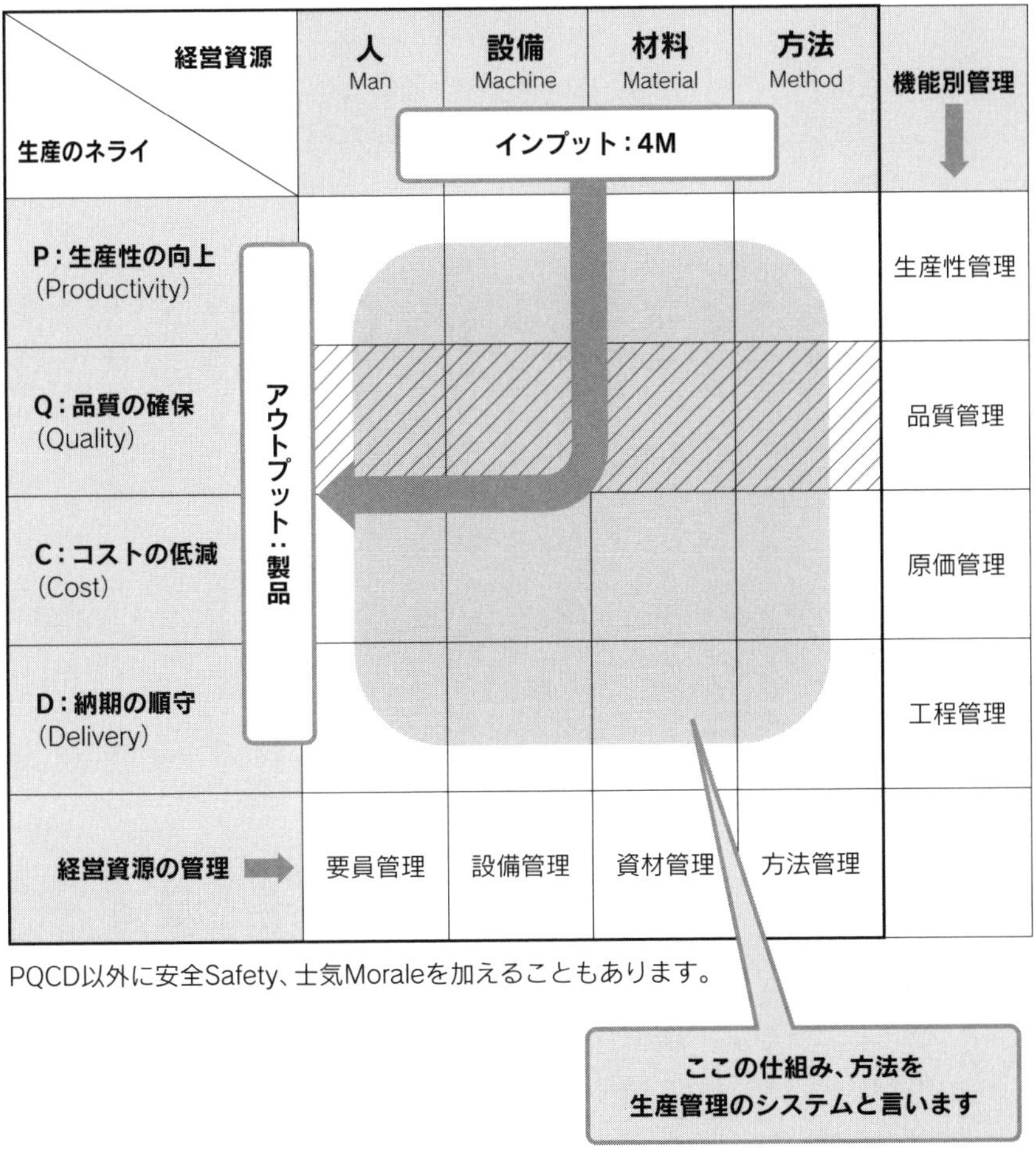

PQCD以外に安全Safety、士気Moraleを加えることもあります。

2-8

失敗コストであがっている不良の大半は、
ヒューマンエラーが起因のものが多い

品質コスト面から見た改善

品質コストの分析から見て、コストダウンは予防コストと評価コストの工夫により、失敗コストを徹底して削減することにある。

品質コストとは、顧客ニーズを満たし、維持し、保証するための品質管理に費やすコストを言います。

◎品質コストには次の3つがある

▼**失敗コスト**…品質不良の処理に関連して生じる費用（内部失敗コスト）や、アフターサービス、苦情処理、製品リコール、製造物責任などにより発生する費用（外部失敗コスト）がある（例：品質基準を満たさない製品の製造原価や工程混乱のムダ、廃棄コストや損害賠償費用など）

▼**評価コスト**…品質レベルを維持するためや、製品が不良品とならないようにするために行なう、製品の品質評価により発生する費用。さらに評価の結果、発生したロスも含める（例：検査・点検の作業・品質監査など）

▼**予防コスト**…品質上の欠陥の発生を防止するために発生する費用（例：品質改善、品質管理、工程管理、品質計画、品質訓練など）

◎品質コスト面から見た改善の方向

- 品質コストから見た管理のネライは、トータルな品質コストの削減ではないと言えます。
- お金をかけない予防コストや評価コストの工夫により、内部・外部の失敗コストの徹底的削減を進めることにあります。

◎品質コスト最小化への方策

品質コストを最小化するために、まず取り組むべき改善方策は、お金をかけない品質改善（予防コスト、評価コスト）の推進です。日本の製造業では、次のような改善方策を長年徹底し、相当の成功を収めてきました。今後ともこのような活動が欠かせません。

- ＴＰＭ（※）活動の中で、ＱＣサークル活動による品質の改善
- 全員参加意識と品質向上意識の中で、ヒューマンエラーによる品質不良の低減
- 工程で品質を作り込むという、現場重視の意識による品質の向上
- ポカミス防止装置の活用による、ミス発生防止や流出防止への活動
- モノの面の基礎改善としての、地道な５Ｓ運動の展開

品質コストから見た改善

品質コストの考えをベースにした改善の展開例

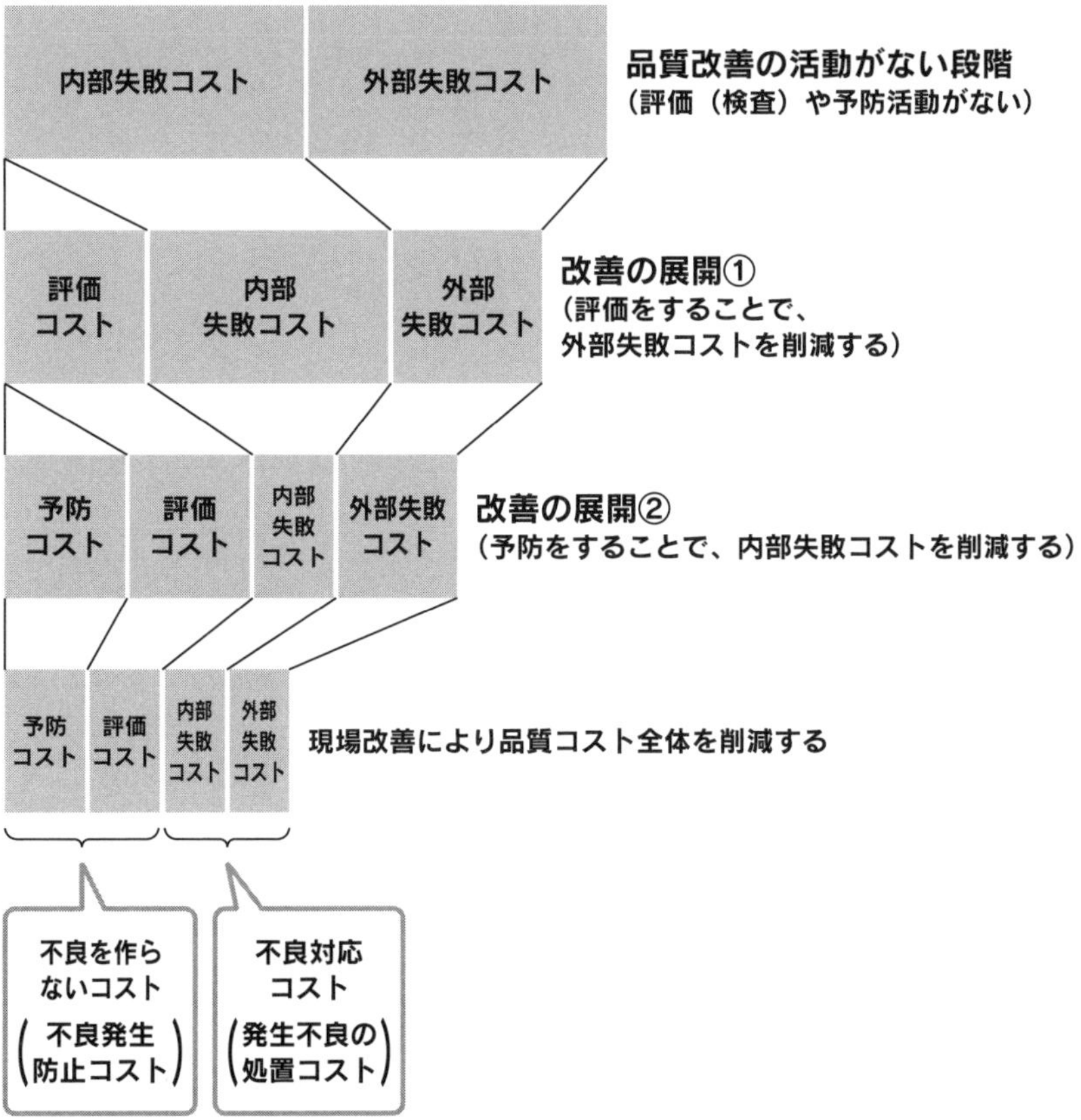

※TPM (Total Productive Maintenance)：全員参加の生産保全

COLUMN

品質マネジメントの7原則

ISO9001:2015 の序文にも述べられているとおり、品質マネジメントシステムは、次のような「品質マネジメントの7原則」に基づいて作成されています。したがって、この7原則には、ISO9001 の考え方のエッセンスが凝縮されていると言えるでしょう。

1：顧客重視　2：リーダーシップ　3：人々の積極的参加　4：プロセスアプローチ　5：改善　6：客観的事実に基づく意思決定　7：関係性管理

7原則の解説は、「JISQ9000:2015 品質マネジメントシステムー基本及び用語」に述べられていますが、ここでは「6：客観的事実に基づく意思決定」について見ていきましょう。

ISOでは、組織の目的達成のためには、データ及び情報の分析及び評価に基づいて意思決定（客観的事実に基づく意思決定）を行ない、マネジメントシステムに改善を加えることにより、確実に目標達成に近づくことができると述べています。経験と勘と度胸というKKDによる決定を行なうのではなく、上記のようなデータや情報を活用して確かな根拠のもと、改善活動を進めていくことが重要であると強調しています。

しかし、その意思決定は複雑なプロセスとなる可能性があり、常に何らかの不確かさを伴います。因果関係をしっかりと把握して、客観的事実、根拠及びデータ分析を、適切な方法で行ない評価することが欠かせません。このような活動が、意思決定の客観性及び信頼性を高めることになるとしています。

このような意思決定の進め方は、品質に関する日常管理の、多くの場面で欠かせません。品質マネジメントの7原則を、具体的な形に落とし込んで、品質マネジメント活動の進め方を効果性の高いものにしていくことが求められていると言えます。

3章

品質管理の取り組み方の基本

3-1

標準化により品質の安定化と改善のスパイラルアップを目指す

標準化のネライと目的

標準化を進め、確実に標準のとおり実施する。そしてその過程で出てくる異常に対し、その原因の追究や改善により新しい標準を作り出す。

標準化とは

品質管理の実施を、各人のよかれと思う方法や行動で展開すると、統一性や一貫性のない状態になり、企業として目指す方向とは異なるものになってしまいます。

このような状態にならないように、品質管理の実施内容や手順、そこで扱うモノを企業にとって最適な、ひとつの定められた運用状態にすることが標準化です。

組織として認めた確実な方法で仕事を行なうことにより、次のような品質管理面のメリットを生むことができます。

- 品質の安定、製品の信頼性の維持・向上ができる
- 改善の基礎…標準化のサイクルを回して、スパイラルアップするベースとなる
- 業務の属人化を防ぐ

標準化の対象

製造部門の標準化は、次のようなモノやコトについての標準化を推進していくことと言えます。

▼**製品に関する標準化**…部品や原材料の標準化、設計方法や設計基準など

▼**仕事の仕方の標準化**…管理業務（生産準備、品質管理など）の手順・基準などの標準化、品質管理業務のＰＤＣＡの回し方など

▼**品質管理業務の標準化**…設計や生産準備段階での品質保証業務の標準化、検査の行ない方や作業点検などの点検基準、材料・部品などの選定基準など

標準化と維持・改善活動

▼標準化は生産の実施段階である製造業務で、これを守り切ることが重要です。

管理・監督者は、部下が標準化で定めた方法や内容どおりに行なえるよう、見える化の道具立てなどを必要に応じて整備します。

▼また、管理・監督者は、管理の対象が標準から外れていないかを常にチェックし、部下の行動が標準化の内容から外れるものについては、「異常（悪さ）」として捉えて、正しい行動へと指導と改善を進めます。

▼しかし、標準化は固定的ではありません。

品質目標の達成状況、生産環境の変化、顧客ニーズの変化などで、現状の標準の見直しが必要なものは、改善を適切に行なうことが必要です。

標準化のネライと目的

標準化により、正しい作業・業務・管理のやり方を決める

管理・監督者の役割は、「標準を育てる」ことにあります。
標準を育てるとは・・・
- 標準を守るように部下の指導・育成をする
- 標準に不備があればこれを改訂する

標準は「標準化管理サイクル」を常に回す

標準は次のように、「標準化管理のサイクル」を常に回すことが大切です。
このサイクルを回すことにより、職場の**スパイラルアップ**を進めます。

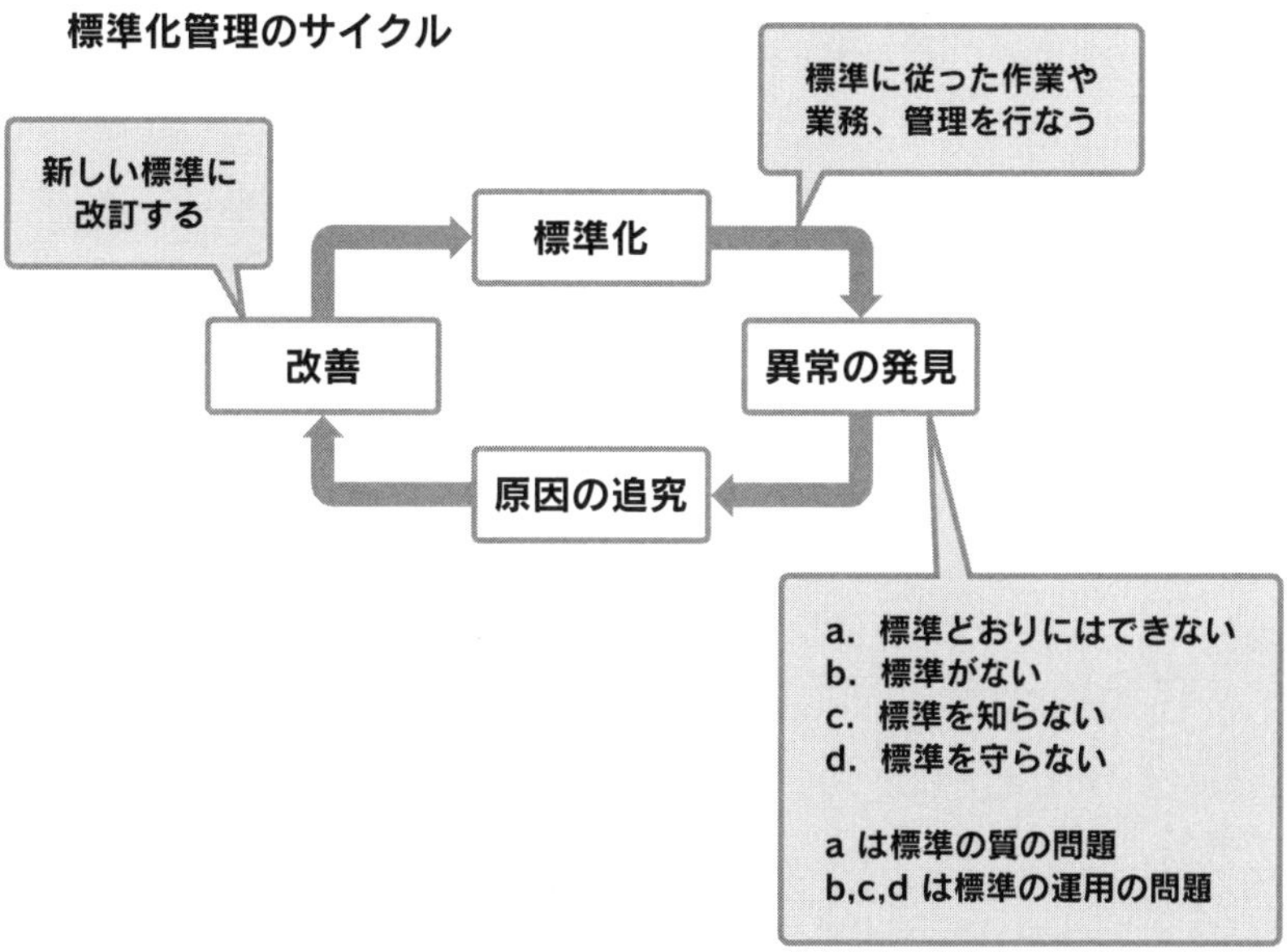

QCサークル活動は
日本型TQCの代表選手だ

QCサークル活動の展開 1/3

全員参加の品質改善活動として、自主的にサークルを運営し、生きがいのある職場づくりの中で、各人の相互啓発によって改善成果を高める。

人は誰しも、自分の仕事を大切に思い、これをやりとげようとします。

そして自分の工夫と努力が、仕事に生かされて成果を生み出したとき、「やりがい」と「生きがい」を感じるものです。

このような状況を生み出すには、仕事を指示・命令に従って行なう受け身の行動から、職場の担当者が仕事の進め方を自ら考え、職場のメンバーと力を合わせて、管理や改善を行なっていくことが大切です。

こうした思いの中で、QCサークルが生まれ、QCサークル活動が始まったのです。

QCサークル活動とは

①QCサークルとは

●第一線の同じ職場で働く人々が　●継続的に製品・サービス・仕事などの質の管理や向上を行なう小グループです。

②QCサークルの活動内容は

●運営を自主的に行ない　●QCの考え方や手法などを活用して　●創造性を発揮しつつ　●自己啓発・相互啓発を図り、活動を進め　●職場の管理や改善を　●全員参加で継続的な活動の中で進めます。

③この活動の目指す点は

●QCサークルメンバーの能力向上
●自己実現、明るく活力に満ちた生きがいのある職場づくり
●お客様満足の向上および社会への貢献

QCサークル導入の仕方

①QCサークル導入の目的を明確にする

経営者や管理者は、前述のQCサークルの目的を踏まえたうえで、自社としてのQCサークル活動への期待やネライを明確にし、活動の進め方や、目指す点を明らかにしていきます。

②QCサークルを結成する

▼QCサークルは第一線の職場の中で、全員参加で自主的に作るのがよいのですが、初めは職場の監督者が中心となって、サークルを結成するのもよいでしょう。

▼サークルのメンバー数は、運営のやりやすさなどから見て、5～7名程度が望ましいでしょう。

取り上げるテーマによっては、サークル活動を効果的に進めるために、サークルを分割して、期間限定の小サークルを編成することも効果的です（以下、次項に続く）。

QCサークルを結成したら…メンバーの理解や信頼関係を作ろう！

QCサークルを作ったら、メンバー間のチームワークを高め、改善活動が円滑に展開できるようにするために、次のような面での話し合いが大切です。

①メンバーがお互いによく知り合う

- 仕事についてだけでなく、人間としてお互いに知り合い、相互理解や信頼関係を作るように心がけよう
- このために、仕事を離れたコミュニケーションを通して、共通の話題づくりを行なうようにしよう

②サークルの運営について話し合う

- 自分たちのQCサークル活動を、これからどのように進めていくのか話し合おう
- QC能力、課題解決能力を高めるために、勉強しなければならないことは何か話し合う

③職場の問題を話し合う

- 毎日働いている職場について話し合う中で、職場の問題を見つけるようにしよう
- お客様や後工程の要望などについて話し合っていく中で、職場でできることを考えよう

テーマの改善活動でのメンバーの役割

QCサークルメンバーの役割は、日常活動やQCサークル会合などで、次のような行動や活動を行ない、生産性の向上や品質の維持向上に努力することです。

その結果として、真に明るい職場、生きがいのある職場を作り出していこうとするものです。

1. QCサークル会合に参加し、活動を積極的に行なう
2. 会合では、お互いにリーダーを盛り立て、協力して、活発に発言する
3. QC手法などについて自主的に勉強する
4. 改善能力を高める
5. 割り当てられた実施事項を、お互いに分担しこれを行なう
6. QCサークルの中で、よりよい人間関係を作り出す
7. QCサークル活動の成果を交代で発表する
8. QCサークル活動を通じて品質を保証できるようにする

3-3

QCサークルは全員の参加・
参画意識が大切だ

QCサークル活動の展開 2/3

QCサークル活動はチームリーダーのリーダーシップと、メンバー間のコミュニケーションいかんで、成果が大きく変わる。

（以下、前項より続く）

▼メンバーの選定は、次のように進めます。

- 同じ職場内の、類似の作業や業務を行なっている人を選ぶ
- 勤務形態が同じ人を選ぶなど

QCサークルの運営の仕方

①QCサークルのリーダーを決める

▼初めは、職場の監督者がリーダーとなり、サークル活動が進んできたら、メンバーに広げていくとよいでしょう。

▼**リーダーの役割**

- メンバー全員の考えをまとめ、協力体制をつくり、サークルの進め方を決める
- メンバーの実施状況をフォローし指導する
- サークル会合を開き、活動成果をまとめる
- 次期リーダーを育てる
- 職制などとの関係を調整する

②QCサークルの会合の進め方

ＱＣサークルの会合は、全員参加で推進していくために重要なイベントです。

- 1回の会合時間は短くし（1回につき30分から1時間程度）、回数は多いほう（月1～3回程度）がよいでしょう。
- 会合は、なるべく全員が参加できる時間、場所を調整し、リラックスした雰囲気で、意見が全員から活発に出るように工夫します。
- 会合の議事録を作成・提出する習慣をつけるようにします。

③テーマを決める

▼テーマをうまく選定することが、円滑に進められるかどうかに大きく影響します。

▼初めは、身近でメンバーに共通、かつ簡単で、具体的なテーマがよいでしょう。

改善活動に慣れてきたら、上司の方針に沿ったもの、サークルで問題になっているものに取り組んでいくとよいでしょう

▼テーマが決定されたら、活動計画書をつくり、上司の承認を得て活動を進めます。

活動計画書では、次の点を明確にします。

- テーマを取り上げた理由
- 目標（何を対策するか）
- スケジュール（誰が何を分担するのか）

④品質管理の勉強をする

ＱＣサークル活動を推進していくには、品質管理の考え方の（以下、次項に続く）

QCサークルのテーマ例

- 受付業務の簡素化
- 健康保険給付・請求ミスの撲滅
- 電話問い合わせに対する回答即応率の向上
- 電話受注ミスの撲滅
- 顧客の製品使用上のミスの減少
- 日報の作成時間の短縮化
- 在庫部品の保管場所表示の改善
- 作業用工具の種類・数量の整理整頓
- 展示品倉庫の整理・整頓
- 自動挿入機のチョコ停時間の低減
- 食品封入作業での異物混入の低減
- 部品出庫作業での誤品・欠品ゼロへの改善
- 付属部品準備作業での異品混入ミスの低減
- 溶接部品仮付け作業方法の改善
- サイクルタイム10%削減への挑戦
- 印刷不良の撲滅
- 深穴加工の加工精度向上
- 板金部品の平面形状切断ロスの低減
- 段取り作業時間の短縮化改善
- 作業の準備時間の短縮化
- CADでの部品図作成作業の効率化

QCサークルがうまくいかない理由例

- 活動が業務に役立っているという実感がない
- 方法論（QC7つ道具やQCストーリー〈7・8章参照〉）などの活用が難しい
- 業務が忙しく活動への参加意識が下がってしまう
- 資料作成など、発表の準備に時間を割くのが難しい

QCサークル活動の中でQC手法について学び、その習慣化を図る

QCサークル活動の展開 3/3

QCサークル活動は、継続的に着実な活動が大切です。仕事のやり繰りや管理者の協力のもとに、時間を確保して活動をすることが大切だ。

（以下、前項より続く）理解や、ＱＣ手法を身につけて、活用できるようにします。このような学習として、ＱＣを行なうための考え方（2章3・4項参照）や、ＱＣ手法ではＱＣの7つ道具（7・8章参照）と称されるものがあり、これらを改善活動の中で活用し、効果的な改善活動ができるように学習します。

⑤ＱＣサークル活動の進め方

それぞれの改善テーマは、ＱＣストーリーの改善の手順に従って、着実に進めます（7章2項参照）。

⑥改善成果の発表

▼テーマ解決の締めくくりとして、自分たちの活動の内容や成果をまとめ、他のサークルのメンバーにも共有化できるように事例発表会を設けます。

▼事例発表会用に、改善活動の報告書を作成します。報告書は、A4用紙1～2枚程度に、ＱＣストーリーの項目順に、簡潔にまとめて作成します。

報告書の作成と発表会での発表は、各チームの活動内容の共有化のためでもあり、活動の実績の記録としても大切です。

▼このような発表によって、上司や管理職だけでなく、多くのＱＣメンバーに認められ、これがメンバー全員の自信とやる気につながり、活動が一段と活性化します。

事実に基づく考え方

ＱＣサークル活動を進めるにあたっては、事実・データに基づいて話し合い、考え、判断することが大切です。

データとは、ある事実について測定や観察によって得られた結果を、数値や言葉・図・写真などで表わしたものです。ややもすると、事実を確認しないでデータもとらず、安易な経験と勘と度胸（これをＫＫＤと呼んでいる）だけで判断しがちです。

事実・データに基づく考え方は、次のようなポイントで考え、進めていくやり方です。

①現場・現物・現象などを観察する
②観察した結果をデータで表わす
③原因と結果を区別して考える
④重点指向をする
⑤バラツキに着目して評価する
⑥徹底的に層別と分析をする

QCサークル会合の進め方

1. 会合の準備

- メンバーには、早めに日時・場所・議題を連絡する
- 宿題の進行状況を確認し、必要なら資料を準備する
- 欠席者がいれば、意見を聞いておく
- 上司に会合の承諾を得る

2. 会合を開く

- 会合時の役割(進行係、記録係など)を決める
- 前回会合の復習を行ない、今回の議題をはっきりさせる
- 宿題の実施について報告してもらう
- 全員が積極的に発言し、検討を行なえるようにする

3. 会合のまとめ

- 決定事項、保留事項を明確に確認し合う
- 次回会合までに、誰が何をするのかの分担を明確にする
- 次回会合の日時を決める

4. 記録の作成

- 討議の内容、結論を会合報告書にまとめる
- 会合報告書を上司に提出し、上司の意見を受ける

5. 会合の反省

- 会合がうまく運営できたかどうか、反省する
- 上司からの意見をメンバーに連絡し、その対応を調整する
- 欠席者には討議内容を説明し了解を得る

QCサークル 活動報告書のフォーマット例

<table>
<tr><th colspan="4">QCサークル活動報告書</th></tr>
<tr><td>所属:</td><td>サークル名:</td><td colspan="2">テーマ名:</td></tr>
<tr><td colspan="4"></td></tr>
<tr><td>1. テーマ選定
の理由</td><td>2. 現状把握</td><td>3. 目標設定</td><td>4. 問題点の分析</td></tr>
<tr><td colspan="2">5. 対策案の検討</td><td>6. 結果の確認</td><td>7. 歯止め

8. 反省と今後の
対応</td></tr>
</table>

3-5

モノが登場するあらゆる管理・作業では、5Sがその基礎である

5Sはあらゆる改善の基礎

モノを取り扱う生産管理活動の中で、5Sはそれらの改善の基礎。あらゆる生産管理活動の中で、まず整備すべきは5Sだ。

◎勝ち抜くための5S

生産活動は突き詰めると、仕組みとモノとの関係性の中で生まれると言えます。

モノを上手に保管、運搬、取扱い、使うことができていれば、ムダのない効率の高い製造活動のベースができているとも言え、これを実現するための基礎が、5Sです。5Sができていないことによる「ムダ」は、生産活動の中で発生して、製造へのインプットである人・機械・材料や時間などのロスを発生させます。

◎ムダの実態

5Sができていないと、ムダは次のような側面と形で発生します。

▼生産性低下のムダ

・探す時間の増大　・動作や歩行時間の増大　・設備故障の発生　・スペースの浪費

▼品質不良に起因するムダ

・品質不良による材料費の増大　・不良発生による再手配、再加工の発生

▼コスト増大のムダ

・紛失　・行方不明などによる再手配の発生　・水道光熱費などの増大

◎5Sの第一歩は「整理」

▼整理活動を通して、不要品の一掃を進め、各種のムダを排除することができます。

しかし「捨てる」ということにより、「あっ、しまった！」というリスクを生む可能性があり、このリスクを小さくするために、「不要品基準」を設定します。

◎整理は次の手順で進める

①**整理の準備**…不要品整理での判断違いを防ぐために、不要品基準や手持ち基準を設定する

②**不要品の摘出**…右の基準に従って不要品を摘出し、不要品置き場に移動する

③**不要品のさらし**…不要品は、一定期間さらして、不要品発生への反省と、他職場での引取り活用を促進する

④**不要品の判定**…不要品基準に定めた処分判定者が、廃棄・転用・売却・保管などの処分方法を決める

⑤**不要品の処分**…不要品の処分を行なう

⑥**不要品発生の再発防止対策**…不要品の発生には、それぞれ理由（原因）があります。その原因を明確にして、再発防止策を進めます。

5Sはあらゆる改善の基礎

5Sの定義

整理 (Seiri)	要るモノと要らないモノに分け、 要らないモノを処分すること	
整頓 (Seiton)	要るモノを所定の場所に きちんと表示をして置くこと	
清掃 (Seisou)	身の回りのモノや職場の中を ごみ・汚れのない状態にすること	
清潔 (Seiketsu)	いつ誰が見ても、誰が使っても、 快適なようにきれいにしておくこと	
躾 (Sitsuke)	職場のルールや規則を守り、 上の4Sの努力を継続していくこと	●帽子 ●名札 ●安全メガネ ●安全ぐつ

不要品とは

- 使用する予定のないモノ
- 使えないモノ（不良品、破損・劣化品）
- 余剰にあるモノ
- 陳腐化したモノ
- 用途が消滅したモノ
- 用途の不明なモノ

不要品基準の例

対象品	不要品基準 （未使用期間：月）	処分判定者	
		一次判定者	二次判定者
材料	5カ月	係長	課長
部品	3カ月	係長	課長
仕掛品	3カ月	係長	課長
製品	6カ月	課長	部長
工具（汎用）	3カ月	班長	係長
工具（専用）	6カ月	係長	課長
金型	12カ月	課長	部長

3-6

表示を徹底して行なう整頓は
5Sの中心だ

整頓の推進ポイント

位置の管理、量の管理、状態の管理を現場にあるモノに働きかけるのが整頓です。整頓活動の中心は、モノに対する「表示」である。

整頓のハタラキ

整頓には、次の3つの表示があります。

▼**位置の管理**…モノの保管位置を、名称や番号で明確にする表示

▼**数量の管理**…工具や測定器の保有の数、仕掛品や部品・工具や消耗品などの量や在庫の基準を明確にする表示

▼**状態の管理**…「これは検査待ちだ」「これは次工程待ちだ」「これは長期停滞品だ」「今は運搬待ちだ」など、モノには今のその流れや状態がある。これを明確にする表示が「状態の表示」

この3つのハタラキを、以下のように表示で明確にし、モノの整備をしていくのが、整頓活動と言えます。

整頓の3要素と3種類の表示

整頓の対象となるモノは、工場内にあるすべてのモノです。

このすべてのモノに対して、整頓のネライを実現するために、次の「整頓の3要素」を実施します。

①置き場を決める
②置き方を決める
③表示をする

表示方法としては、次の3種類の表示をすべてのモノに揃えます。

①**場所表示**…棚や床、台などの保管場所の用途（何を保管するのか）の表示
②**位置表示**…各保管場所の中で、どの位置に何を保管するのかの表示。そこに置くモノの名称、品番、型番などを表示
③**品目表示**…モノそのものの表示。そのモノの名前などの表示

置き場の決め方の手順

置き場は、職場内の一連の作業動線が最短になるように決めます。

①現状の作業域にあるモノの配置図（機械、作業台、工具置き場、材料置き場などのレイアウト図）を作成する
②現状の動線の確認…標準作業の手順に従った作業者の移動状況を、動線としてレイアウト図上に表わす
③動線の改善…現状の作業動線での、ムダを排除した、モノの配置の改善案を見つける
④新しい置き場の設定…配置の改善案に従い、作業台や置き場を配置換えする

整頓の推進ポイント

手持ち基準（個人）の例

職場	○○工程	氏名		
No	品名	規格	数量	備考
1	レンチ	8,10,12	各1	
2	スパナ	12×14	1	
3	ドライバー	プラス	1	
4	軍手		1	

手持ち基準（職場）の例

職場						
No	品名	常置数量	在庫基準			備考
			発注点	発注ロット	調達L/T	
1	接着剤	—	0	1ケース	—	事務所より
2	軍手	—	0	1たば	—	事務所より
3	溶接棒	—	20	1箱	3日	△商会より
4	500mmノギス	1	—	—	—	
5	○○治具	2	—	—	—	

棚に見る3種類の表示の例

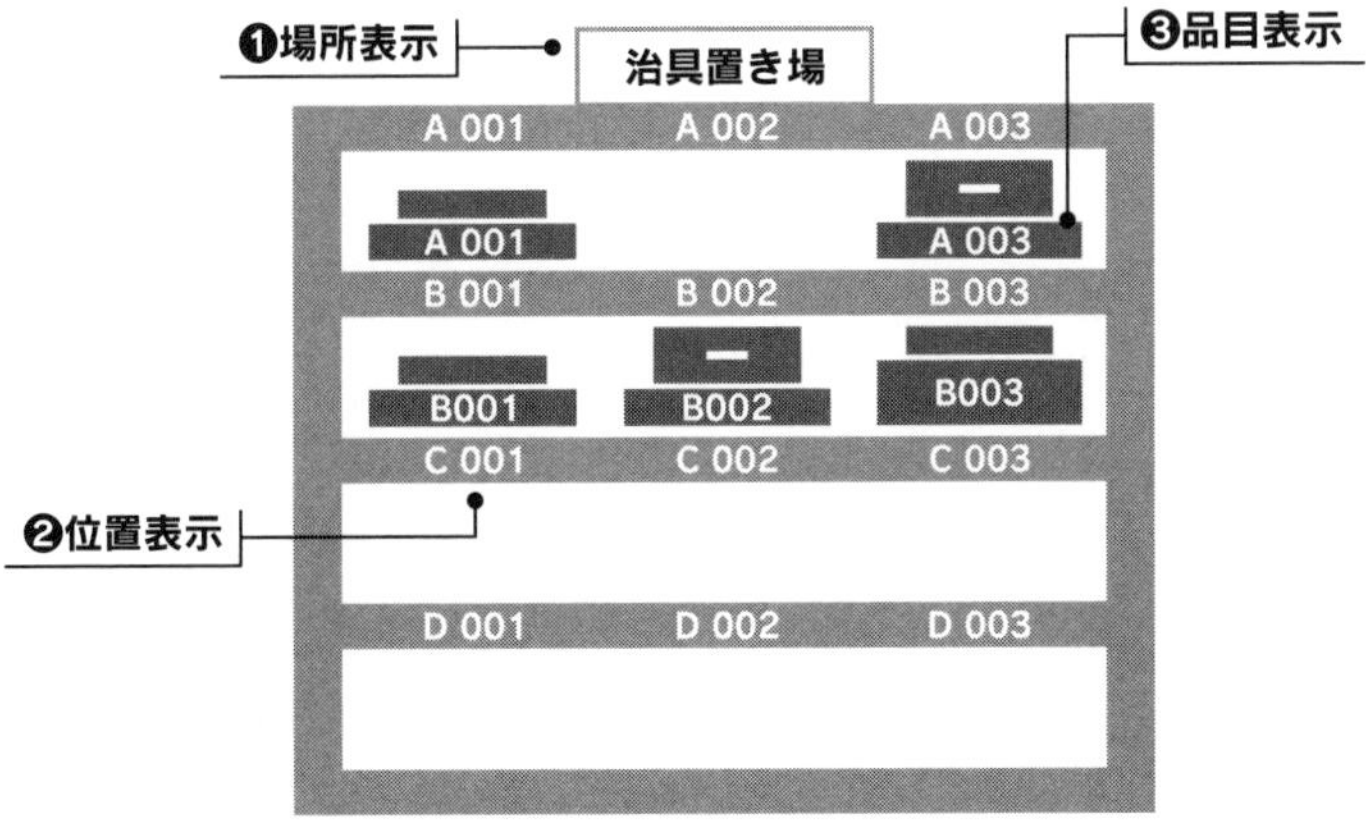

3-7

見える化は管理や情報の
面の基礎づくり

見える化の
ネライと効果

見える化は、管理のPDCAサイクルの各段階を見えるようにすることであり、この活動のネライは、「予防的管理」の実現である。

「見える化」とは…

見える化とは、『日常業務や改善目標などの内容、スケジュール、その実施状況、遅れ進み、問題点や異常の発生状況、処置・対策状況などが一目で見え、不具合な事態や悪い結果が生じる前に、事実を的確に把握して、対策のポイントを明確にし、早め早めにアクションをとれるようにすること』で、「管理や情報の面の基礎づくり」と言えます。

このような「見える化」活動のネライは、「予防的管理」の実現です。

事後管理とは…

一日や一ヵ月、半年の業務が完了した時点で、進度や不良の実績を把握し、翌日、翌月の対策を検討するという管理の進め方です。経営者をはじめ上位の管理レベルで特に求められる管理の進め方と言えます。

見える化と管理（ＰＤＣＡ）

▼管理の基本は「Plan → Do → Check → Act」という管理サイクルを的確に回すことです。

▼的確に「ＰＤＣＡ」を回すには、この各ステップの管理の状態を、管理ボードなどの見える化の道具立てを用いて、「見える状態でＰＤＣＡを回す」ようにすることが大切です。

これにより、関連する全社員が管理の状態や情報を共有化し、「仕事が管理されている」状態にします。

管理ができている状態とは…

- 正常・異常（問題点、ムダ）の基準があり、その状態が見える
- 異常の状況をすばやく把握している
- 把握した異常に対し、迅速なアクションをとっている

このような状態ができていれば、管理はできていると言えます。

品質の見える化の項目例

- 工程別、製品別の不良数、不良率の状況
- 不良の要因別発生状況
- 不良の処置ルールとその実施状況
- 検査の実施基準（自主チェック、初物検査など）と、検査ごとの不良率など
- 限度見本などの整備状況
- 管理図などによる品質の時系列の状況
- 測定具の校正管理の実施状況

見える化のネライと効果

PDCAサイクルと見える化

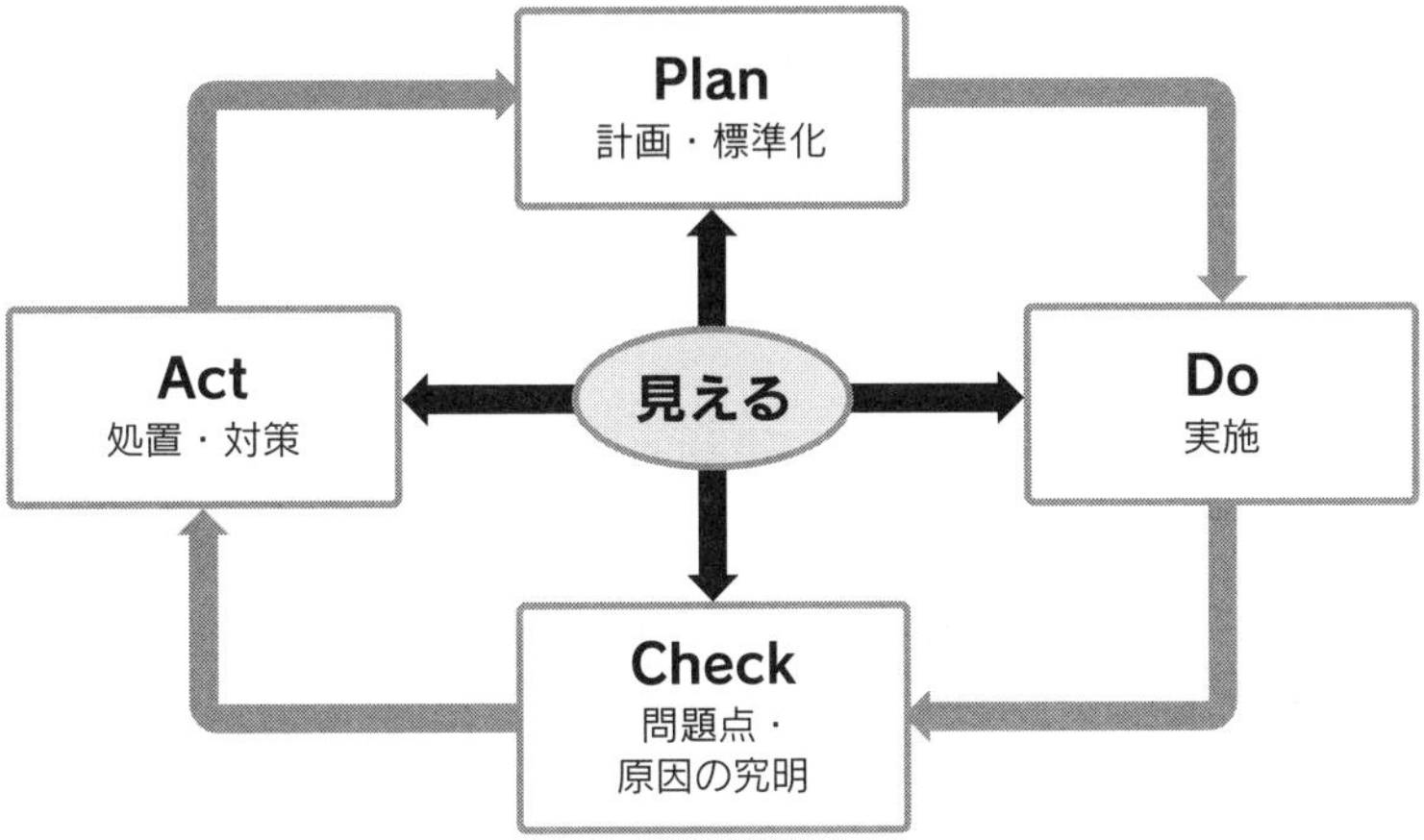

管理の仕方のイメージ

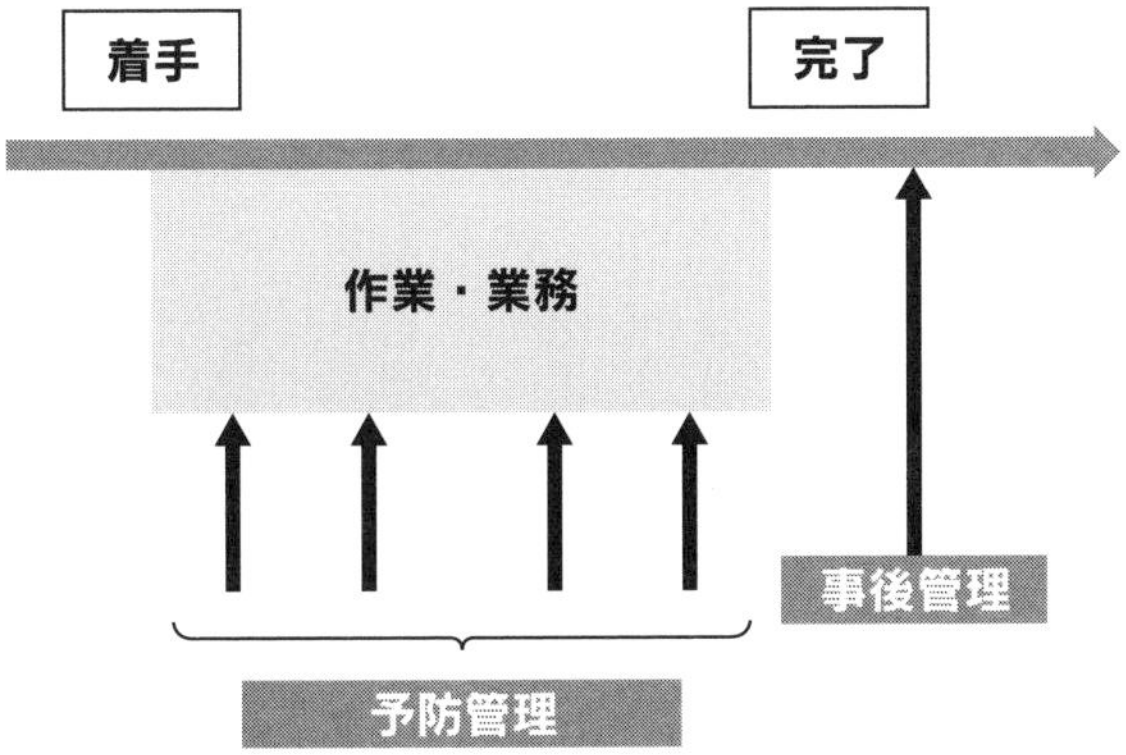

3-8

作業者の育成や見える化のネライを
道具立てで具体化する

見える化の推進方法

見える化では、これを職場で推進していくための「管理の道具立て」を作り、そして運営していく運用ルールを決める。

見える化する内容を明確にする

▼日常管理に関する見える化のネライは、PQCD（生産性・品質・コスト・納期）の達成状況や問題状況を見える化（把握）することです。

そして、ここから不具合の予防、早急な処置、ないしは改善などの活動につなげることにあります。

▼この活動を的確に行なうために、PQCDに関するチェック項目や問題項目を、P計画、D実施、Cチェック、A処置の各段階ごとに選んで、見える化の道具立て上に、その実態を表示できるようにします。

たとえば、品質Qの実施Dの場合であれば、工程別検査の実施状況、不良の発生件数や不良金額などの推移をチェック項目として設定して、品質Qの問題状況が見えるように、道具立て上に表示します。

見える化の運用ルールを明確にする

見える化の道具立てを、適切かつ効果的に運用するために、道具立ての運用ルール（予定や計画・実施の記入者と記入項目、管理サイクル、記入内容、記入タイミングなど）を設定して、職場内で活用することが効果的です。

たとえば、品質についての計画（加工品目ごとの検査計画など）であれば、「職場リーダーが、その品目の見える化する検査項目と許容値を、加工日の前日に設定する」とルール化します。

見える化の道具立てを検討する

▼道具立てでの見える化の進め方

- 管理の時間軸の単位を、細かく（週単位→日単位→時間単位と細かく）して、きめ細かい管理を目指す
- 管理の頻度を高く（計画やチェックのサイクルなどを短く）して、管理や計画の柔軟性や状況把握の精度向上を図る
- 管理と運用を考えて、どれくらい先まで管理するのか、その範囲を決める

▼道具立ての日々の情報は、改善用の情報として残したいものが多くあります。

記録の残し方の方法例は、

- コピーボードを使用しコピーを保管
- スマホなどで撮影し、写真として保管
- 保管する情報の記入部分は用紙化してボードに貼り、記入後これを保管する

見える化の道具立ての例

見える化管理項目として取り上げた理由、ネライ(目標)を記述する。

運用ルールを検討する。P(計画)、実績(D)、異常の有無(C)、処置(A)について、5W1Hで検討するとよい。

見える化計画表	職場名	作成	承認	作成日
	工作係	本川	山口	R　年　月　日

見える化の管理項目	外注品質の管理
取り上げた理由	最近特に外注加工品の不良が増加傾向にあるため
目標(ネライ)	外注業者別の不良率を把握して、品質意識の向上と外注業者の指導に役立てる。

運用ルール：P(計画・準備)、D(実績)、C・A(確認、処置)に関し、担当者・記入時期・記入項目・実施項目などを明確にする

PDCA	**担当者**	**記入時期**	**記入項目**	**実施項目**
計画	福岡係長	毎月月末	業者別の管理水準を決め、管理用紙を掲示する	管理水準は課の品質目標、前月の実績などを考慮して決め、課長の承認を得る
実績	検査担当者	毎日16：45	当日の納入数量、不良数、不良率	
処置	福岡係長	毎日17：00	対策書の指示日、受領日、その内容の確認結果	管理水準を超えている場合は、外注業者に連絡し、一週間以内に対策書を提出させる

道具立ての概要…用具：ボード、用紙、他(　　)　サイズ：40cm×30cm
掲示場所：品質管理課室内

計画表のイメージを検討する。

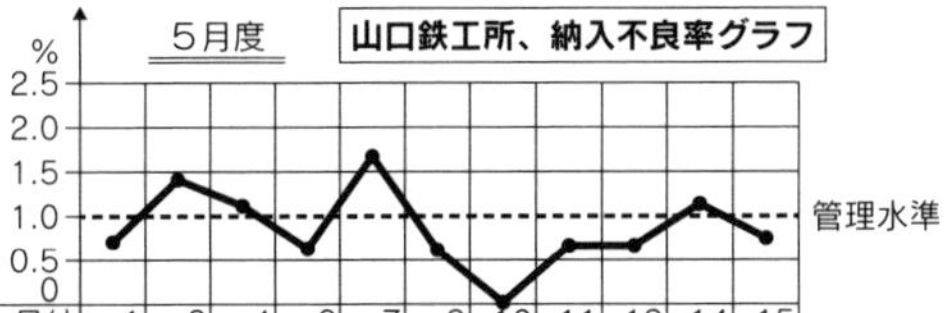

日付	1	3	4	6	7	9	10	11	13	14	15
納入数量	150	315	205	580	192	310	220	290	411	350	450
不良数	1	4	2	3	3	2	0	2	3	4	4
不良率	0.7	1.3	1.0	0.5	1.6	0.6	0	0.7	0.7	1.1	0.9
「対策書」指示	–	5/3	–	–	5/7	–	–	–	–	5/14	–
「対策書」受領	–	5/7	–	–	遅れ！		–	–	–		–
対策内容確認	–	OK	–	–		–	–	–	–		–

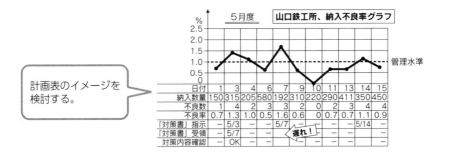

3-9

作業者の訓練は
計画的に行なう

作業者訓練の進め方

作業者の育成を計画的に進めるために、訓練の計画、訓練に用いる手順の準備を行なう。

４Ｍの質を高めて、仕事の品質を高めるには、「人」の面では作業を実際に実施する「作業者」の作業技能を高め、確実に品質を作り込むことができるようにすることが不可欠です。

この作業能力の向上には、かなりの訓練時間と期間が必要な場合が多く、計画的に推進することが必要です。

作業者訓練を効果的に進めるには、次の3点が大切です。

- 訓練内容の計画を明確にする
- 手順・急所を示した手順書を準備する
- 効果的な訓練ができる訓練場所や、訓練の指導者を決める

作業者訓練のための技能向上計画

▼仕事を教える目的の設定

訓練目的により、教える内容も変わるので、これを明確にします。以下は例です。

- 新人に対する職場での作業の導入訓練
- 担当者として作業している作業のレベルアップを図る訓練
- 生産効率の向上のために、多能工へのレベルアップのための作業訓練
- 生産上で予想される変化や、人事異動などの計画への対応のための作業訓練

▼訓練計画表を作成

教えるべき作業を決め、教える方法を決めます。誰が誰に、どの作業を、いつ、訓練時間は、目指す技能の達成水準はなどを決めます。

作業訓練の準備と訓練の実施

▼訓練に際しては、教える作業の適正な手順と急所を表わした作業手順書を準備します（4章5項参照）。

▼訓練指導の実施では、「ＴＷＩ監督者訓練：仕事の教え方」に準じて訓練を展開するとよいでしょう（5章10項参照）。

多能工化の推進手順

前記の多能工化の推進手順については、次のように行なうとよいでしょう。

①多能工化の範囲の設定
②多能工化の対象作業などの選定
③訓練対象者の技能レベルの棚卸し
④訓練対象者の技能訓練目標の設定
⑤多能工訓練の実施計画の作成
⑥多能工訓練の実施
⑦訓練結果の評価

作業者訓練の進め方

多能工化の推進手順の例

1. 多能工化の範囲と対象の設定

①多能工化の範囲の設定…（例）第一次：ライン内　第二次：工程内など

②多能工化の対象作業の設定…作業者、工程・作業・機械を決める

2. 技能レベルの棚卸し

①技能の評価項目と技能レベルの設定

②技能レベル棚卸し

3. 多能工訓練目標の設定　…目標技能レベルの設定

4. 多能工訓練の実施計画作成　…誰が、何を、誰に、訓練時間帯、訓練期間

5. 多能工訓練の実施

①訓練の実施

②訓練結果の評価（多能工化率の算出と表示）

多能工化率＝（各人の多能化レベルの得点の合計）÷（作業者の人数×多能化レベルの最高点）

能力レベルの評価基準の例

レベル		能力レベル
1	—	まったくできない（不安）
2	△	指示されたとおりにできる（やや不安）
3	□	一人でできる（普通）
4	○	異常時の対応ができる（良好）
5	◎	指導・改善ができる（優秀）

技能の棚卸表（多能工化マップ）の例

作業内容 / 作業者	工程名（または技能名）					人事面のニーズ	備考（上司の意見など）
	NC旋盤	組立A	調整B	検査			
山田五郎	○	□	△	—			
佐々木信也	□	◎	△	—			
佐藤栄作	—	—	○	—			
木下純一	—	—	△	○			
生産面のニーズ							

担当者ごとに見ると

業務・作業ごとに見ると

COLUMN

5Sと品質向上

5S活動は、日本の高度成長時代に製造業のモノづくりの実力を高めてきた源泉のひとつと言えます。この5S活動の有用性を見ていくと、次の2つの側面があったと言えます。

ひとつは、職場の整理・整頓・清掃・清潔・躾の実践を通して、製造現場などの作業環境の整備が進み、「生産活動効率化の基礎づくり」を進めることができたという点です。

モノに関する活動の軸が、整理基準・整頓基準などで明確に設定され、これにより「モノ」にまつわる非効率の代表である「ムダ」の追放を実現でき、さらに作業手順のバラツキや作業時間のバラツキが減ることにより、品質と生産性を高める効果が出てきました。

もうひとつは、前述のようなモノに関する直接的な面だけではなく、その効果は広い裾野を持っていたことです。たとえば、以下のように作業性の向上や、品質の向上面など幅広い効果を生んだのです。

- ルールや規律の順守による品質の向上…5S活動では「躾…習慣化」により、ルールや規律を守った、正しい作業や品質行動が実現できてきます。これがルールや規律を守らないために発生する品質不良の低減につながります。
- 標準化による品質の向上…5S活動によって、モノに関する標準を定めて、全員でこれを順守すると、作業や動作のムダやバラツキが小さくなり、仕事の質が高まります。これにより、仕事を実施していく行動面の軸が明確になり、品質のバラツキも小さくなり、品質不良の防止につながります。
- 作業上のムダの排除による品質の向上…作業に関しての3ム（ムリ・ムラ・ムダ）が排除されると、作業効率が高まり作業余力も生まれて、これにより毎回の作業での間違いや失敗が減り、品質の向上が図れます。

4章

ネライの品質の作り込み

4-1

ネライの品質を作り込むには
手順がある

品質保証への取り組み方

ネライの品質を作り込む活動には、仕様の設定、開発・設計から検査段階まで、各段階での活動がつながっている。

品質保証体系図

品質保証体系図は、品質保証の活動体系について全社的な視点でまとめたものです。

すなわち、製品についての企画から開発・製造・販売・アフターサービスまでの各段階における業務を明確にし、担当する各部門に割り付けたものです（左図参照）。

品質保証体系図の役割

品質保証体系図は、次のような点の明確化や活用に用います。

- 品質保証の活動は、どのような活動項目を、どの部門間で関連して、どのような手順で行なうのかを明確にする
- 各部門の役割と責任を明確にして、体系的な活動を実施できるようにする
- 業務の詳細手順を定める各種規定類を作成する場合、品質保証体系図を基に展開し、整合性の取れたシステムにする

品質保証体系図で明確にする活動項目

品質保証体系図で明確にする、または引用する項目として、以下のようなものがあります。

また、品質保証体系図上では、これらの項目のPDCAの流れと、それらの関連部署間のつながりを明確にします。

①企画段階で明確にする項目

- 企画情報の種類と経路
- 標準製品の企画の進め方
- 新製品企画（開発着手）審査会の進め方
- 個別受注品の企画の進め方など

②開発段階で明確にする項目

- 開発計画書の作成の進め方
- 開発の進め方
- デザインレビュー、設計検証、妥当性確認の進め方
- 試作、実験の推進と評価の進め方
- 開発完了（商品化）審査会の進め方など

③生産準備段階で明確にする項目

- QC工程表、作業標準などの作成の進め方
- 設備、金型、治工具などの手配の進め方
- 量産試作の推進と評価の進め方
- 市場投入可否審査会の進め方など

④製造段階で明確にする項目

- 初期流動管理の発動と完了の進め方
- 定常的な生産計画、調達、製造、検査の進め方など

品質保証への取り組み方

品質保証体系図の例

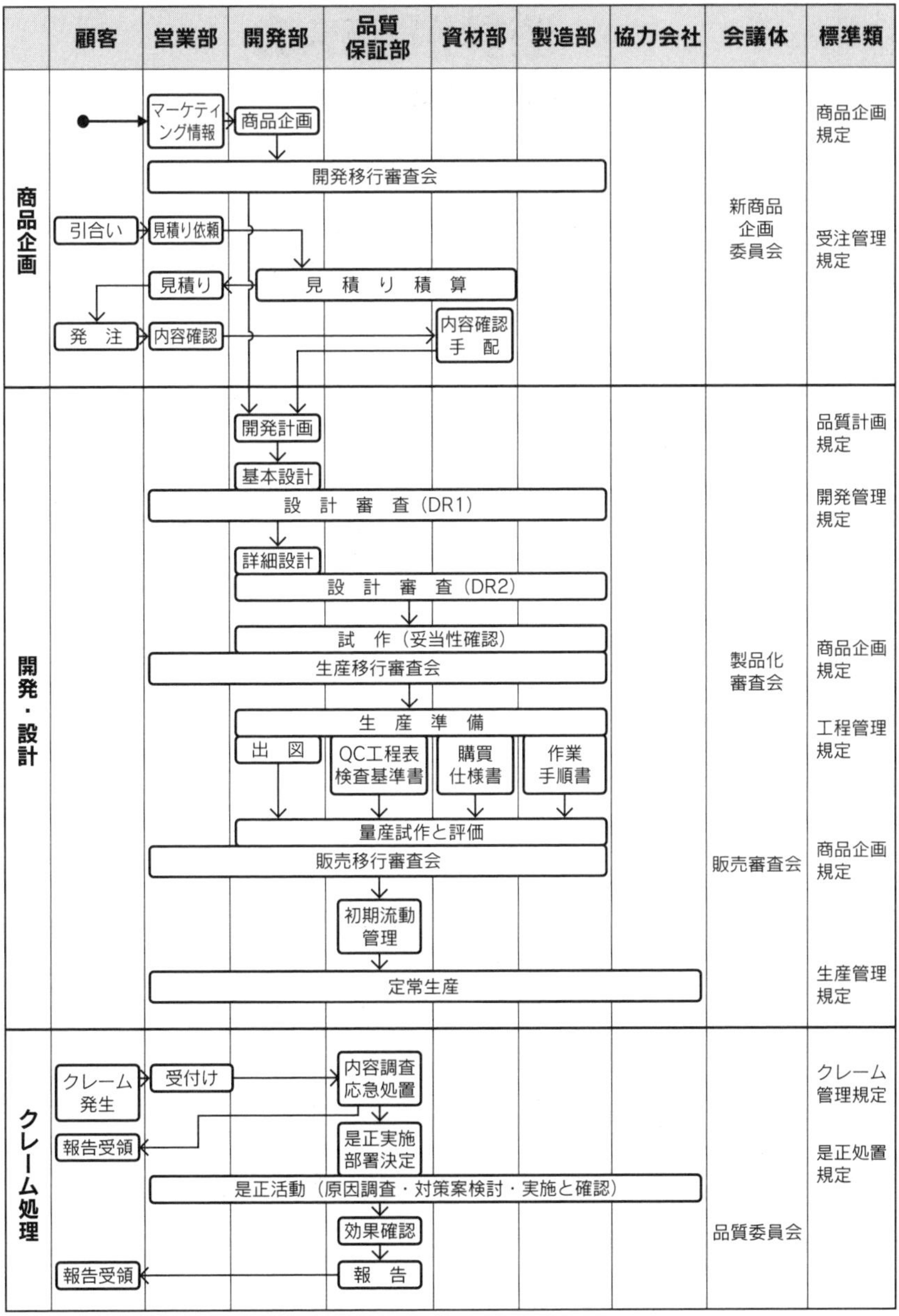

4-2

開発・設計での手戻りを減らすために設計FMEAを実施する

設計FMEAの進め方

開発設計での製品の信頼性への要求は、ますます大きくなってきている。顧客満足度だけでなく、開発コストに対しても大きな影響を持っている。

信頼性とは

製品の価値は、製品の能力、価格、入手容易性によって決まり、能力には機能、性能、信頼性の技術的特性があります。

製品の機能、性能面での差異は少なくなりつつあり、信頼性の比重がより高くなってきました。

この信頼性解析手法の代表的なものとして設計ＦＭＥＡがあります。これは部品などの故障から出発して、その故障の原因の推定、さらにその故障の影響度合いを見極めて、システムへの影響を解析し、対策案を立案する手法です。

設計ＦＭＥＡの実施手順

①対象とする部品・ユニットなどを決める

対象製品の役割（機能）から見て、それらの機能の中からクリティカルな部品、ユニットを抽出する。

②故障モードを摘出する

各部品などの故障モードを摘出し、この中で、改善対策を行なう必要のある重要な故障モードを選定する。

選定した故障モードごとに、過去のクレーム情報、類似の製品に関する故障情報などを参考に、推定される原因を摘出する。

③故障の重大性を検討する

故障モードが発生した場合に、部品やユニットなどが、製品の機能や安全性に与える影響を評価する。

④発生頻度

故障が発生する頻度を評価する。過去のデータや経験情報を参考にするとよい。

⑤故障の検知方法を調査する

故障が発生した場合に、その故障をどの程度早期に発見できるかを評価します。検査の方法や頻度、機器の信頼性なども評価に加えます。

⑥故障等級を評価する

故障対策を合理的に進めるために、故障のレベルを、できるだけ客観的に決めます。

通常、・故障の重大性・発生頻度・故障検知の難易度に評価点を付けて、これらを掛け合わせて最終的な影響度指数を出して故障等級を設定し、これの高いものに対して対策を進めるようにします。

設計FMEAのフォーマットの例

設計FMEA									
No.	部品ユニット	機能	故障モード	故障原因	影響内容			影響評価点	改善方策
					重大性	頻度	検知性		
1	作動ばね	芯の定置化	切断	腐食	5	1	4	20	
				外力		3	3	45	
2	止め金	パイプの固定	品質劣化	破損	2	4	3	24	
				ゆるみ	3	3	4	36	

故障の重大性（対故障モード）

等級	内容	評価点
1	重大な人災	9～10
2	軽微な人災、機能全面停止	7～8
3	軽微な人災、機能一部停止	4～6
4	人災なし、機能一部停止	1～3

故障の頻度（対故障原因）

等級	内容	評価点
1	頻繁に発生（月に数回程度）	4～5
2	よく発生する（月に1回程度）	3
3	たまに発生する（1年に1回程度）	2
4	めったに発生しない（数年に1回程度）	1

故障の検知性（対故障原因）

等級	内容	評価点
1	検知はできない、検知機器もない	4～5
2	検知はできるが、検知後の対応の迅速度が不十分	2～3
3	迅速に検知・対応ができる	1

4-3

量産がスムーズに展開できるように
工程FMEAを実施する

工程FMEAの進め方

量産立ち上げを短期間で駆け抜け、市場投入までのリードタイムを短縮するためには、製品の量産時の不良の発生内容を予測し、あらかじめ対応することが大切だ。

工程ＦＭＥＡでの品質改善

工程ＦＭＥＡでは、予想される工程不具合（不良モード）を洗い出し、重大なものについて不良発生の防止策を検討します。つまり、作業工程で予測される不良モード（工程内不良）に対して、その防止や予防の方策を検討して、製造工程と製造の４Ｍ管理に反映させる作業と言えます。

すなわち、ここで洗い出された不良モードと、その予防対策や改善方策は、次項の「ＱＣ工程表」で設定する品質の作り込み管理や出来栄え管理に引き継がれて、管理の標準として活用します。

工程ＦＭＥＡの実施の手順

①加工工程の系列（流れ）を明確にする
②工程ごとの、避けられないミスなどが原因で発生する不良モードを列挙する
③不良品発生の要因となる不良モードを整理し、改善対策を行なう必要のある、重要な不良モードを選定する
④過去の不良情報、類似の設備に関する故障情報なども参考にしながら、不良モードを発生させる原因を摘出する
⑤それぞれの不良モードに対して、これが与える製品や工程・サービスなどへの影響度の大小を評価し、改善着手の優先度を決める（次ページ参照）

工程特性の把握と不具合モード

工程を次の視点からチェックすると、想定される不良モードが把握しやすくなります。

- **モノの特性**…製品の大きさや取り扱い性、部品の組み合わせ状況など
- **作業上の特性**…作業の準備・段取りの内容、作業の並行度、作業の単調性など
- **作業の変動性**…あるべき状態や４Ｍの変化・変動など
- **その他**　ヒューマンエラー、４Ｍの変化も検討します。

重要な不良モードの選定

重要な不良モードの選定に際しては、次のような点から見て、もれなく選び出すようにします。

- その不良モードが製品の規格を満たさない不良品を発生させるのか
- 後工程で、重大な不具合を発生させる可能性はないか

工程FMEAの進め方

工程FMEAのフォーマットの例

工程FMEA									
工番	工程名	機能	不良モード	不良の推定原因	不良の影響		防止方法	不良モード等級	処置内容
					後工程への影響	製品への影響			
1	部品受入	表面処理確認	メッキ厚バラツキ	条件管理の不備		メッキの耐久性不足	条件設定の標準化		
2	ブランク加工	打ち抜き	バリ	金型クリアランス	組付け不良		金型整備基準の見直し		
3	保管	変質の防止	錆発生	保管期間超過		耐食性劣化	保管期間の見える化		

1. 工程設定での「工程FMEA」の活用

工程FMEAは、結果として工程設計の信頼性を高める役割をはたします。

工程設計の信頼性が低い工程に対しては、工程内不良の発生度合いが高まるので、予防対策（たとえば、ポカヨケの設置などの対策）を行なうことが大切です。

これにより、組立や加工工程での品質不良の発生を抑止できるようにします。

2. 不良への対応方法の検討

不良に対して、以下のような項目の影響内容を評価し、これらを掛け合わせて評価値とし、その大きさに応じて、対策の優先順位や対策取組みのレベルを設定していきます。
（これらの設定の内容に関しては、4章2項の図表を参考）

- **影響の重要性**…不良が後工程や製品、顧客の活動に対して及ぼす影響の重要性はどうか?
- **発生度合い**　…不良の発生頻度はどうか?
- **検知度合い**　…稼働中に発生する不良の検知可能性はどうか?

4-4

QC工程表は工程設計のベースで、作業の標準化の元となる

QC工程表で工程仕様の明確化

QC工程表では工程系列を明確にし、各工程での作り込みの管理と出来栄えの管理 の進め方を具体的に設定する。

◎QC工程表での品質標準の設定

モノづくりにおいては、「品質は工程で作り込む」ことが肝要です。

この目的の達成には、工程の系列を明確にして、その工程ごとに品質を確実に作り込むための条件を明確にする「QC工程表」を作成することが効果的です。

品質を作り込む条件は「作り込みの管理」と「出来栄えの管理」の両面から明確にします。

①作り込みの管理（点検項目）

工程ごとの品質作り込み条件を明確にします。

すなわち、品質を作り込むための、加工・組立を行なう際の4M（人・機械・材料・方法）の点検項目と点検方法を決めます。

例：締付け治具の空気圧は～kg／㎠、作業者は～の資格認定者　など

②出来栄えの管理（管理項目）

工程ごとの製品品質（アウトプット）の確認方法です。

例：確認項目（寸法、仕上げ面粗さなど）、判定基準、測定方法、検査頻度、担当者など

◎QC工程表の作成の流れ

通常、QC工程表は左図のような流れで作成し、活用します。

◎QC工程表の活用

QC工程表は製造担当部署に、作業面での品質作り込みの要件を周知し、該当作業の中で実現できるようにします。

- QC工程表に示された事項をもとに、より具体的な作業方法として作業手順書、検査基準書、段取り手順書などの作業標準を設定して周知します。
- 製造工程で発生した品質問題を解決する際に役立ちます。
  該当工程での管理項目、管理内容がQC工程表で標準化されていると、不良の原因追究などが行ないやすく、問題解決に役立ちます。
- 顧客先に対する、自社の品質の管理状況の説明に用います。
- 管理・監督者が作業者に対し、工程作業の教育を実施する場合に、QC工程表を用いると、段取り作業や主体作業を、わかりやすく的確に指導できます。

QC工程表での工程仕様の明確化

QC工程表の流れ

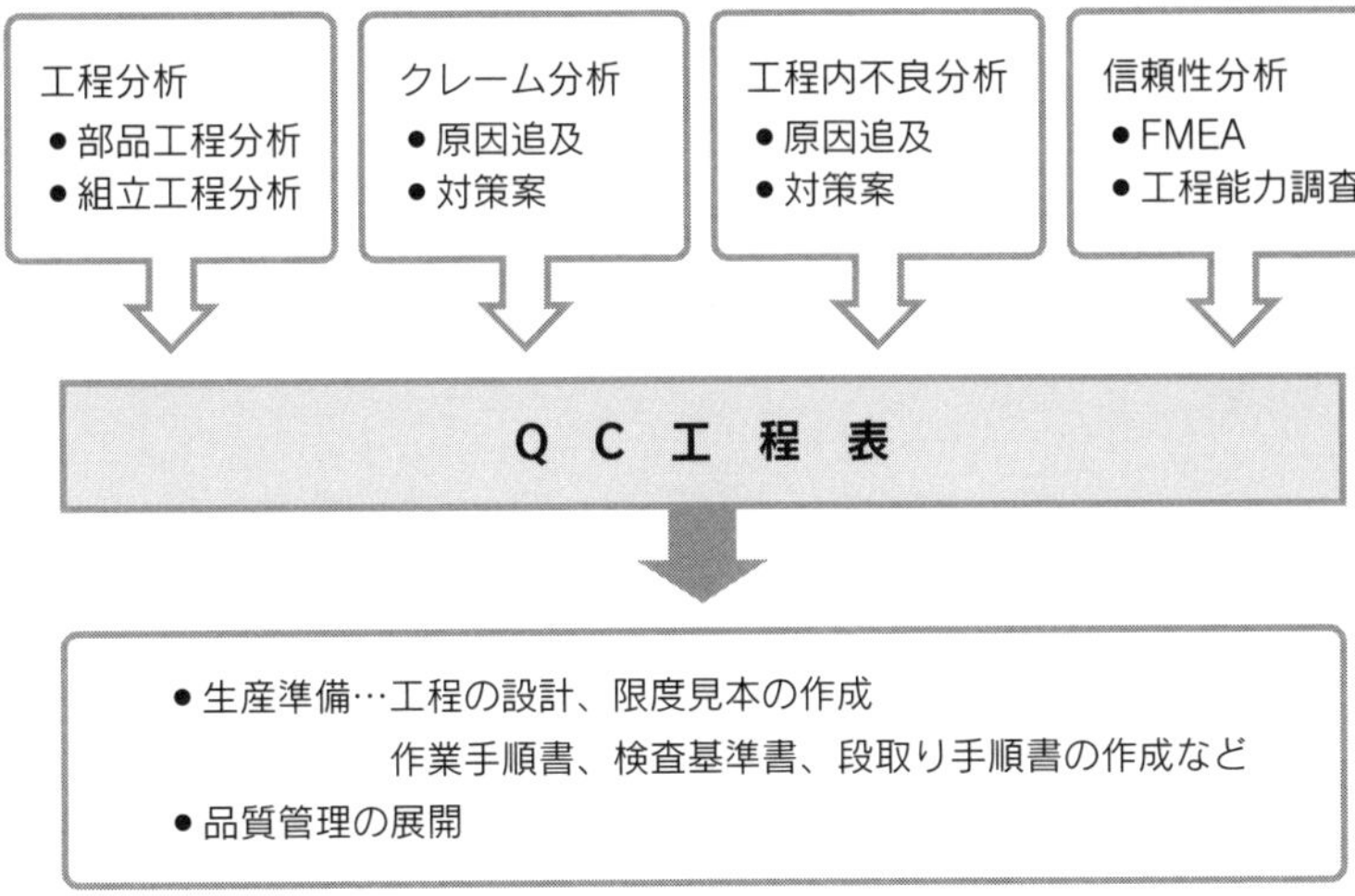

QC工程表のフォーマットの例

番号	工程	作り込み管理（事前確認や設定）				出来栄え管理（品質検査やチェック）					異常処置方法	標準類
	工程名	点検項目	点検基準	点検方法	記録	管理項目	判定基準	測定方法	検査頻度	記録		
1												
2												

4-5

作業標準の整備は、
よい作業への大切な準備だ

作業標準の整備

作業標準の中心は、作業標準書、作業指導書、QC工程表だ。これを工程全体に対し設定し、標準化を展開する。

作業標準は、作業のバラツキをなくして（製造作業の標準化）、製造品質の安定化を実現し、品質の作り込みを確実にするために作成します。

作業標準では、作業指導書と作業指示書の2つの標準を使い分けるとよいでしょう。

作業標準の種類

工程や各作業で共通する条件・方法を示した「作業指導書」と、製品ごとに個別対応で作成する「作業指示書（作業手順書とも言われる）」に分けて作成すると運用しやすくなります。

- **作業指導書**…加工作業では段取り方法、操作方法、設備の設定条件や調整方法、保全方法など、組立作業では組立の基本要素作業の手順を明確にします。

  作業指導書は教育訓練用のテキストとして、作業の指導員クラスに配布し、指導訓練するのにも活用していきます。

- **作業指示書（または作業手順書）**…特定の製品について、加工や組立作業をするときに必要な作業の手順・方法・条件を明確にします（例：使用する金型、治工具、加工や作業条件）。合わせて、それぞれの手順での急所（品質面、作業効率面、安全面のポイント）を明記して、作業方法を指示するものです。

  作業指示書は、製品別や品番ごとに作成し、その作業をするたびに作業現場に掲示して、適宜作業のポイントを確認しながら作業するのに活用します。

- **QC工程表**（4章4項参照）

作成にあたっての留意点

- 作業標準は、重要な工程・作業、難易度の高いものに絞り込んで作成します。必要以上に作成しても活用されない、維持工数がかかるなどのムダが発生します。
- 作業の教育・訓練を重要視し、作業標準を活用して実施するようにします。
- 作業の手順や急所は、現場作業に熟知した現場監督者が、作業を観察しながら作成するようにします。
- 作業に必要な急所は、具体的な五感感覚に基づいて表現します。
- 関連するQC工程表、技術標準などと整合化していて、改善活動によるこれらの変更時には改訂を確実に行ないます。

作業標準の整備

製造に関する標準化の枠組み例

製造に関する標準では、主として次の2つがあります。

1. **製造技術標準**
…生産技術や生産システムに関する基本的な内容を定めたもの
2. **作業標準**
…製造現場で実際にモノを作る作業について、その内容を定めたもの

1. 製造技術標準では、通常、次のようなことを設定します。

- **生産技術の標準**
…工程能力の評価査定基準、計測方法、金型治工具の設計基準など
- **生産方式の標準**
…ライン構成、内外作区分、品質保証方式、標準時間設定基準など
- **管理業務の標準**
…生産計画、工数管理基準、設備管理、作業環境の保全方式など

2. 作業標準とは、製造現場の運営管理の基準として、作業方法の指導・訓練をやりやすくし、また技術の向上、改革のための基礎として、技術の蓄積、ノウハウの伝承のために設定します。

- **作業指導書**
…段取り方法、機械の操作方法、保全方法、条件設定一覧表など
教育訓練用テキスト、マニュアルなどに活用する
- **作業指示書**
…ある製品を、その機械で加工作業するときに必要とする手順やポイントを書き示して指示するもので、製品別、品種・品種ごとに発行し、その作業をするたびに作業現場に掲示する
- **QC工程表**
…製品別に作成したその製品の工程系列の明確化と、これらの各工程での管理方式を決めたもの

4-6

検査の段階と検査の方法を
検査の基準として明確にする

検査の実施の仕方

検査は、製品が品質基準を満たしていることを保証するために、検査体制と検査の仕組み、検査基準をきちんと定めて実施する。

検査の目的と役割

検査の目的は、できあがった製品が品質基準を満たしていることを、保証することです。この目的のために検査は、その実施方法を明確にして行ないます。

- 個々の製品、ロットの合否を判定する
- 検査データは、工程の品質管理や、不良の再発防止や予防情報として活用する

検査の種類

▼**検査の段階**…検査には受入検査、工程内検査、最終検査などの段階があります。それぞれの製品の品質特性や品質の状況に応じて、その段階を設定します。

▼**検査の方法**

- **全数検査**…検査に提出されたロットの全数を調べ、個々またはロット単位で合否を決めるやり方です。

検査費用が安い場合や、不良品が流出したときの影響が大きい場合に適用します。

- **抜取検査**…検査に提出されたロットの中から、一部分のサンプルを抜き取って、その結果から、ロット全体の合否を決めるやり方です。

検査費用が高い場合や、検査項目が多くある場合、検査項目が破壊試験検査であるときなどに適用します。

- **無試験検査**…サンプルなどでの検査は行なわず、検査成績書などの品質情報に基づいて合否を判定するやり方です。

検査基準

以下のような項目を、検査基準として設定します。

- **検査の段階や種類**…製品群ごとの検査を行なう工程段階の設定
- **検査項目の設定**…ひとつの製品に、多数の情報（製品寸法など）がある場合は、製品ごとに検査項目を選定する
- **品質判定基準**…判定に用いる規格値や限度見本などの設定
- **検査ロット**（抜取検査の場合）…生産ロットの大きさに対する検査ロットの設定基準
- ロットの合否判定基準
- 不合格ロットの処置方法
- 検査で発見した不良品の処置方法
- 再検査の実施条件
- 検査記録の記録方法、記録内容

検査基準の設定例

①検査の種類、対象品と実施部署

	検査の種類	対象品と実施工程	実施部署
①	受入検査	購入した材料・部品・副資材、または外注品の受入段階での検査	購入品：資材課 外注品：製造課
②	工程内検査	社内工程において、工程内で行なう検査で「QC工程表」で指定して行なう	「QC工程表」で指定された部署
③	最終検査	顧客へ出荷される製品の検査で、「QC工程表」で指定して行なう	品質保証課

②検査の項目と判定基準、検査者、検査の記録

	検査の種類	検査基準 （検査項目、検査方法、判定基準）	検査基準の作成・承認
①	受入検査	受入検査基準（別紙）	作成：品質保証課 承認：品質保証課長
②	工程内検査	工程内検査基準（別紙）	
③	最終検査	最終検査基準（別紙）	

	検査の種類	検査者	検査記録
①	受入検査	検査員登録された者	●合格のものは納品伝票に合格印（検査者名、日付が入ったもの）を押印 ●不合格のものは不合格印を押印
②	工程内検査	加工担当者	工程内検査シートに記載
③	最終検査	検査員登録された者	最終検査シートに記載

4-7

試作は製品の品質保証の
重要な段階だ

試作の進め方

自社の製品の設計・開発内容や、量産化の準備内容を明確にし、試作の種類や内容の設定をする。

試作の目的と試作の種類

試作には、大きく2つの目的があります。

- **開発試作**…開発内容の妥当性を確認する
- **生産試作**…生産上の問題点を確認する

試作は、その目的、試作評価項目、評価基準を明確にして効果的に実施します。

試作の計画

①試作の種類と回数の計画…開発の新規度合いと難易度などにより、試作の種類と段階を決めます。

②試作の範囲の計画…製品全体を試作して評価するのか、必要な部分・機能だけを試作して評価するのか、などを決めます。

試作のパターン

▼**開発試作**…製品開発などの開発試作の目的は、機能・性能、信頼性、操作性、安全性、保全性などの確認を行なうことです。要求品質に立ち返って、これらを満たしているか、を検証します。

この開発試作の段階で製造原価項目（作業工数や調達価格）も把握し、本格生産に入った時点の習熟効果や、量産効果も見込んで生産原価の推定をします。

▼**生産試作（量産試作）**…生産ラインなどでの生産試作では、この前段として設備の加工条件や、金型などの検証を進めます。

試作の後段では工程試作として、設備・金型・治工具のすべてを連結して製品を流し、そのラインの工程能力を評価します。

これにより、前工程のバラツキなどで、別の問題が発生する場合もあります。このような問題点を、量産試作として総合的に検証して、不具合点の改善をします。

製造標準・製造基準の整備

量産を開始するにあたって、製造部門では作業標準、検査基準、設備保全の基準などが必要となります。量産試作を行ないながら、これらの標準・基準を整備します。

作業者の教育・訓練

- 新製品の量産作業に対する作業者の習熟化を図るのも、量産試作時の課題です。
- このため、各標準・基準類の教育訓練、設備の取扱方法や治工具・金型の取扱い、段取り方法の訓練、測定機器などの取扱い方法の訓練、作業手順による作業訓練などを実施します。

試作の進め方

開発・設計プロセスと試作

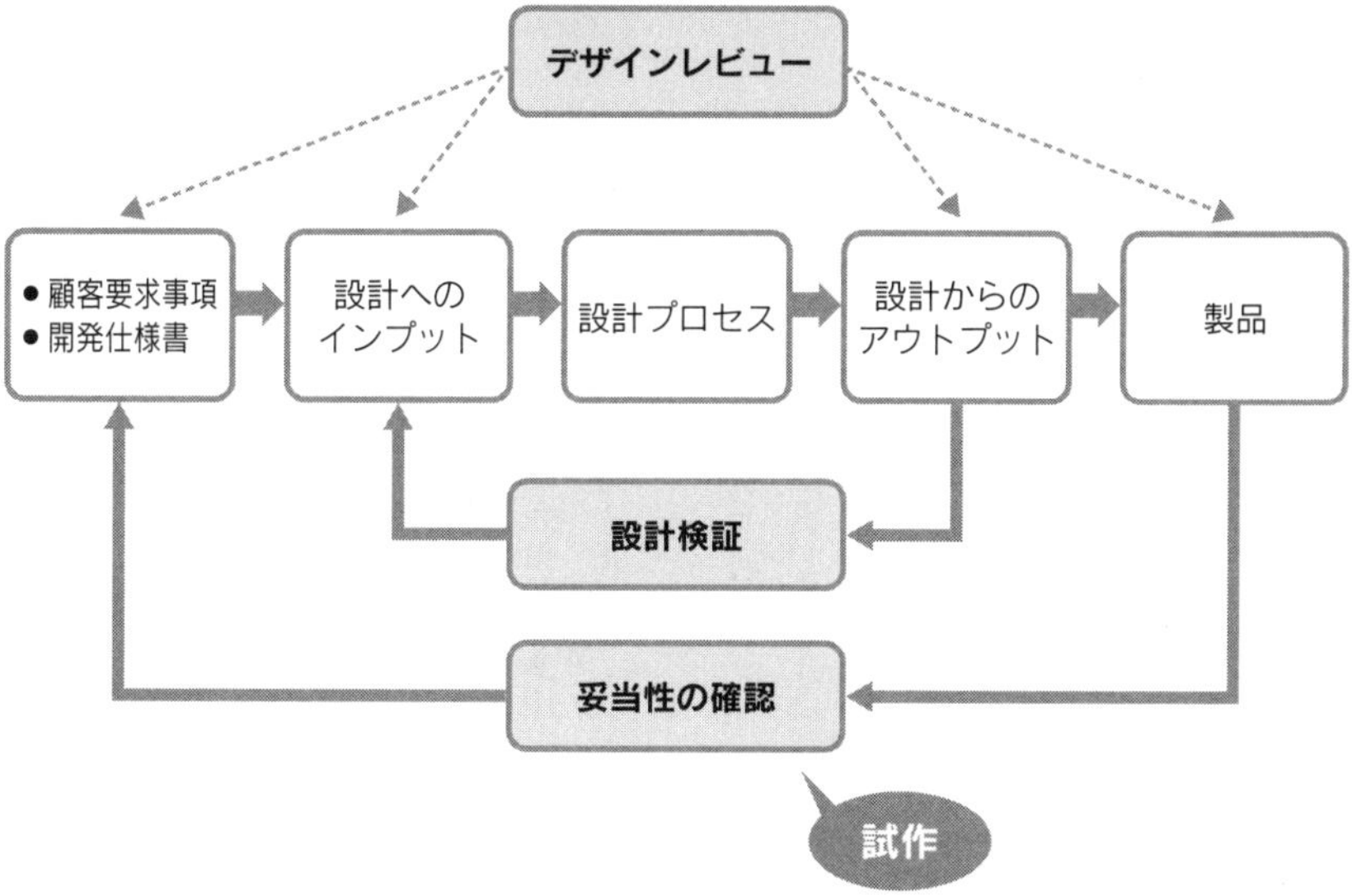

ISO9001:2015「8.3.4　設計・開発の管理」では、次のように要求事項が規定されています。

8.3.4 d）結果として得られる製品及びサービスが、指定された用途又は意図された用途に応じた要求事項を満たすことを確実にするために、妥当性確認を行なう。

e）レビュー、又は検証及び妥当性確認の活動中に明確になった問題に対して必要な処置をとる。

妥当性確認の行ない方はいろいろありますが、「試作」はその中のひとつです。品質保証の視点から見ると、「要求事項」を満たしていることを確実にする重要な方法のひとつと言えます。

工程能力の定量的評価である
工程能力指数を活用する

工程能力の把握と改善

工程能力を数値的に表わした工程能力指数は、工程の維持や改善の際に具体的な状態を把握でき、的確なアクションにつながる。

◎工程能力とは

それぞれの工程が持っている、加工や組立の品質に関する能力を「工程能力」と言います。

言い換えると、工程の安定度合い、4Mのバラツキの多少の度合いです。

▼工程能力指数

この工程能力を数値的に表わしたものが「工程能力指数」です。

工程能力指数は、図面寸法などの公差（規格）の幅と、実際の寸法のバラツキを比較したときに、公差内に収まる確率を表わした数値です。

▼工程能力指数の活用

工程能力指数は、次のような場面で活用します。

- 日常の工程管理の中で、品質能力を維持・管理する場合の判断基準
- 新製品や新ラインの立ち上げにおいて、品質不良が発生している場合に、その原因の追究のため
- 検査頻度、製造方法の変更時の際の、工程能力を評価をするとき

◎工程能力指数の種類

工程能力指数には、次の2種類があり、使用目的などにより使い分けます。

①Cp：カタヨリを考慮しない場合

データ（特性値）のバラツキの平均値が、規格幅の中央にある場合や、カタヨリの調整が容易な場合に適用します。

②Cpk：カタヨリを考慮する場合

データ（特性値）のバラツキの平均値が、規格上限や下限の近くにある場合や、カタヨリの調整が容易でない場合に適用します。

◎工程能力から見た改善

工程能力が不足している場合、次のような面から改善を進めていきます。

▼バラツキの改善（5章7項参照）

- 工程を安定状態にするために、4Mに見られる変動要因を見つけ、その要因を改善します。
- 作業の標準化を進めて、バラツキを抑制します。

▼カタヨリの改善

- 設備の調整や、加工条件の見直しにより、カタヨリ幅の低減を図ります。

工程能力の把握と改善

工程能力指数とは

①Cp＝(上限規格値－下限規格値)／6σ

σは寸法のバラツキの**標準偏差**です。バラツキが小さいほどCpは大きくなり、工程の状態が良好であることを意味します。

②Cpk＝(規格上限値－平均値)／3σ、または（平均値－規格下限値)／3σ
上記2つの小さいほうをCpkとして採用します

特性値のバラツキの平均値が、公差域のどのあたりにあるかを（公差幅中央に対するズレをカタヨリと言います)、考慮に入れて算出したものが**Cpk**です。

平均値が規格の中心にある場合：Cp

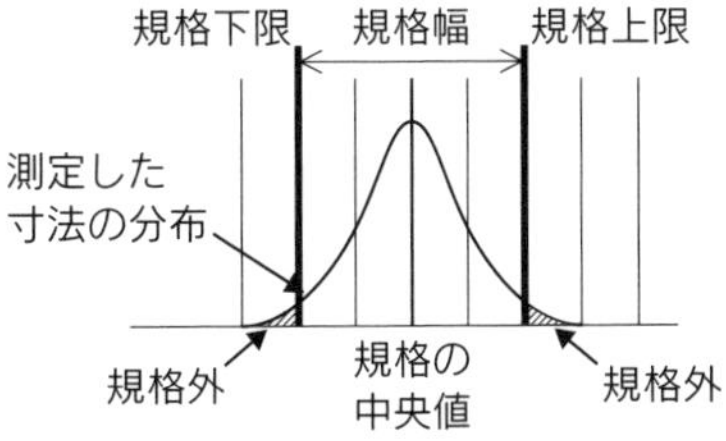

平均値が規格の中心よりズレている場合：Cpk

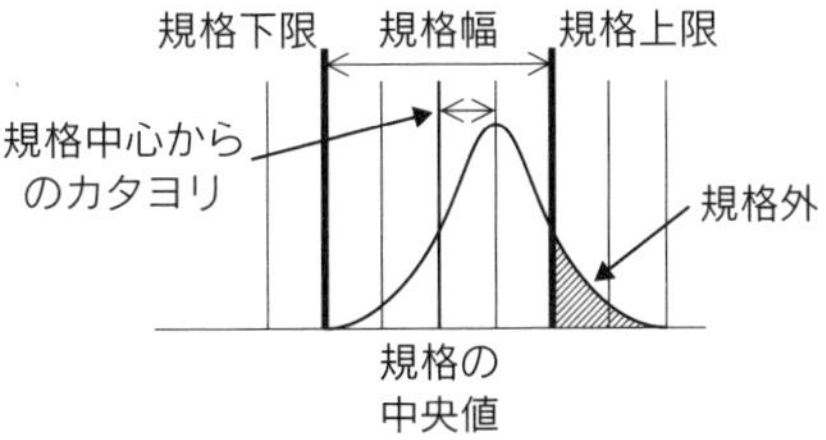

工程能力指数から見た工程能力の状態

工程能力指数	工程能力の判断	処置
Cp≧1.67	工程能力は十分すぎる	管理の簡略化図る
1.67＞Cp≧1.33	工程能力は十分	管理は現状維持を図る
1.33＞Cp≧1.00	工程能力はあるが、十分とは言えない	Cpが1に近づくと不良品発生の恐れが高まる
1.00＞Cp≧0.67	工程能力は不足	不良品が発生している状態 工程管理・改善を徹底すること
0.67＞Cp	工程能力は不足	品質が著しく低い。原因の追究を行なう

4-9

量産の垂直立ち上げに向けての体制を組む

初期流動管理の実施

新製品の開発後に、予定の日程で量産に乗せるために、量産のスタート時に不具合に集中的に取り組む体制を組む。

初期流動管理とは

新製品や新ラインの立ち上げ後の初期の段階で、品質を集中的に監視して、発生したトラブルへの早期かつ迅速な対策を展開する活動を、初期流動管理と言います。

このような活動により、量産時点でのQCDの目標の達成を図ります。

初期流動管理推進のポイント

①初期流動管理の運営体制

- 初期流動管理の発動の宣言者と、活動メンバー（各課長、係長など）を決め、初期流動管理の開始の日程を決めます。
- 初期流動管理時のトラブル原因は例外的なものが多く、総合的な処置を迅速にとる必要があるので、この活動の間は特定の管理者に、人・設備・材料などの経営資源の幅広い決定権限を与えるようにします。

②初期流動管理のアクション

- 初期流動管理活動では、品質・数量・原価に関する資料（作業標準、品質標準、時間標準、原価標準など）の整備を進め、実績とこれらの標準との差異を見て、QCDの改善を進めるのが効果的です。
- 初期流動管理中は、関連する部門との緊密な連携が欠かせないので、コミュニケーションの方法を明確にします。

（例）・量産立ち上がり一週間は、毎日ライン作業の終了後に打ち合わせを行ない、生産の現状、問題点の確認、対策の決定および対策担当者を決める。

- 製造現場には生産実績状況、問題点一覧表、対策案、改善日程計画、進捗状況を掲示し、見える化をしておきます。
- 一週間に一度は全般的な内容について、効果の確認、今後の対応方法について打ち合わせを行なうようにします。
- 定期的に初期流動管理の実施責任者に、実施状況（ラインなどの達成品質の完成度）を報告し、推進状況と残された対策の確認を行ないます。

④初期流動管理の完了

- 初期流動管理の完了宣言をする責任者を設定しておきます。
- 初期流動管理完了の判定項目（製品不良率、設計変更件数、製造工数の予実差異など）と判断基準値を設定します。

初期流動管理の実施

初期流動管理の目的

- 発売直後の製品品質の悪さによる、製品の市場評価低下の防止
- 販売開始時期の遅れの防止
- 工程の早期安定化による原価上昇の抑止

初期流動管理と品質の安定性

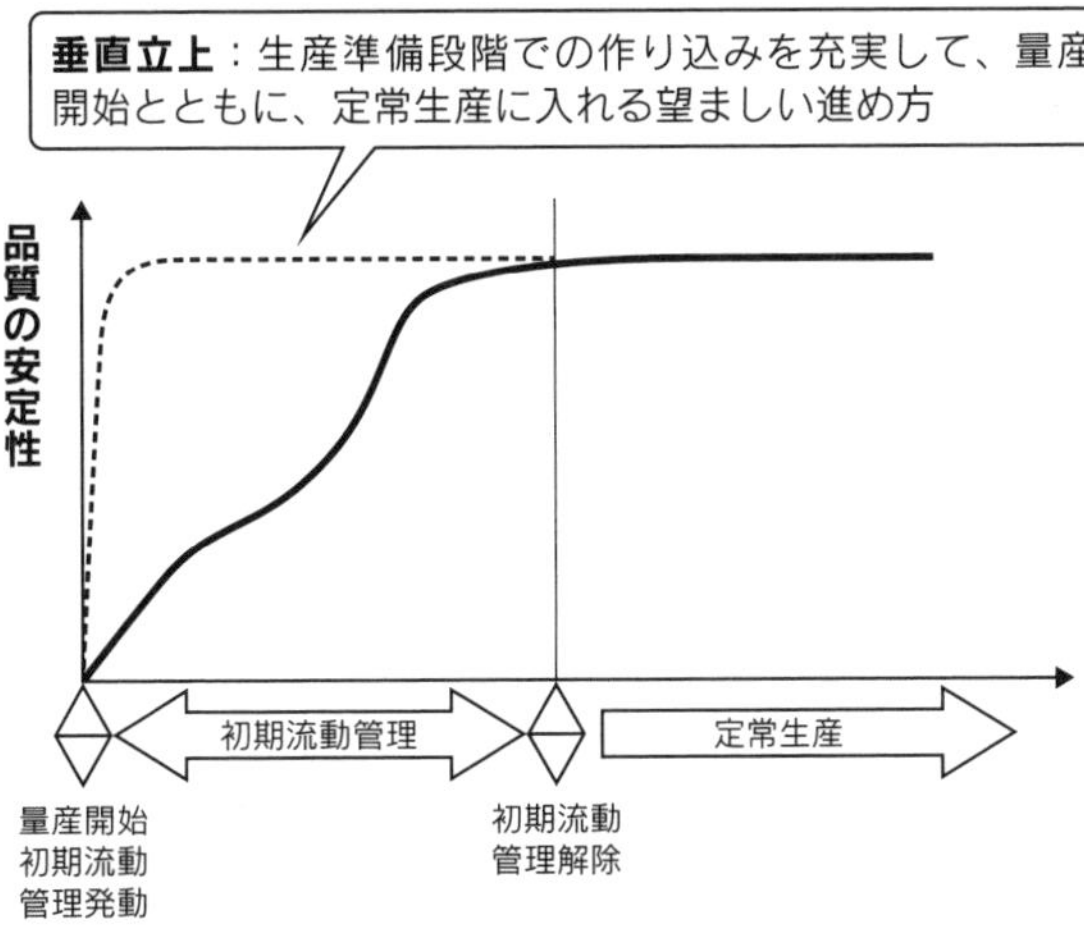

初期流動管理の解除判断の例

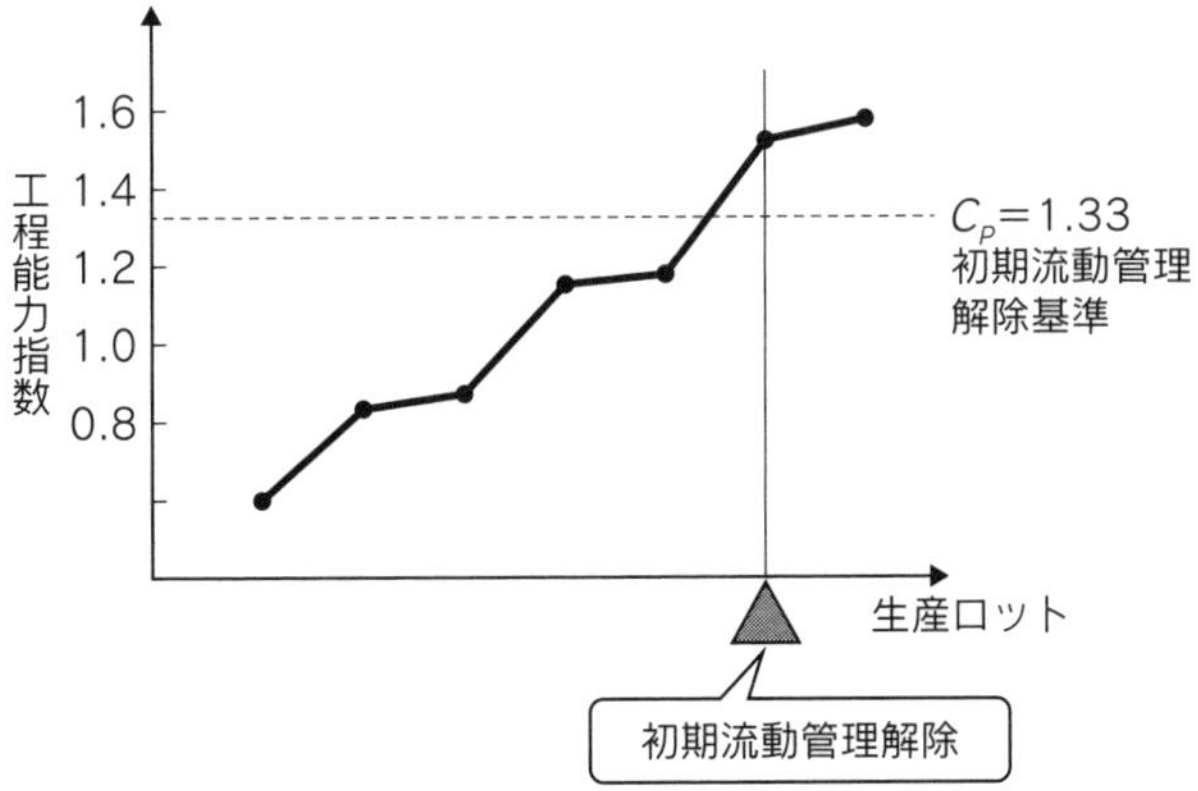

COLUMN

国民性で決まる品質？

我々が製品を買うときには、「ドイツ製って、しっかりしていて、品質的にも心配ないけど、洗練されていないね…」とか、「イタリアはアイディアはいいけど、品質面では不安なところがあるね」、とか「日本の製品は、仕様どおりにきちんとできているけど、新規性がなくネライの品質は今一歩だね」…このように国別の製品品質を見る傾向があります。

このような国別の製品の品質の違いは無視できないものがあり、結構当たっている場合が多いのですが、その製品の違いを生じさせる要因の本質は何なのでしょうか？

その国の民族のＤＮＡ、国の歴史、文化の違い、気候風土の特徴などからはぐくまれてきた国民の気質なのでしょうか？

ドイツ製の製品を見ると、規律を守り、一分の隙もないゲルマン人の民族性から生まれ、非常にがっちりした製品構造になっている例が多いと思います。

一方、イタリア製の製品を見ると、アイデア満載の構造のものも珍しくなく、ルネッサンス時代の巨匠レオナルド・ダ・ヴィンチ的な気質を引き継いでいると思われる製品に出会います。

なぜ、国民性によって製品の品質が変わってくるのでしょうか。これはいろいろな要因があると思いますが、民族のＤＮＡの違いによる面も、大きく影響しているのだろうと思います。

たとえば、石器時代の石斧の刃筋を見ると、日本で発掘された石斧の刃筋は他国のものに比べ、格段に真っ直ぐにできていて、日本民族の几帳面さを表わしているそうです。

このような民族のＤＮＡは脈々と引き継がれ、現在の製品にも生きているようです。

5章

デキバエの品質の作り込み

5-1

「品質を工程で作り込む」には、
具体的に作り込む活動を明確にする

品質は工程で作り込む

工程の作り込み対策を徹底して行ない、安定した製品のデキバエ品質を確保することが大切だ。

品質は工程で作り込む

「品質は検査によって作り込むのではなく、工程で作り込む」と言われます。

工程で品質を作り込むとは、工程の稼働の方法や条件を追求して、最適な稼働方法や条件を確立し、運用することで、規格・図面公差（ネライの品質）に合致し、かつ安定した製品が生まれるようにすることです。

予防と工程管理

生産のアウトプットである製品にとって、工程は品質への影響を与える要因の集まり（5Ｍ：Man、Machine、Material、Method、Managementに関連するもろもろの要因）、と考えられます。

稼働条件を確立するためには、製品品質を好ましくない状態にしている要因項目を、抑え込んでいく必要があります。

品質の好ましい結果を得るために、品質に悪影響を及ぼす要因項目を管理する「予防」が工程管理の原則です。

このような予防活動を確実に行なうために、「品質を工程で作り込む」4段階を展開するとよいでしょう（次ページ）。

4段階での作り込み活動

4段階での予防活動として、行なうことが望ましい対策案には、以下のようなものがあります。

①Man（作業者）（a、bは本章参照）
a．指差呼称運動による品質ミス予防活動
b．ストップルック法によるセルフチェック
c．朝礼や始業前点検での作業者の健康確認

②Machine（機械）（a、bは本章参照）
a．設備保全を確実に進める
b．ポカミス防止を進める

③Method（材料・部品）
a．材料ロット切替時の手順のルール化
b．協力業者の品質指導
c．材料の劣化防止対策の実施

④Method（作業方法）（aは本章参照）
a．効果的な作業訓練の実施

⑤Management（管理）（a、b、cは本章参照）
a．変化点管理の実施
b．ツール・ボックス・ミーティングでの作業指導
c．作業者の負荷の平準化

品質は工程で作り込む

「品質を工程で作り込む」4段階

第1段階

⇒ 作業や工程の管理点や基準を明確にする

- QC工程表で点検項目、管理項目を確認し実行する
- 作業手順書で作業の実施手順と急所を明確にする
- 設備・機械類の始業前点検を実施する

↓

第2段階

⇒ 品質基準の達成を目指す管理を行なう

- 変化点管理を実施する
- ストップ・ルック法、指差呼称運動を導入する
- 限度見本などを作成し、品質判断の精度を高める
- 工程内不良の見える化を進める
- 設備・機械類の定期点検を実施し、設備保全を進める

↓

第3段階

⇒ 工程別品質のバラツキの現状を把握する

- QC工程表の点検項目、管理項目の順守状況をチェックする
- 作業手順書で設定した作業手順や急所の順守状況をチェックする
- 管理図などによりバラツキの現状を把握する

↓

第4段階

⇒ 改善すべき管理点やその作業を明確にして、改善を行なう

- 工程ごとにバラツキ要因を追求する
- 品質のバラツキ要因を深掘りし、真因を追究して対策を行なう
- バラツキの低減の効果を確認する

新規性の高い作業の着手前には「作業直前の作業指導」が大切だ

ツール・ボックス・ミーティングでの作業指導

品質上の注意事項が多い作業には、リーダーによる作業現場での具体的指導を行なってから着手させることが大切。

ツール・ボックス・ミーティングとは

ツール・ボックス・ミーティング（ＴＢＭ）とは、職場のリーダー（監督者）が主催して、作業前に以下のような点をメンバーに指示・指導し、周知するミーティングを言います。

これにより、本日の作業に関連して、品質や安全に関するポイントを確実に認識させ、作業ミスなどの発生防止につなげるようにします。そして、指差呼称、ストップ・ルックなどの活動を確実に行ない、ミスの早期発見を確実に行なえるように職場管理を行ないます。

ＴＢＭのやり方

ＴＢＭは朝礼後に行なったり、必要に応じて作業中にも、次のような項目について行ないます。

- その日の作業の指示
- 作業内容や作業方法・段取り方法などについての説明や指導、指示
- 品質上の説明と対応方法、特に品質ミスの危険性の注意
- 安全に関して、危険要因の特定と対策の指導
- メンバーの健康状態の確認

このようなＴＢＭのやり方のポイントとして、

- 5～10分程度で簡潔に行なう
- 職場の全メンバーが参加して行なう

ＴＢＭは、昔このようなミーティングを行なう際に、工具箱（ツール・ボックス）に座って行なっていたために、このような名称がついたと言われています。

日々のＴＢＭを重視する

品質や安全などを確保するために、ＴＢＭを行なうことは大切ですが、次のような面から、これをないがしろにするケースが見受けられます。

- 同じ職場のメンバーで、行なう仕事もわかっているので、改めて行なわない
- 決まった作業を行なうので、改めて行なう必要がないと思っている
- 忙しい朝に、時間を取るのをもったいないと思っている

作業ミス、品質ミスを予防するためにも、ＴＢＭを確実に実施することが大切で「継続は力なり」です。

ツール・ボックス・ミーティングでの作業指導

ツール・ボックス・ミーティングの進め方

職場のリーダーの職場マネジメントとして行ないます。

ネライ

- フォーマルなマネジメントとして、作業の指示・命令の一環として行ないます
- 作業の直前に行なうことにより、効果的にヒューマンエラーの注意点の確認や、自己チェックの浸透を図ります
- 作業上のポイントの記憶をリフレッシュします

5-3

人・機械・材料・方法に変化やバラツキがなければ100%良品だ

変化点管理の実施

変化点管理により、各4M 項目の変化を早めに発見して、早めの処置を進める。これにより品質不良の発生を低減できる。

変化点とは、変化点管理とは

製造に必要な、4つの基本的な要素（4M）を「生産の4要素」と言います。

- 人（Man）
- 機械（Machine）
- 材料（Material）
- 方法（Method）

▼製造過程での品質不良は、この「生産の4要素」の変化（チガイ）やバラツキによって発生するものが多いのです。

もし、製造の4要素にチガイやバラツキがなければ、100％良品か、100％不良品となるでしょう。

そこで、この「生産の4要素」を「変化点」と言い、これを管理することを「変化点管理」と言います。

変化点管理の進め方

変化点の管理活動では、変化点の時々刻々の情報が、職場の全員に確実に伝わり、とるべき対応が誰にでもわかるようにすることが大切です。

このため、情報の共有化ができるよう、見える化ボードなどに掲示した状態で、活用するとよいでしょう。

①4Mの変化点の対象項目を決める（次ページ参照）。

②変化点の対象項目ごとに、変化があったときには誰でも、すぐ対応できるように手順書などを整備しておく。

③**変化点情報の収集**…日々変化のある生産に対して、変化点として把握・管理すべき事項を確実に収集する方法を決める。

変化点としては加工予定表、材料手配表、各担当者の配置計画などに対しての変化や遅れも合わせて、対象情報として把握するとよいでしょう。

④**変化点管理ボードへの記載と見える化**

管理ボードは、朝礼を実施する場所や、作業者の目に付くところなど、職場の中心に設置するのがよいでしょう。

変化点は、常にこれを認識して管理するものなので、何の変化点が発生したのかの変化情報を、確実に見える化します。

⑤変化点管理ボードに記載した変化点は、朝礼等で変化点内容や、作業者への対応内容の確認と周知徹底を行ないます。

⑥**実施内容の確認**…変化点への対応が確実になされているか現場リーダーは3直3現主義で確認する（6章コラム参照）。

変化点管理の実施

変化点管理の進め方

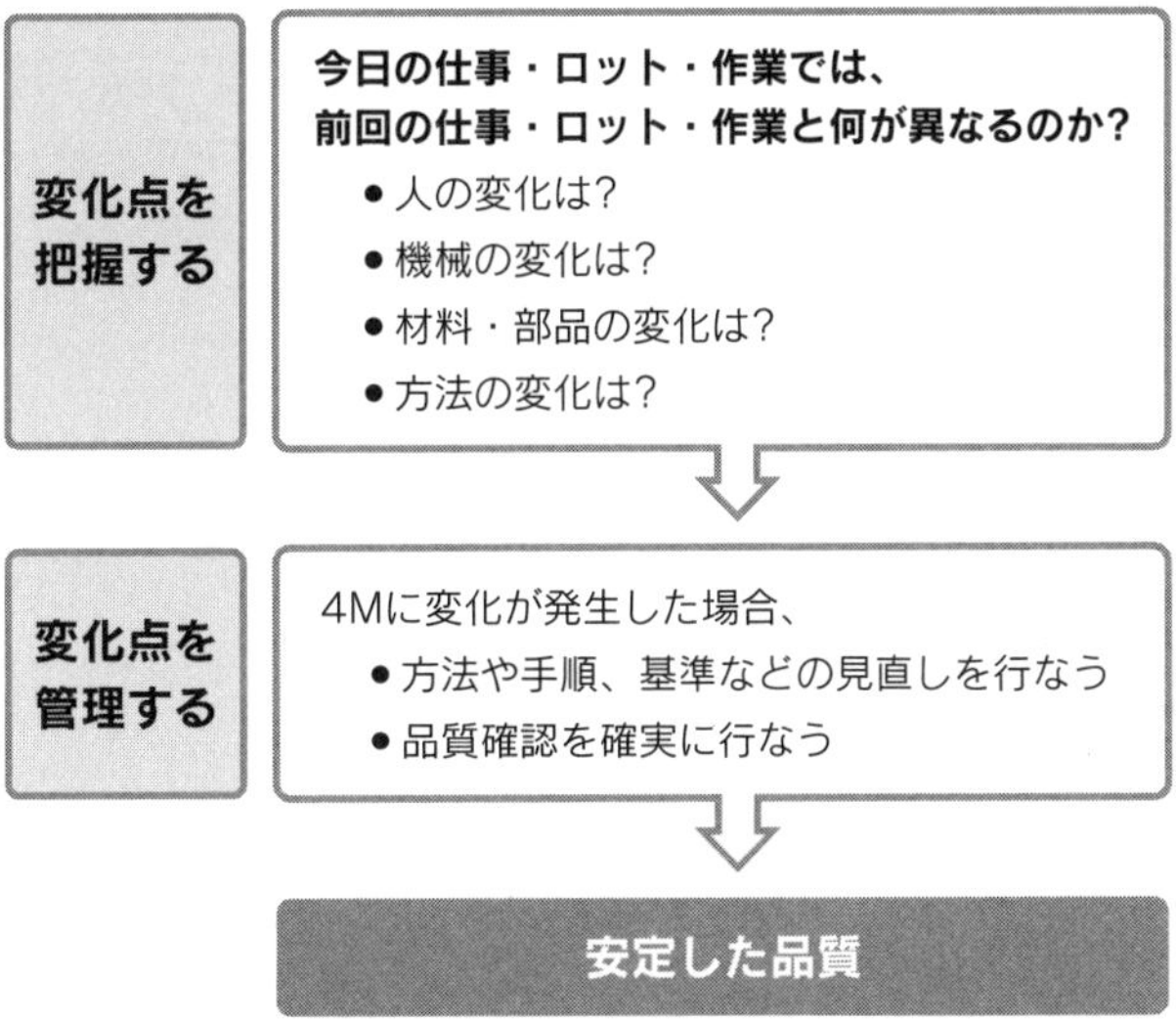
変化点を把握する
今日の仕事・ロット・作業では、
前回の仕事・ロット・作業と何が異なるのか?
●人の変化は?
●機械の変化は?
●材料・部品の変化は?
●方法の変化は?
変化点を管理する
4Mに変化が発生した場合、
●方法や手順、基準などの見直しを行なう
●品質確認を確実に行なう
安定した品質

変化点項目の例

製造工程における変化点項目例

- 人　…作業者の変更、検査員の変更、応援作業者の受け入れ、年休、健康状態の悪化など
- 設備…治工具などの変更・交換、設備／計測器の変更・修理、設備の移設、定期点検／保全の計画変更など
- 材料…原材料・素材・部品の変更、材料メーカー・外注先の変更、部品／材料の納期遅延、誤品／異品の混入
- 方法…作業手順書の変更、タクトタイムの変更、荷姿／運搬方法の変更、工程配置／レイアウトの変更、検査方法の変更など

ストップ・ルックは
仕事の習慣

ストップ・ルック法による セルフチェック

作業はやりっぱなしではダメだ。自己チェックとして「ひと作業、ひと確認」を実行しよう。

ストップ・ルックとは

日常的、繰り返し的に行なう慣れている作業では、実施時に作業者の意識レベルが低下し、ミスを生じる危険性が高いのです。

このような状況から抜け出すには、いったん作業を途中で意識的に停止（ストップ）して、周りの状況や実施の状況を確かめる（ルック）という「ストップ・ルック」を実行することが効果的です。

このいったん停止により、脳の情報処理の流れが一時的に「ストップ」されて、脳に刺激が与えられて活動が活発になり、正しい状況認識ができ、ミスの早期発見、早期アクション（ルック）につながります。

ストップ・ルックのやり方

ストップ・ルックは、日常的に行なう作業を、「作業・行動→チェック」の繰り返しで行なうよう、習慣化することが大切です。

具体的には、仕事の基本的な習慣として、「ひと作業、ひと確認」をこまめに、次のようなポイントで行なうようにします。

▼**ストップの取り方**…節目の動作の前や後でストップします。気軽に頻度多くストップすることが大事です。

特に、品質や安全に直接関連する動作の前後や、過去にミスした動作の前後には、ストップするようにします。

▼**ルックの仕方**…今の作業・動作は正しく行なったか、動作の結果に問題はないか、普段と違う状況はないか、疑問点はないかを振り返り、確認します。

ストップ・ルックの習慣化

ストップ・ルックは、簡易な自己チェックのため、習慣化できておらず、実施ができていないという問題が出がちです。

職場リーダーは、ストップ・ルックするポイントを朝礼で確認したり、各人に今日の作業のストップ点を言わせる、などの教育を行なうことが必要です。

また、より確実なストップ・ルックのために、重要なポイントでは次のようなひと手間をかけることもよいでしょう。

•作業手順書上に、ストップ・ルックする点を明示する　•チェック表にチェック済マークを付ける　•チェック後に確認ラベルを裏返す、などで見える化する。

ストップ・ルック法によるセルフチェック

「ひと作業、ひと確認」

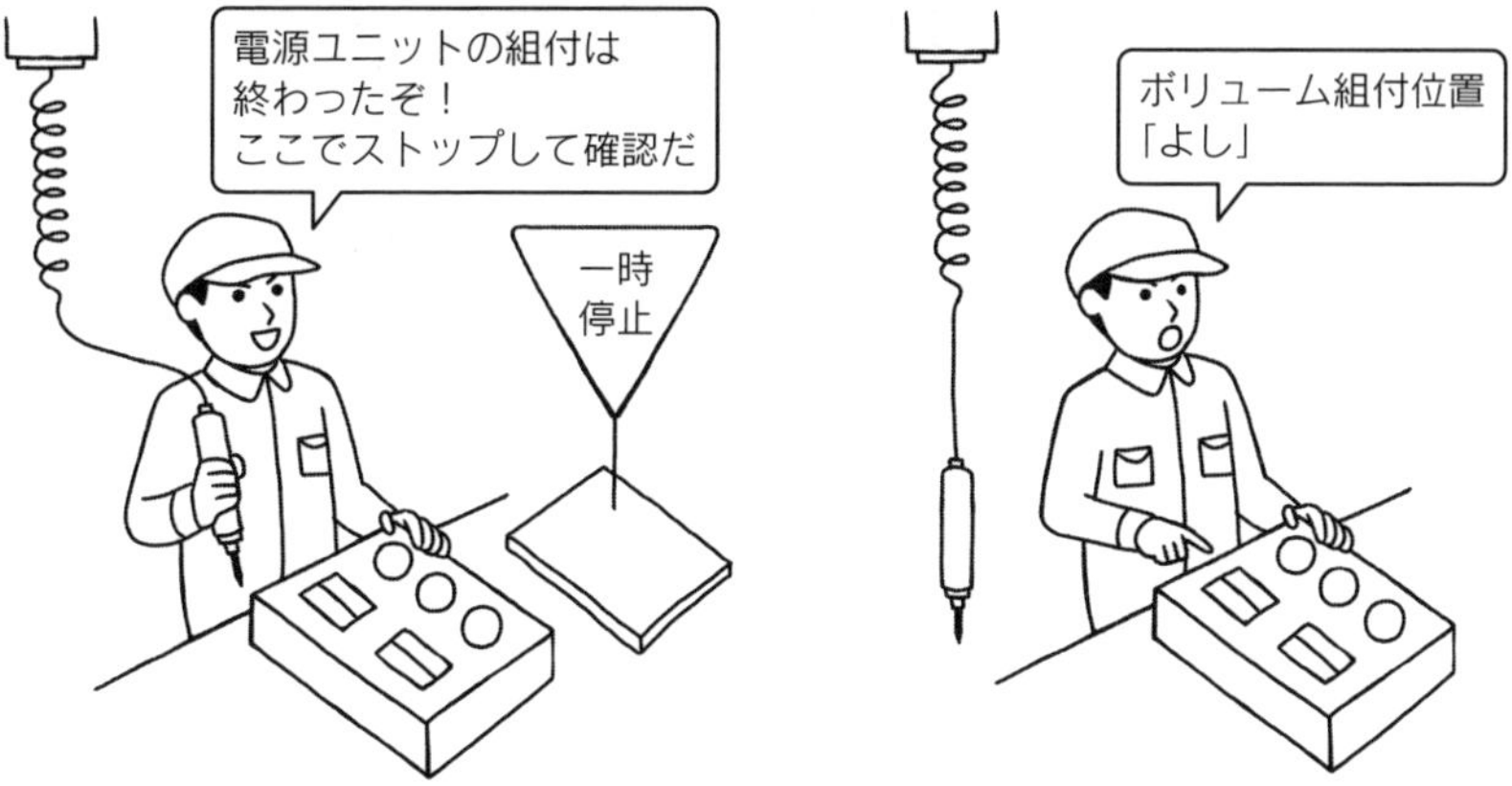

作業手順書にストップ・ルックするポイントを示した例

作業手順書			
作業名		#1穴あけ	
部品・材料		品番：123－456　品名：L型部品　材質：S45C	
治具・工具		ボール盤　ドリル(Ø4．5)	
No	**作業のステップ**	**急所** (ストップ・ルックポイントは右端の☆マーク)	
1	部品を取付具に固定	●加工面を上にして、メガネスパナを使用	☆
2	取付具を穴あけ位置まで移動	●ストッパーに当たるまで	
3	ドリルを切り込む	●ドリルは部品の3ミリ程度手前から、ゆっくりと送る ●ヘッドがストッパーに当たるまで	
4	取付具を引き出す	●ドリルを十分引き上げてから	☆
5	部品を取り出し、切粉を除く	●取付具を逆さにして取り出す ●切粉はブラシで取り除く	
6	部品を完成品箱の中に置く	●縦板を左にしておく	

5-5

異常を早期発見する
知恵を活用する

指差呼称による品質ミスの防止

指差呼称は異常の早期発見に実践的で実績のある、役に立つ手法だ。

指差呼称は、ミス防止のためのセルフチェックのひとつです。

自らの動作や作業を確認するのに、ただ単に目で見て、頭の中で確認するだけでなく、指差呼称活動では「指差しを行ない、その名称と状態を声に出して確認する」ことにより、意識レベルを高い状態に切り替えて、行動や作業を正しく行なえます。

これにより、確認の精度が高まるので、有効な品質ミス防止方法として、活用されています。

指差呼称はそもそも、日本国有鉄道（現ＪＲ）の運転士が、信号確認の動作として始めた安全確認手法です。

この安全確認動作は、その後有用性を認められ、鉄道関係の安全面にとどまらず、製造業や建設業でも広く活用されるようになりました。

指差呼称の効果

指差呼称には、次のようなエラー防止効果があります。

▼**指差による効果**…確認対象に視線を能動的に向けさせることで、見間違いを防止できる

▼**タイムラグ効果**…知覚と反応の間に指差呼称を挟むことで、反応が遅延し、先急ぎの気持ちやあせり、あわてなどによる焦燥反応を抑止できる

▼**呼称による効果**…耳からも名称が入ることで、エラーに気づきやすくなる

▼**指差呼称のエラーモニター効果**…人間の感覚を総動員するため、認知の精度が高まる

▼**指差呼称の覚醒効果**…口や腕、手などの運動により、大脳の活動レベルが上がり、ぼんやりが防止できる

指差呼称の効果確認実験

１９９４年に、鉄道総合技術研究所により、指差呼称の効果確認実験が行なわれました。

その実験によれば、「指差しと呼称を、共に行なわなかった」場合の、操作ボタンの押し間違いの発生率は2・38%でした。

これに対し、指差しと呼称を「共に行なった場合」の押し間違いの発生率は0・38%となりました。

押し間違いの発生率が、約6分の1となったという劇的な効果が発表されました。

指差呼称活動による品質ミスの防止

指差呼称のやり方

1 対象を見る
2 指を指し
3 指を耳元へ
4 振り下ろす

「指差呼称」は以下の手順で行ないます。

1. **対象をしっかり見る**

2. **対象を指で差す**

　呼称する項目を声に出しながら、右腕を真っ直ぐ伸ばし、対象から目を離さず、人差し指で対象を指差します。

　なお、指を差す際、右手の親指を中指にかけた「縦拳」の形から、人差し指を真っ直ぐに突き出すと、指差しが引き締まります。

3. **差した指を耳元へ**

　差した右手を耳元まで戻しながら、「本当によいか（正しいか、合っているか）」を確認します。

4. **右手を振り下ろします**

　確認できたら、「ヨシっ!」と発声しながら、対象に向かって右手を振り下ろします。

　1～4の一連の動作は、左手を腰に当て、背筋をピンと伸ばし、キビキビとした動作で行なうことが奨励されています。

5-6

重要ポイントを明確にして
確実な指差呼称を行なう

指差呼称の実施上のポイント

指差呼称を行なう対象はよく吟味して決め、その対象である人やモノに対して声を出し、指を差して確認する。

指差呼称の実施場面

指差呼称は作業や行動の要所で実施しますが、その指差呼称を実施するポイントは、あらかじめそれぞれの作業の中で設定しておくことが肝要です。

指差呼称を行なうポイントとして、次の点があります。

- これまでにミスを起こした行動
- ミスをしたら重大な製造不具合や事故に結び付きそうな行動
- 複雑あるいは難易度の高い行動

このような行動のポイントで、次にあげるような点を確認します。

▼**人について**…自分自身の作業位置、作業結果、作業方法や作業姿勢など

▼**物について**…計器類、治工具の状態、部品の位置など

指差呼称の例

指差呼称は次のように、品質確認のポイントを声に出して、確認します。

- **3次元測定器工具での測定準備の場合**

「プローブの締め付けよし！」「測定方向よし！」などと測定の状態を確認しながら、人差し指で差して指差呼称します。

- **油圧式治具の操作の場合**

「バルブ開ボタンよし！」「プレスショットよし！」

- **測定具の使用前点検の場合**

「マイクロメーターの測定面汚れなしよし！」「ノギスの鳥口の接触スキマなしよし！」「部品外周に傷なしよし！」

指差呼称の展開時の問題

指差呼称運動を始めるときに、目立った動作をしたり、声を出すのが恥ずかしいという気持ちが出たり、各自がよく注意していれば問題ない、といった思いがあったりして、なかなか指差呼称が浸透しない、定着しないという場合があります。

このような恥ずかしさや照れくささを乗り越えるために、次のような努力や工夫が必要です。

- 指差呼称のやり方、その効果などについての教育と訓練の実施
- 指差呼称する対象の設定のルール化
- 実践方法などについての職場での話し合いと必要性の認識向上
- 職場リーダーの率先垂範

指差呼称の実施上のポイント

指差呼称の効果確認実験結果

確認方法	操作ボタン押し間違いの確率
指差し、呼称のどちらもしなかった場合	2.38%
指差し確認のみをした場合	0.75%
呼称確認のみした場合	1.0%
指差し、呼称確認の両方をした場合	0.38%

（鉄道総合技術研究所での実験：1994年　による）

デキバエの品質のバラツキは
避けられない宿命だ

品質のバラツキの管理

バラツキの改善（縮小化）は、それぞれの4Mや環境面、管理面の各バラツキ要素に対して、バラツキ要因を分解して個々に検討する。

避けられないバラツキ

製品の製造では、どんな工程でも避けることができない、異常原因によるバラツキが必ずあります。

これは、生産の6M（人・機械・材料・方法・環境・管理体制）にバラツキ要因があるためであり、これによりデキバエの品質が低下してしまいます（2章1項参照）。

バラツキの改善

バラツキの改善は、無視できない大きさのバラツキを生じる、作業や工程を特定してその改善を進めます。

これらの改善により各種の項目を標準化して、製造条件を細かく管理すれば、製品の品質のバラツキを小さくできます。

しかしこのバラツキを、皆無にすることはできません。

①人（作業者）のバラツキ要因

新入社員の配置、作業の経験不足によるスキルの低さ、ちょっとした力加減の相違によるベテランとの相違の発生、異動直後の社員の作業、寝不足や体調不良での作業、悩みを抱えての作業など

②設備・機械のバラツキ要因

機械の経年劣化による加工精度の低下、同一工程の設備間の個体差、日常点検の不備、測定方法習熟の不備、測定器の精度管理の不十分さなど

③材料のバラツキ要因

購入先変更による材料の混在、ロットの異なる材料の混在、購入先での原料の変更、材料の劣化度合いのチガイ、購入材料の生産拠点の相違など

④方法のバラツキ要因

作業手順書や作業標準の不備、またこれらを守らない不備、作業手順書による訓練の不十分さ、所定の治工具を使用していない不備など

⑤環境面のバラツキ要因

作業環境の温度・湿度・気圧の変動、部品や工具の配置の仕方の違い、5Sの整備の不十分さなど

⑥管理面のバラツキ要因

生産計画や日程計画の大幅な変更、人員削減や増員、作業者の勤務体制の変更、指導育成方法の変更、人員配置の変化、材料・部品の調達の遅れ、欠品の発生など

料金受取人払郵便

神田局
承認
7635

差出有効期間
2024年４月30
日まで

郵便はがき

１０１-８７９６

５１１

(受取人)
東京都千代田区
神田神保町１－41

同文舘出版株式会社
愛読者係行

毎度ご愛読をいただき厚く御礼申し上げます。お客様より収集させていただいた個人情報は、出版企画の参考にさせていただきます。厳重に管理し、お客様の承諾を得た範囲を超えて使用いたしません。メールにて新刊案内ご希望の方は、Ｅメールをご記入のうえ、「メール配信希望」の「有」に○印を付けて下さい。

図書目録希望	有	無	メール配信希望	有	無

フリガナ お名前		性別 男・女	年齢 才
ご住所	〒 TEL　（　　）　Ｅメール		
ご職業	1.会社員　2.団体職員　3.公務員　4.自営　5.自由業　6.教師　7.学生　8.主婦　9.その他（　　）		
勤務先分類	1.建設　2.製造　3.小売　4.銀行・各種金融　5.証券　6.保険　7.不動産　8.運輸・倉庫　9.情報・通信　10.サービス　11.官公庁　12.農林水産　13.その他（　　）		
職種	1.労務　2.人事　3.庶務　4.秘書　5.経理　6.調査　7.企画　8.技術　9.生産管理　10.製造　11.宣伝　12.営業販売　13.その他（　　）		

愛読者カード

書名

◆ お買上げいただいた日　　　　　年　　　月　　　日頃

◆ お買上げいただいた書店名　（　　　　　　　　　　　　　　　）

◆ よく読まれる新聞・雑誌　（　　　　　　　　　　　　　　　）

◆ 本書をなにでお知りになりましたか。

1．新聞・雑誌の広告・書評で　（紙・誌名　　　　　　　　　　　）
2．書店で見て　3．会社・学校のテキスト　4．人のすすめで
5．図書目録を見て　6．その他（　　　　　　　　　　　　　　　）

◆ 本書に対するご意見

◆ ご感想

●内容	良い	普通	不満	その他（　　　　　　）
●価格	安い	普通	高い	その他（　　　　　　）
●装丁	良い	普通	悪い	その他（　　　　　　）

◆ どんなテーマの出版をご希望ですか

品質のバラツキの管理

工程はバラツキ要因の温床だ

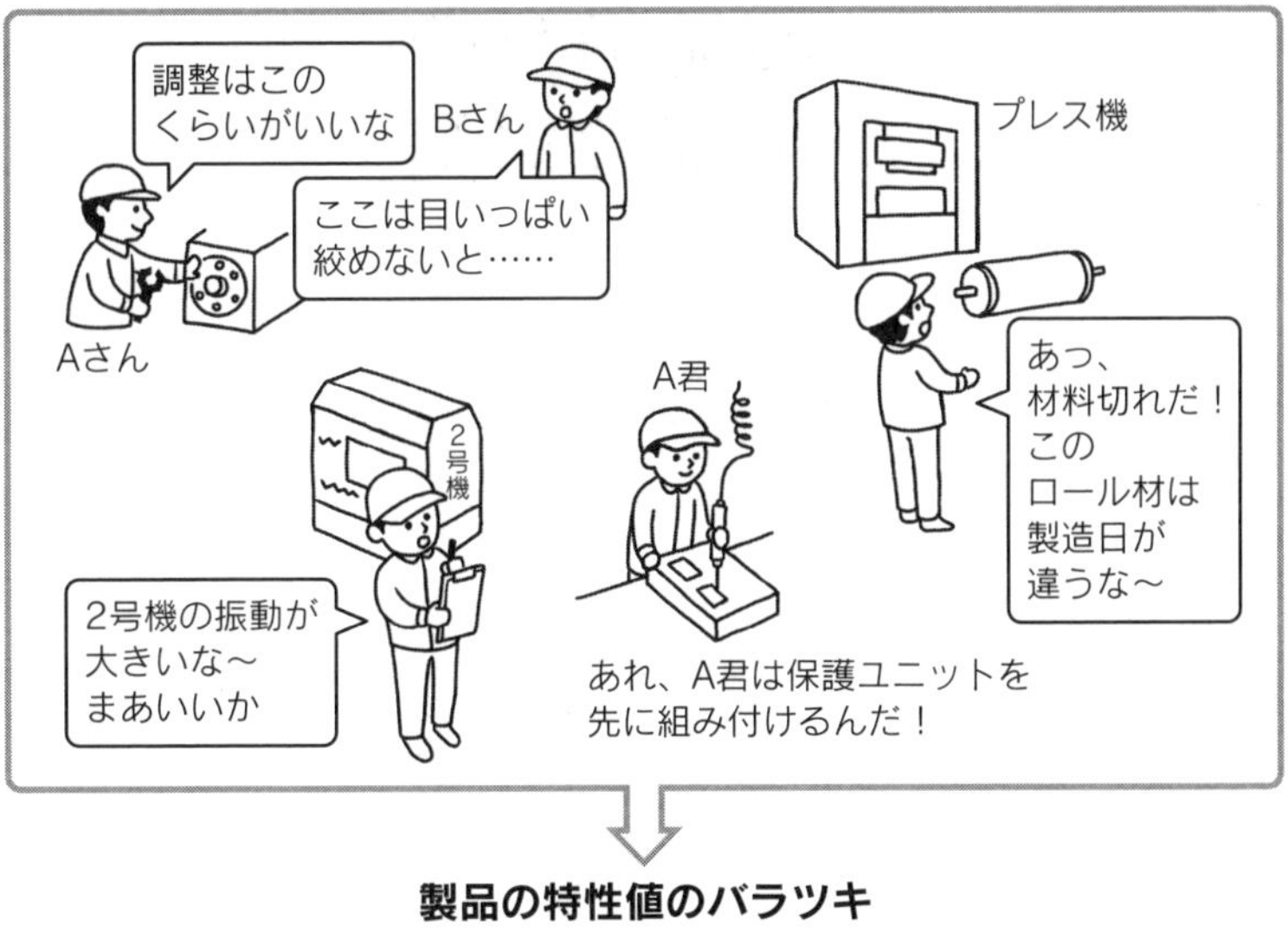

バラツキと改善

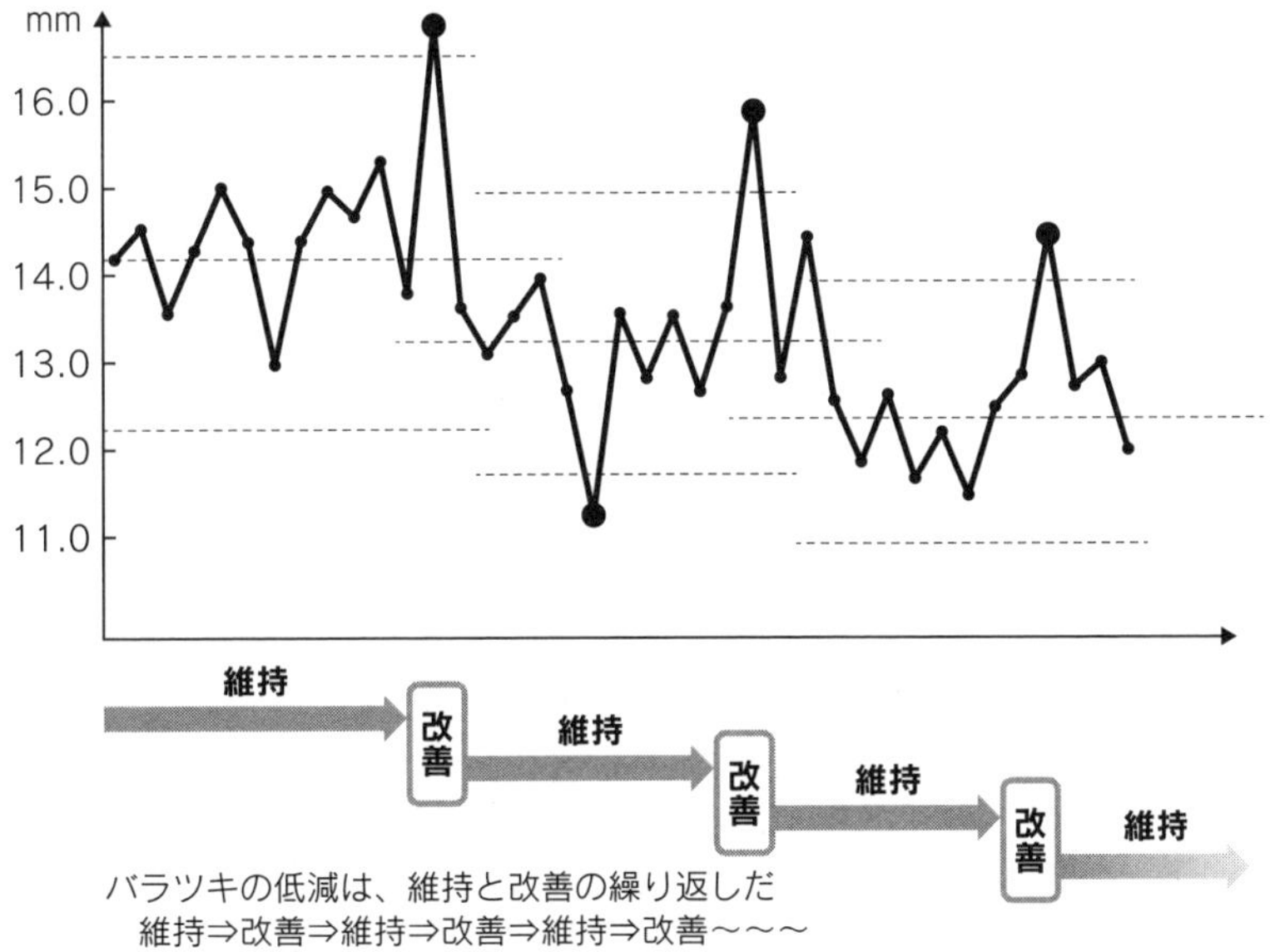

バラツキの低減は、維持と改善の繰り返しだ
維持⇒改善⇒維持⇒改善⇒維持⇒改善〜〜〜

5-8

設備の保全活動では、
設備総合効率の向上を狙う

設備保全の確実な展開

設備総合効率を向上するには、時間稼働率、性能稼働率、良品率の各要素に分けて改善活動を展開する。

◎設備と製造不具合

▼設備などに次のような不具合があると、操作ミス、調整ミスなどを起こし、品質不良の製品を生んだり、予定の加工数量が上がらないなどの不都合が発生します。

- 設備可動部の摩耗などにより、加工精度の低下や、稼働不能状態の発生
- 機械の運転時の振動などが大きくなり、精度や性能を発揮できない
- 設備のハンドル操作などが、楽にスムースにできなくなり、操作ミスを生じる

▼設備保全とは、設備のこのような不具合に対して、万全な状態で稼働できるように維持していく活動と言えます。

◎設備の保全体制

▼保全方式には、予防保全と事後保全があります。

予防保全は設備に故障や不具合がおこる前に行なう方式であり、事後保全は故障や不具合が発生した後に実施する方式です。

通常は、故障発生時のリスクが大きいものは予防保全を、そうでない場合には事後保全を選択するといった、リスクに応じた切り分けが必要です。

▼設備に起因する不具合を予防するために、不具合を初期の段階で発見し、製造不具合に発展しないようにする、予防保全体制が必要です。

▼予防保全体制としては、定期的な設備保全体制と、交換部品の管理体制づくりがポイントとなります。

- **保全体制**…定期点検や日常点検、使用前点検と段階的に行ないます。これらの実施タイミングや、設備ごとの点検項目を設定し、保全を効果的に進めます。
- **交換部品管理**…設備の交換部品の種類と保有数量といった仕組み面の明確化、及びこれらを探すムダを排除するために、5S活動の一環として展開します。

◎TPM活動と保全

TPMとは、生産現場の全部門・全階層が参加・協力して行なう活動で、全社的生産保全活動です（左ページ参照）。

この活動は、小集団活動をベースに、現場の全員が参画し、計画に沿った保全を実施することで、効率よく高品質な製品を生産する目的で行なわれます。

設備保全の確実な展開

設備効率化を阻害する要因

設備を最も効率的に活用するということは、設備の持っている機能・性能を最高に発揮させるということです。

このためTPM活動では、以下の「設備の6大ロス」を徹底的になくすことが重要です。

＊TPM (Total Productive Maintenance)・・・「全員参加の生産保全」

1. **故障ロス** … これは時間的、物量的ロスを伴い、ロスの中でもウェートが高いロスで、品質不良にも大きく影響します。

2. **段取り調整ロス** … 段取り作業の中で、通常一番時間が長くかかるのが、調整作業時間です。設備の停止ロスに大きく関連するロスです。

3. **チョコ停・空転ロス**… 短時間の停止ロスですが、頻度が一般的に高いので、設備効率に大きく影響する場合が多いと言えます。

4. **速度低下ロス** … 設備仕様の速度に対して、実際に稼働している速度の差から生じるロスです。潜在化している技術的問題の対策が必要となります。

5. **工程不良ロス** … 不良には慢性不良と、突発不良があり、とくに慢性不良は放置されがちなので、積極的に取り組むことが必要です。そのためには、不良の現象をよく観察し、不良要因を整理し、その要因にひそむ欠陥の対策を実施することが大切です。

6. **立ち上がりロス** … 生産開始から安定化するまでの間に発生する時間的、品質的ロスを言います。加工条件の不安定さ、治具・金型などの整備不良、作業手順のまずさなどにより発生します。稼働分析などを行なって要因を把握し、対策を実施します。

設備効率化の指標

TPM活動では、次の設備総合効率を高めることをネライとして推進します。

■設備総合効率＝時間稼働率×性能稼働率×良品率

- 時間稼働率＝（負荷時間－停止時間）÷負荷時間
- 性能稼働率＝（速度稼働率）×（正味稼働率）
  ＝（基準サイクルタイム÷実際サイクルタイム）×（実加工時間÷稼働時間）
- 良品率＝（投入数量－不良数量）÷投入数量

■上記の指標の、一般的な望ましい姿は次のように考えます

設備総合効率	＝	時間稼働率	×	性能稼働率	×	良品率
（85%以上）	＝	（90%以上）	×	（95%以上）	×	（99%以上）

5-9

人はミスをする動物だ…
ミス防止はポカヨケから

ポカミス防止の進め方

ポカヨケはヒューマンエラー防止の奥の手だ。「ミスをさせない」「ミスを流出させない」工夫を考える。

作業時にいくら注意していても、防げない「うっかりミス」、これに起因する製造不具合を根絶することは容易ではありません。このような場合に、ポカヨケを採用することは効果的です（9章6項参照）。

ポカヨケの特徴

- 作業の実施時、または直後の工程で行なうため、ミスの発見に遅れがない
- 毎回・都度・全数チェックするためエラーをゼロにできる
- 作業に組み込まれるため、余分な時間が発生しない
- 人に依存しないため、信頼度が高い

一方で多品種少量生産では、製品ごとのポカヨケは、費用面での短所もあります。

ポカヨケの類型

▼目的から見たポカヨケの類型

- **操作ミスポカヨケ**…スイッチの押し間違えを保護カバーで防止するなど、機械や設備を操作するときのミスを防ぐ
- **加工ミスポカヨケ**…材料の形状差などを検知して、取り付けられないようにしてミスを防ぐなど、加工や組立作業時のミスを防ぐ
- **流出ミスポカヨケ**…完成部品の加工前後の形状差で不良を検知して良品の流れから排除するなどで、加工や組立作業後のミス流出を防ぐ

▼設置場所から見たポカヨケの類型

- **発生防止式**…ポカヨケを、加工・組立が行なわれる作業場所に設置する
- **流出防止式**…ポカヨケを、加工・組立作業後の場所、または次工程に設置する

ポカヨケは、できるだけ「発生防止式」で進めるのが基本です。

▼抑止レベルの強さによる種類

- **強制式**…異常が発生した場合、機械を停止する、クランプが解除されない、などの方法により、作業の進行を強制的に停止させ、連続的に不良が発生しないようにする方式
- **警告式**…異常が発生した場合、ブザー・光の点滅、警告表示などの方法により、作業者にその発生を警告する方式

作業者がこの警告に気が付かないと、異常の発生は続行してしまうので、通常は強制式のほうが望ましいと言えます。

ポカミス防止の進め方

製造不具合とポカヨケ

加工・組立などの作業ミスの原因

原因1（誘因：人とモノの作業環境の側面）
- 見にくい
- 細かい、小さい
- 似ている
- 照明が暗い
- 作業の中断など
- 疲労
- 慣れ
- チームワークが悪い

原因2（起因：人間特性の側面）
- 思い込み
- やり損ない
- 忘れ
- 意識低下

↓

製造不具合の現われ方と対策方向

操作時のミス
- ボタンやレバーへのタッチミス
- 誤選択
- 手順の勘違い
- 操作忘れなど

加工時のミス
- 異品選択ミス
- 取付ミス
- 段取り調整ミス
- 加工寸法ミス
- 加工モレのミス
- 数量違いのミス

→ 発生防止式

加工後のミス（流出ミス）
- 見逃しミス
- 慣れによる不注意
- 集中力低下ミス
- 前工程依存ミスなど

→ 流出防止式

↓

不具合対策の抑止力
- 強制式
- 警告式

5-10

〔作業のプロ〕＋
〔教えるプロ〕を狙う

効果的な作業訓練のやり方

作業の教え方には効果的な手順がある。TWIでの「仕事の教え方」にならって、4段階法で効果的な指導をしよう。

◎仕事を教える技能とは

作業担当者に対して、作業実施の基準と正しい実施方法を習得させ、担当作業を「正しく・速く・安全に・楽に」できるようにするのは、現場の監督者や作業指導者の大切な任務です。

作業訓練を行なう監督者や作業指導者は、「作業のプロ」です。しかし本当に、「教えるプロ」と言えるかは、疑問があります。

それは、見習者の習得のスピードや、確実に作業を理解したかという点から見ると、多くの場合、問題があるからです。

仕事を教える人に、教える技能がなければ、正しく効果的に作業を伝授できません。

◎教え方の4段階法

このような、教える面での問題点に対しては、企業内教育の手法のひとつである「TWI監督者訓練：仕事の教え方」により訓練していくのが効果的と言えます。

この方式では、「仕事の教え方」を次の4段階に分けて進めていきます。

①**心構えをさせる**…教わる人の緊張感を解きほぐし、作業の成果物やその使われ方、後工程での扱いなどを教える

②**内容を説明する**…作業を手順と急所に分けて説明する、また徐々に詳しく説明する

③**やらせてみる**…手順と急所に分けて順次やらせる。確実にできるまで繰り返しやらせる

④**見守る**…実作業現場でわからない点が出た場合の質問相手を決めておく。不良発生時の対応、作業遅れが出た場合の対処などを決めておく。期待どおりの作業ができるまで指導する

◎教えるための準備

この4段階法で確実に教えていくには、教えるための教材として「作業手順書」を整備しておくことが欠かせません。

この作業手順書には、作業の実施の手順と、合わせて手順ごとの急所を洗い出して明示するようにします。

急所は次の3つの点について、具体的に五感レベルで表わすようにします。

- 品質を確実に作り込むためのポイント
- 高い作業効率を実現するためのポイント
- 安全を確保するためのポイント

効果的な作業訓練のやり方

仕事を教える準備

仕事を教えるためには、次の点の計画や準備を行ないます。

①技能訓練計画の策定

…訓練計画表を作成して、教えるべき作業を決め、教える方法を決める
（誰が誰に、どの作業について、いつ、どのくらいの時間で、技能の達成水準　など）

②作業手順書の作成

…作業手順書を作成して、教えるべき点を明確にする
（作業を分解して、作業手順を設定し、これらに必要な急所を明確にする）

③4段階法での教える技能を教育

…訓練に必要な設備、測定具、材料・部品などを準備して、
作業域を整備し、教える環境をつくる
…4段階法の教える手順に従って、見習い者が作業の手順・急所を
理解しやすいやり方で訓練する

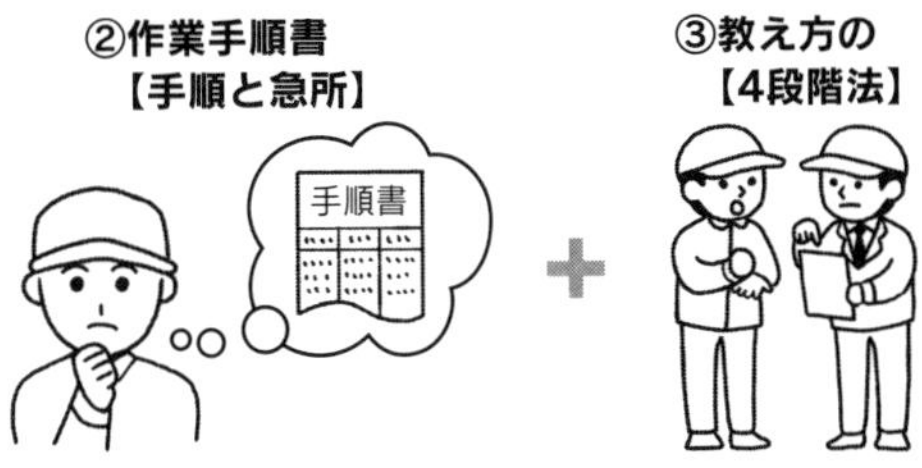

TWI（Training Within Industry for supervisors）
…アメリカで開発された企業内教育手法のひとつで、監督者層の社員向けの教育訓練法です。

COLUMN

後工程が満足するデキバエの品質

製造工程は、一般的に複数の工程から成り立っていて、これらの工程で順次、加工・組立を行ないながら、最終製品になっていきます。

このような工程系列の中で、自分から見て「後工程」とは、自分の工程の次を担う工程です。

自工程では「後工程が満足する品質レベルの仕掛品を供給する」義務を負っています。最終製品のデキバエ品質は、工程間での品質の連鎖で作り込まれるからです

たとえば、後工程の円筒研削盤で仕上げ研磨を行なう場合に、その研削盤での研磨代の大小は、研磨後の品質に大きく影響します。過大だと研磨精度は低下して、寸法不良の危険性が大きくなり、過小だと所定の研磨ができない部分が残ったりします。

研磨代をどのくらいに設定するかを、工程間で明確にして、「要求仕様への適合性」と、「後工程での加工適合性」の2つを満たすようにすることが大事です。

「後工程はお客様」という意識を持って作業し、製品の品質と生産性を高めていくには、次のような点が大切です。

- 自工程の役割を知る…自工程の機能を明確にして、どのようなQCDを実現していけばよいかを明確にする
- 後工程での工程手順やその内容をよく知り、自工程との関連を明確にする
- 後工程で必要とする自工程での供給品質を明確にする
- 自工程での加工に内容に対し、両工程で納得できる良否の判定基準を明確にする
- 上記の良否基準を満たしているかを、自工程で自己チェックを確実に行ない、後工程に不具合品が流れないようにする

6章

品質改善の進め方

6-1

心のこもったクレーム対応で
顧客の信頼を得よう

クレーム対応での品質保証体制

クレーム・不満は企業に対する市場の厳しい洗礼だ。これらを開発段階の貴重な情報にするために、情報収集の体制を整備し、ここから自社の開発課題を読み取ろう。

ここでは、製品の故障、製品不具合などのクレームについて検討します（左図参照）。

クレーム・不満情報

的確なクレーム処理は、その製品の顧客満足度を高めるだけでなく、そのクレーム処理の情報は、これから企画・開発する製品の、重要かつ貴重な情報となります。

情報収集の仕組み

このクレーム情報には、顧客から寄せられる情報（顕在情報）と、自社で収集する必要のある情報（潜在情報）の2種類があります。これらに応じたクレーム情報収集の仕組みを設定します。

潜在化したクレーム情報に関しては、販売部門やアフターサービス部門などで発掘し、顧客不満足点の把握を徹底し、その情報を企画・開発部門に提供する体制を作ることが大切です。

クレーム情報の収集と分析

顕在化したクレームには社内の主管部門を明確にし、社内に周知して、情報受付を標準化します。

そして、誰でも適切な受付ができるように教育の徹底を図ることが必要です。

このような体制で受付けたクレーム情報は、一次対応を行なった後に、その内容に応じてクラス分けして（例：緊急、重要、一般、参考など）、それに応じた是正処置の手順を明確にして確実な対応を行ないます。

受付け、また処置したクレーム情報は定期的に次のような分析・解析を行ない、クレーム改善の情報として活用します。

- 故障件数の発生推移
- 部位別、ユニット別、使用状況別、使用者年代別などの分析による故障実態・クレーム発生の原因解析

クレームへの対応

クレームが発生すると、検査の回数・項目が増え、検査方法もより厳しくする対策になりがちです。このような対応では、クレームの防止効果は薄いと言えます。

クレーム対策では、品質保証の仕組み改善として、製品規格や検査基準の見直しや、工程品質の改善と同様に、クレームの真の原因を把握して対策を行なう是正処置（再発防止対策）が肝要です（6章2〜8項参照）。

クレーム対応での品質保証体制

クレーム・不満足・満足情報の対応の流れ（例）

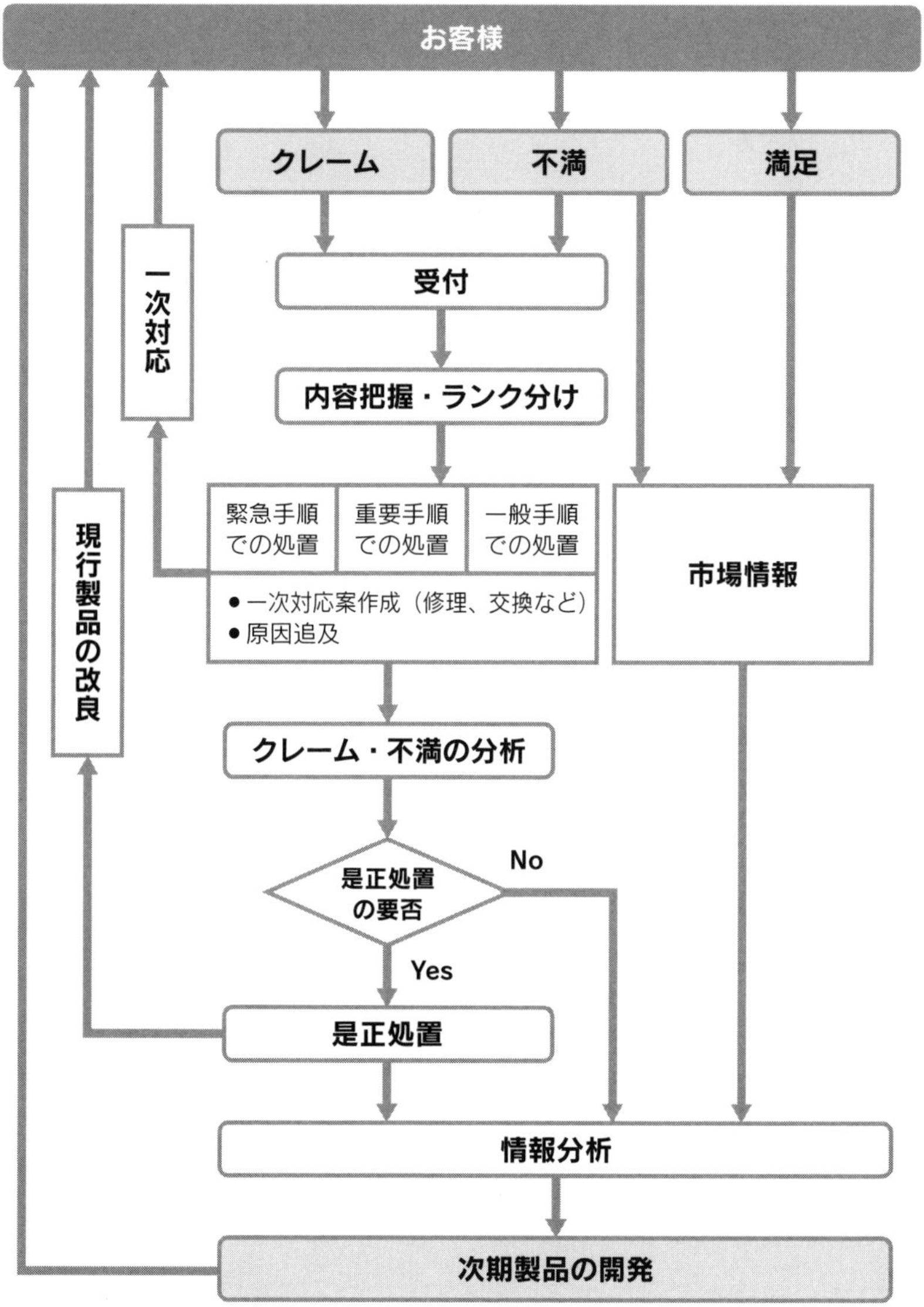

6-2

QCストーリーは日本生まれの
改善の展開手法だ

品質改善の進め方とテーマの設定

QCストーリーは改善の展開の道しるべだ。この手順に沿って、改善活動を展開することにより、確実な成果が得られる。

QCストーリーによる品質改善

品質管理体制を作り上げ、それを運用しても100%良品とはならず、品質不良やクレームの発生も後を絶ちません。

このような品質不良などに対して、品質改善活動では、その再発防止活動を重要な活動として展開していきます。

この再発防止活動（品質改善）を、効果的に進めるための具体的な方法が、「**QCストーリー**」として、QCサークルの中で生まれてきました。

QCストーリーには、「問題解決型」や「課題達成型」などいくつかのパターンがありますが、最も広く活用されている問題解決型のQCストーリーが、左ページに示すようなステップのストーリーです。

以下、このQCストーリーに沿って、改善活動の進め方を述べていきます。

推進手順1：改善テーマの選定

▼テーマの選定の手順

多種類で、かつ多くの品質問題に囲まれている実態の中で、改善テーマの優先順位は効果的に決める必要があります。

品質改善に取り組むべき問題は、次のように重点指向で選定するのがよいでしょう。

①職場の役割から見て、品質改善を展開すべき問題点を列挙する。

②取り組む問題点を評価して、まず重要度大&緊急度大の問題点をテーマとして選定し、次いで重要度大&緊急度小の問題点に取り組む。

▼真の問題点の探索

解決すべき改善テーマは、発生している問題をそのままテーマとするだけではなく、その問題の奥に潜む問題を探して、改善テーマとすることも大切です。

▼問題点の探索・選定と評価の仕方

テーマの選定段階では、職場にある問題を自由な雰囲気の中で出し合い、その問題の意味や問題間の因果関係などを吟味して、問題の位置づけを整理します。

そして絞られた問題の中から、重要度、解決できた場合の予想効果、解決の緊急度、解決の難易度などの観点で評価して、テーマとして取り上げるべき問題を決定していきます。

品質改善の進め方とテーマの設定

改善の基本的な推進手順

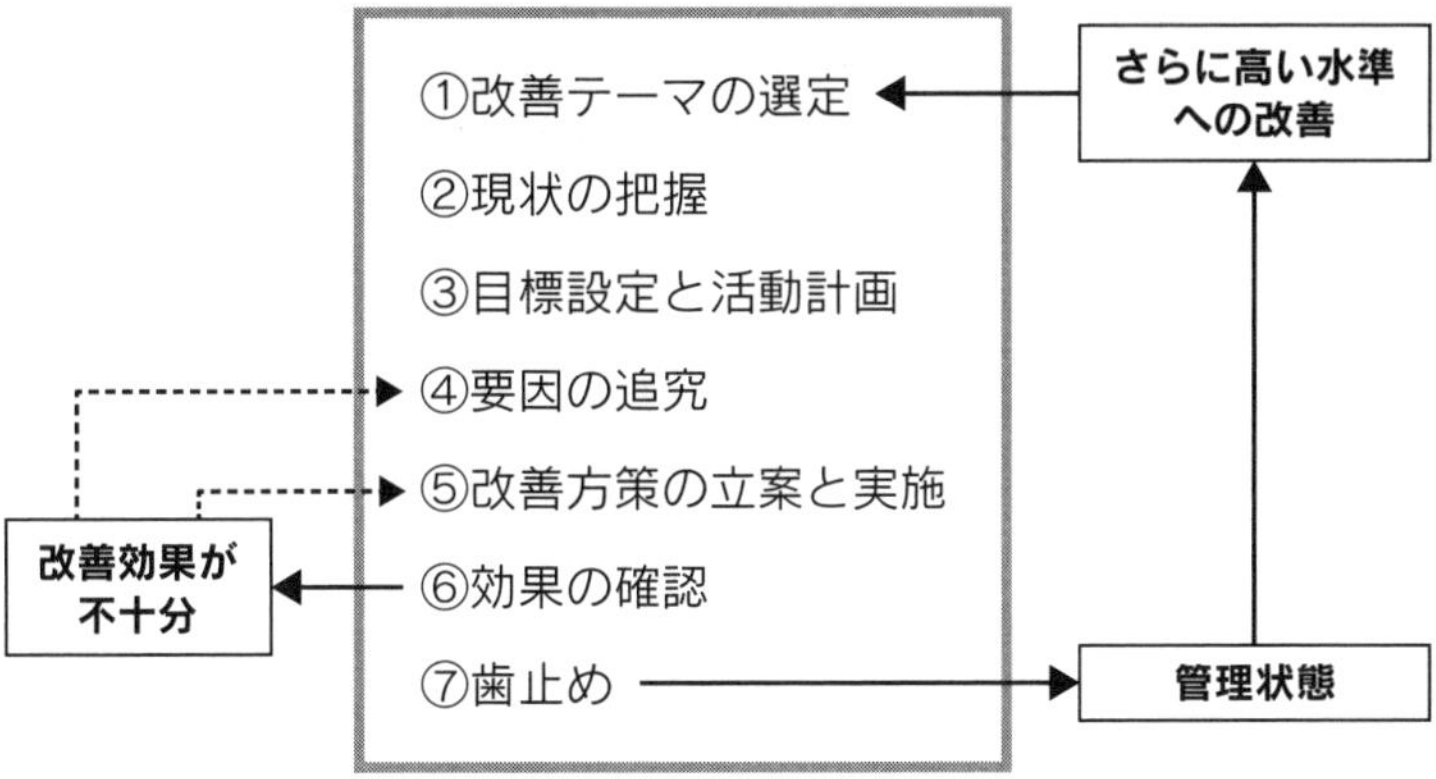

改善テーマ探索へのアプローチ

よくある問題点…

- 品質不良、クレームなど
- 目標と実績のギャップ
- 困っている点
- あるべき姿と実態とのギャップ
- 後工程への迷惑
- 標準との食い違い
- 規格や仕様との食い違い

⇩

- **PQCD面の改善**
  ⇒生産性、品質、コスト、納期・リードタイムなどの向上
- **4Mの不備の改善**
  ⇒人、機械、材料、方法に関する不備事項の改善
- **ムダ・ムリ・ムリ（3ム）面の改善**
  ⇒3ムの排除
- **期待される改善成果の大きさから見た改善**
  ⇒大きな改善成果の追究

6-3

敵（課題）をきちんと知ることは
改善の第一歩だ

現状の把握と目標の設定

現状把握のために、取り組む対象の特性値を決め、これに関する問題の発生状況、問題の発生の流れなどを詳しく把握する。

推進手順2：現状の把握

①テーマの改善で取り組む特性値の設定

特性値とは、品質活動の結果の項目であり、テーマの改善活動として取り組む対象項目です。

（例）不良率、損失金額、損失時間　など

②現状を把握する

▼現状把握では、特性値についてどのような問題が、いつ、またはいつから、どこで、どの程度発生しているのかを把握します。

言い換えると、「あるべき姿」と「現状の姿」の明確化、すなわち両者のギャップを確認することと言えます。

▼この問題の発生パターンも明確にしておくと、後の原因の分析も効率よく行なうことができます。

（例）不具合は突発的発生か、または慢性的か、徐々に悪くなってきているのか、などの発生の傾向

▼これらの把握は、できるだけ数値データで明確にします。数値化が難しければ、悪さを具体的に事実として表現します。

（例）あるテーマに関する悪さには何があるのか、これらの現状の状態は具体的にどうなっているか

③現状を分析する

▼現状の分析は、ＱＣ7つ道具（例：パレート図）を用いて分析すると、重点指向とともに、問題の原因もわかりやすくなります。

▼現状分析は次のような視点で行ないます。

- 問題点はデータに語らせる
- 仕事の流れや工程の実態を調べる
- 時系列で見て変動や変化を把握する
- 層別して問題点をつかむ（場所別・方法別・時間別・機械別・男女別など）
- バラツキやカタヨリに注目して調べる

推進手順3：目標値の設定と活動計画

▼目標の設定では、「何を：対象項目」「どれだけ：目標値」「いつまでに：達成期限」を決めます。

（例）「クレーム発生件数を、現状（過去半年平均）8件／月を、1年後までに2件／月まで低減する」

▼目標の達成に向けて、だれが、いつまでに、どの役割を行なうのかの活動計画を決めて、確実な目標達成の推進を図ります。

問題点発生のいきさつをタートルズ図で明確にする

特性値についてどのような問題が発生しているのか、その問題（悪さ）としてとらえた事柄が、どのような要素や条件や経緯から生まれてきたのかを、問題を取り巻く経緯や状況を洗い出して、これを現状の把握とします。

現状把握の方法として、タートルズに記入していくと明快にできます。

タートルズ図（例）

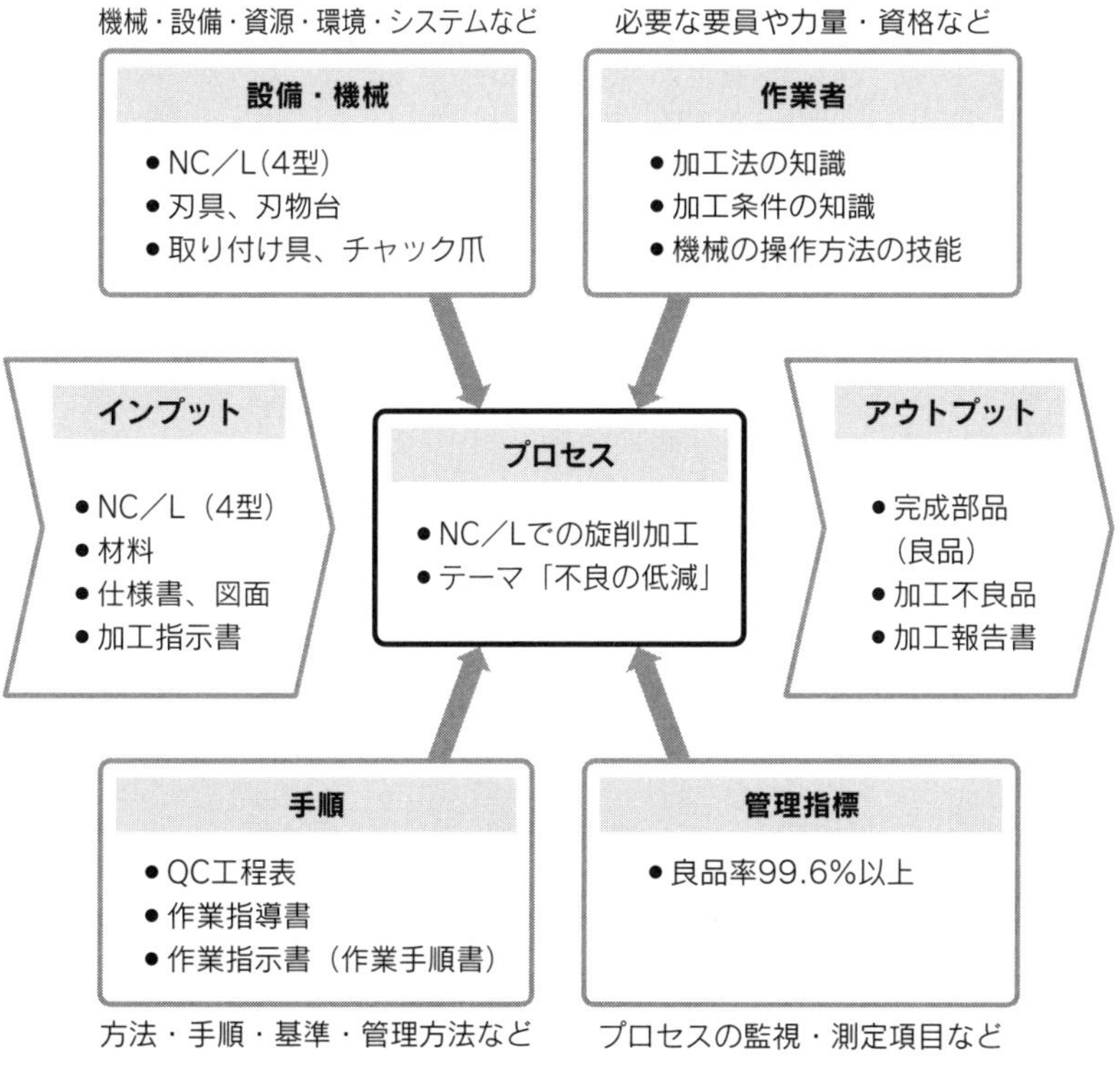

6-4

要因の洗い出しから要因の分析、原因の特定へと進める

要因追究の仕方

要因の追究の取りこぼしがないように、要因発生の可能性のある側面をひとつずつ確認することが大切だ。

推進手順４：要因の追究

(1)要因の追究…要因の追究は次のような視点から進めるとよいでしょう。

①要因の洗い出しを行なう

品質不良の特性値に対して影響を与える「要因の洗い出し」を行ないます。

- ブレーン・ストーミングなどにより、関係する多くの人の意見を求め、要因の洗い出しを行ないます。
- 要因を洗い出すときには、４M面、作業プロセス面、アウトプット面などについて、層別して行なうとよいでしょう。

（例）問題点が「作業者のミス」の場合の要因の層別の例…作業の習熟度（新人とベテラン）、正社員とパート社員、男性員と女性社員、作業の曜日による区分け、その作業への担当年数など

- この4Mについては、３H（初めて、変更、久しぶり）で層別してみると、要因の洗い出しが進みます。

（例）材料については、初めて取引する業者からの材料は？　購入先の変更は？　久しぶりの購入の材料は？

- その要因の中で、大きな影響を与えそうなものを順位づけします。

②データによる解析を行なう

ＱＣ７つ道具を用いて、「特性値と要因の関係」を次のようなポイントから解析します。

- 特性値に影響を与えると思われる要因を洗い出します。
- 影響を与える要因の順位づけと、重要なものからその関係を、層別、相関、時間的変化などにより解析します（解析の方法例は、左ページ参照）。

③要因の深掘りを行なう

特性要因図、なぜなぜ5回法、５M４Ｅ分析などの要因分析手法を用いて、真の要因を追究するための「要因の深掘り」を行ないます（6章5項、6項参照）。

(2)要因の集約と評価

洗い出した要因を、次のように見やすい形にまとめます

…要因の候補者を整理してまとめる

…特性要因図（魚の骨）でまとめる

…洗い出した要因の中で、効果の大きさの面から評価し、順位をつける

要因追究の仕方

要因の追究方法

要因の追究とは・・・

●「特性値と要因の関係」を解析して

- 特性値に影響を与えていると思われる要因を洗い出す
- 洗い出した要因を、特性への影響度合いの高い順に並べる

●影響度合いの高い要因から特性との関係を調べる（解析する）

⇒　以下は解析のやり方の例

①層別して調べる

要因の種類によって、特性値がどう変わるかを調べ、その影響を明確にする。

例：材料の種類によって、不良個数の出方に変化があるかを調べる

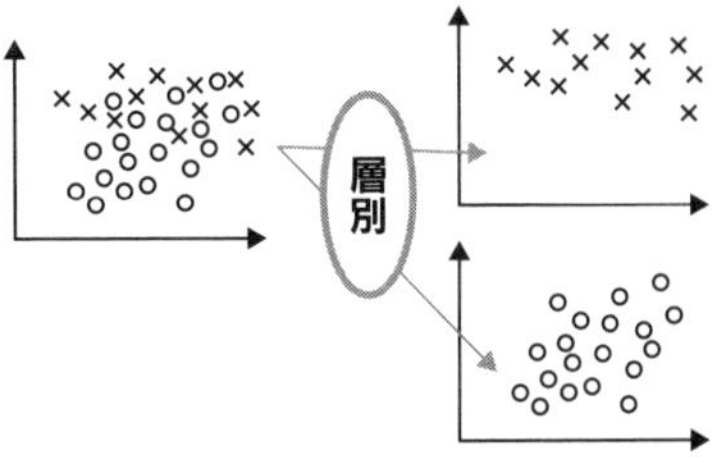

②相関を調べる

要因が変化したとき、それに応じて特性値がどのように変化するかを調べる。相関による解析は、ある要因と他の要因の関係、ある特性値と他の特性値との関係を調べるときにも用いる。

例：NCでの加工で、切込み量（要因）が変化したとき、仕上り寸法（特性値）の変化を調べる

③時間的変化を調べる

特性値の時間的変化を調べる。時間とともに要因も変化しているときは、その特性値への影響を見る。

例：一日の中で仕上面粗度（特性値）の変化と室温（要因）の変化の関係を見る。もし室温が高いときほど、面粗度が大きくなるのであれば、室温の影響があると言える

6-5

真の原因を
どのように把握するか？

ナゼナゼ分析による原因の追究

表面的な原因しか把握できないと、対策は処置レベルに終わってしまい、同様な不具合が再発する危険性が高い。ナゼナゼ法で真の原因を追究する。

(3)ナゼナゼ分析による原因の追究

①対策には真の原因の把握が大切

品質不具合などには、それを引き起こす原因があります。

真の原因を把握して、その真の原因の排除を進めることが、品質改善の進め方の本筋であり、再発防止への道と言えます。

製造不具合を起こす原因は「これだっ！」と捉えたつもりでも、実はその原因を引き起こした原因が、さらに裏に潜んでいるケースが多いのです。

この真の原因を追究する方法が「ナゼナゼ分析」と言われる方法です。

「ナゼナゼ分析」はトヨタ生産方式において、品質改善のために生み出された方法です。この方法は、ひとつの事象に対して「ナゼ？」を何回も、目安として5回くらい繰り返すと、ほぼ真の原因にたどり着くという経験則によります。

②ナゼナゼ分析のポイント

▼**ナゼナゼは真の原因を追究する**　…問題の原因を追究する際に、犯人捜し的に個人に原因を求めても、真の解決にはつながりません。

原因追究では、仕事への仕組み、作業の手順や作業の環境などにスポットを当てて追究します。

▼**原因が複数の場合**　…ひとつの原因に対し、より深い原因が複数存在する場合もあります。このような場合は、それらをもれなくあげて、「ナゼナゼ」もそれぞれで分岐させて原因を追究します（次ページ参照）。

▼**論理的につながっている**　…掘り下げた原因の系列は、論理的でなければなりません。このため掘り下げた深い原因から、「だから」で上の浅い原因につなげてみて、論理的に合っているかを確認します。

例：原因の掘り下げで「ナゼ、2種類の部品を取り違えたのか？→保管場所の照明が暗かったから」。これを「保管場所の照明が暗かった。だから2種類の部品を取り違えた」と表現してみると、上下の整合性を確認できる。

▼**2つの原因を区別する**　…原因には発生原因と流出原因があります。この2つの原因はそれぞれ別の原因であり、それぞれについてより深い原因を掘り下げます。

ナゼナゼ分析による原因の追究

ナゼナゼ分析とは？

改善案の質と**成果の高さ**は、捉えた**原因の質**に対応する

↓

✓捉えた原因が表面的であれば、表面的な改善案にとどまる
✓捉えた原因が核心的、すなわち真因に近ければ、抜本的な改善案につながる

↓

「ナゼ」を5回繰り返して、真因に近づく
…しかし、真因にたどり着いたとは確認できない

ナゼナゼの例　「機械が動かなくなった…ナゼか？」

ナゼ、ナゼ、ナゼ、ナゼ、ナゼ？	対策
ナゼ1？　機械が止まったのか？ ⇒オーバーロード（過負荷）で、ヒューズが切れたから	ヒューズの交換 （処置レベル）
ナゼ2？　オーバーロードになったのか？ ⇒軸受け部の潤滑が不十分で、負荷があがったから	軸受に潤滑油を給油 （処置レベル）
ナゼ3？　潤滑が不十分になったのか？ ⇒潤滑ポンプでの潤滑油くみ上げが不十分だったから	潤滑油ポンプの交換 （処置レベル）
ナゼ4？　くみ上げが不十分だったのか？ ⇒潤滑ポンプの軸が摩耗してガタガタになっていたから	ポンプの軸を交換 （処置レベル）
ナゼ5？　軸が摩耗したのか？ ⇒ろ過機がついていなく、切粉が潤滑油に入ったから	ろ過機をつけた （対策レベル）

大野耐一著『トヨタ生産方式』ダイヤモンド社より

ロジックツリーでのナゼナゼ分析

「ナゼ」の問いに対し、**その原因が複数**出てくるケースも多くあります。このような場合は、下図のような「**ロジックツリー：論理の樹形図**」で整理していくと明快です

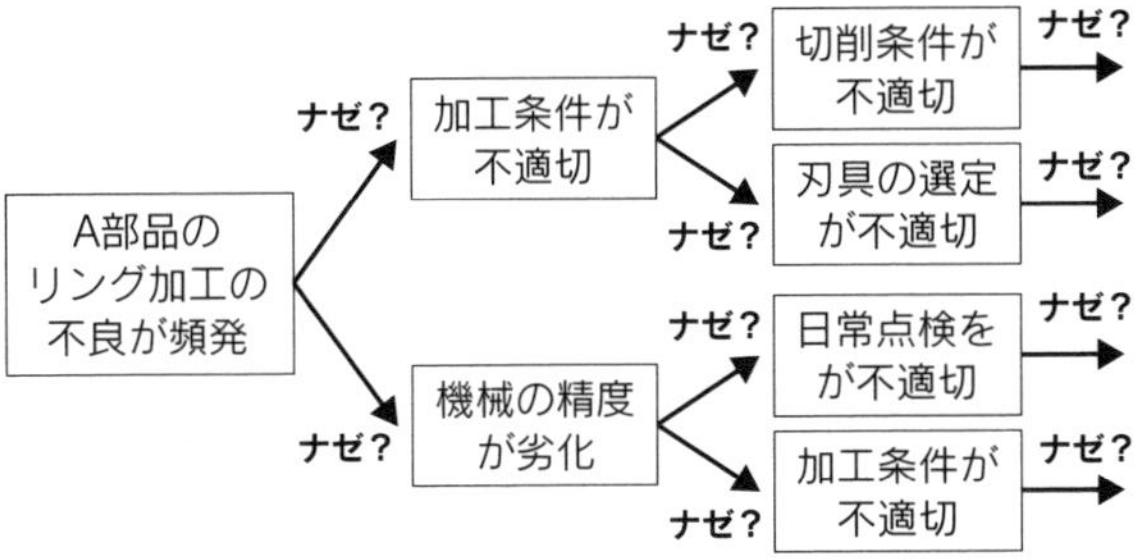

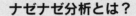

原因を5つの要素別に分解することで、深く追究できる

5M4E分析による要因の追究と対策

原因を5つの要素別（5M）、対策を4つの方向（4E）と、要因追究と対策案検討のフレームをつくって検討を進めるので、シンプルになり進めやすい。

(4) 5ME4分析による要因の追究と対策

5M4E分析では、発生の要因を次の5Mの視点（要素）から具体的に検討します。5Mで抽出した要因に対して、4Eの視点での対策をセットで考える手法です。

①5Mの視点

製造不具合が発生する要素として、次の5Mに関連するものがないか検討します。

- **人**（Man）…身体的状況、技能や知識など個人の能力面、心理的・精神的状況、職場内の人間関係・チームワーク、上司・部下・同僚などとのコミュニケーションの状況、などに問題がないかを検討し、要因を洗い出します。
- **設備・機器**（Machine）…機械・治工具などの操作性の悪さや誤操作の出やすさ、保守点検の状況、交換部品の管理や表示の仕方　などに問題がないかを検討し、要因を洗い出します。
- **環境**（Media）…照明・温度・湿度の状況は適切か、騒音の影響度合い、高所作業での安全柵などの整備状況や作業時の足場の確保・安全面、などに問題がないかを検討し、要因を洗い出します。
- **方法・手順**（Method）…作業方法面のムリ・ムダ・ムラの状況、マニュアル、手順書の整備状況、作業応援体制の状況に問題がないかを検討し、要因を洗い出します。
- **管理**（Management）…教育訓練方法の状況、現場リーダーの仕事の指示方法・作業負荷配分の状況に問題がないかを検討し、要因を洗い出します。

②4Eの視点での対策案の検討

抽出した要因に対し、次のような視点から対策案を検討します。

- **教育・訓練**（Education）…知識教育、実技訓練、品質意識の高揚など
- **技術・技能**（Engineering）…技術的な面からの対応策で、機器の改善・自動化、表示の明確化、警報の設置、多重安全化、使用治工具の変更、作業環境の整備など
- **強化・徹底**（Enforcement）…基準・規則の明確化、手順の設定、標準化の整備、注意喚起、キャンペーンなど
- **標準化・手順化**（Example）…模範や最善の方法の提示、事例紹介など

5M4E分析による原因の追究と対策

5M4E分析の例

例：定時間際の出荷作業で、出荷先を間違えた						
		発生の要素				
		人 Man	設備機器 Machine	環境 Media	方法・手順 Method	管理 Management
具体的要因		担当の山田さんが休暇のため、鈴木さんが応援で作業した。定時間際で慌てていて、出荷指示書の出荷先名を誤入力した	出荷入力画面は入力文字の表示が小さく見づらかった	出荷入力をする場所が下屋で、照明も少なく暗かった	入力チェック（確認）の手順がなかった	主任は出荷作業については職場に任せきりだった
対策案	教育・訓練 Education	多能工化教育を計画的に行ない、応援者のレベルアップを図る	—	—	—	自己チェックの確実化を朝礼で訓示する。出荷ミスの重大性を認識させる
対策案	技術・技能 Engineering	—	PCの画面で、表示文字のサイズを大きく改善する	下屋の作業環境（照明）を見直す	—	—
対策案	強化・徹底 Enforcement	—	—	—	当日の出荷予定リストを、出荷入力の都度消し込み、入力ミスを予防する	作業負荷状況により、残業指示などを早めに出す。応援が発生した日は、職場巡回をこまめに行なう
対策案	標準化・手順化 Example	—	—	—	出荷手順を作成し、この中で入力チェックの手順も設定する	出荷作業におけるミス事例などを教える

6-7

改善案を数多く生み出せば、その中から
これだ！　という案が出てくる

改善案の策定とその実施

改善案をヒントもなく思い付きだけで考えていては、よいアイデアを多量に生み出すことは難しい。改善案を生み出すツールを活用しよう。

推進手順5：改善方策の立案と実施

①改善案の案出

改善案の作成は、次のように進めます。

- 確認した原因別に対策を立案する
- 実現性を考えずに、幅広く多くの対策を考える
- 上司やスタッフなど、経験や知識を持った人の意見を積極的に取り入れる
- 自己責任でできる対策を優先し、経済性と技術面・作業性等などで評価しながら、対策案を検討する
- 対策案は及ぼす影響（後工程、運搬、保全など）を検討して進める

②ブレーンストーミングでアイデア量産

具体的な原因ごとに対策案を検討します。5～8名の小グループで、以下の4つの基本ルールを守りながら、短時間で多くのアイデアを出し合う方法が、効果的な方法として多用されています。

●批判厳禁　●自由奔放
●量を求む　●連想歓迎

出たアイデアは実現性、効果性、経済性などの目で整理。また「組み合わせ」などを検討して、最終的なアイデアへ収束させます。アイデアの発散から収束へ！

③ECRS法で着実にアイデア出し

ECRS法は、作業や業務の改善を考える際の、アイデア出しのヒント集です。

- Eliminate（排除）
- Combine（結合）
- Rearrange（交換）
- Simplify（簡素化）

ECRS法は、「排除→結合→交換→簡素化」の順番で適用し、既存の作業や業務の見直しや改善に活用します。

ECRS法は、製造業での改善アイデア出しでは、非常に多くの場面で使われています。

④実施計画の作成

5W1H（何を・なぜ・いつ・誰が・どこで・どのように）を明確にして、実施計画を作成します。

⑤実施の展開を見える化する

実施計画は「見える化」して、その予定を関係者全員が確認できるようにして情報の共有化を図りながら、進捗管理を進めていきます。

改善案の策定とその実施

ブレーンストーミング法によるアイデア出し
（7章6項参照）

ECRS法による改善案の追究

E：排除（Eliminate）	**やめるのが一番** →全部または一部をやめる、省略する
C：結合（Combine）	**ダメなら結合** →まとめる、組み合わせる、同時にやる
R：交換（Rearrange）	**それでもダメなら交換** →順序、方法、場所、時間、担当などを替える
S：簡素化（Simplify）	**最後は手を抜く** →単純化、数を少なく、標準化する

ECRS法でのアイデアの例

E　排除	●バリ取り作業をやめる（加工方法の変更） ●過剰な検査項目を一部やめる ●加工場所を近づけて運搬を省略する
C　結合	●多工程持ち（セルライン化）を進める ●製造指示書と作業記録を組み合わせて1枚にする ●A部品とB部品の組付けをまとめて行なう ●検品作業と検収入力を同時にやる
R　交換	●穴あけ後に旋削加工を行なう（順序を替える） ●溶接加工を接着に変える（方法を変える） ●専用部品を市販の標準品に替える（物を替える）
S　簡素化	●標準部品の種類を少なくする ●組立調整作業の手順を標準化する ●組立作業分担を細かくして作業を単純化する

6-8

再発防止につながる改善案だったか？
これが効果の確認だ

効果の確認と歯止め

改善前、改善後の不良の発生状況を比較して、はじめて効果の有無を確認できる。効果のある対策を継続していく仕組みが歯止めだ。

推進手順6：効果の確認

効果の確認は次のように行ないます。

▼改善テーマの特性値ごとに、その目標値と実績値を比較し、特性値の達成状況を確認します。

▼次のような方法で改善状況を把握し、効果を確認します。

- パレート図で、改善前後の対比を行なう。特性値全体の変化や、特性値の各項目の変化が明確化できる（左図参照）
- 管理図で、特性値などの改善状況を時間軸で明確にする
- ヒストグラムで、規格値と実績データの分布の改善状況を確認する
- 工程能力指数で、改善状況を明確にする

▼目標が未達成の場合は、原因の追究や改善案の策定段階に戻ります。

▼効果のある改善対策に対しては、作業標準書や管理点、管理項目の改訂をします。

推進手順7：歯止め

成果の出た改善策は、その対策を今後とも維持・継続（定着化）していくことが大切です。

そのために、以下のような歯止め策を実施します。

▼**標準化（ルール化）**

- 効果の出た改善対策を標準化する
- 標準化では、人による実施面のバラツキが出ない工夫も行なう
- 対策を実施するための手順書や基準などを、最新の状態に改訂する
- 誰がやっても間違いのない作業の手順や、やり方を作り込む
- ポカヨケ（フールプルーフ）対策を進める（5章9項参照）

▼**教育・訓練**

- 新しい標準ができたら、これをもとに教育や訓練をする
- 新入社員や異動してきた作業員にも、きちんとした教育・訓練ができるような教育・訓練体制をつくる

▼**維持点検（チェック）体制**

- 管理図などでデータを見える化して、効果の継続を確認する
- 定期的な工程チェックの仕組みをつくり、日常管理の中で確実に点検できる体制をつくる

効果の確認と歯止め

改善前後のパレート図による効果の確認例

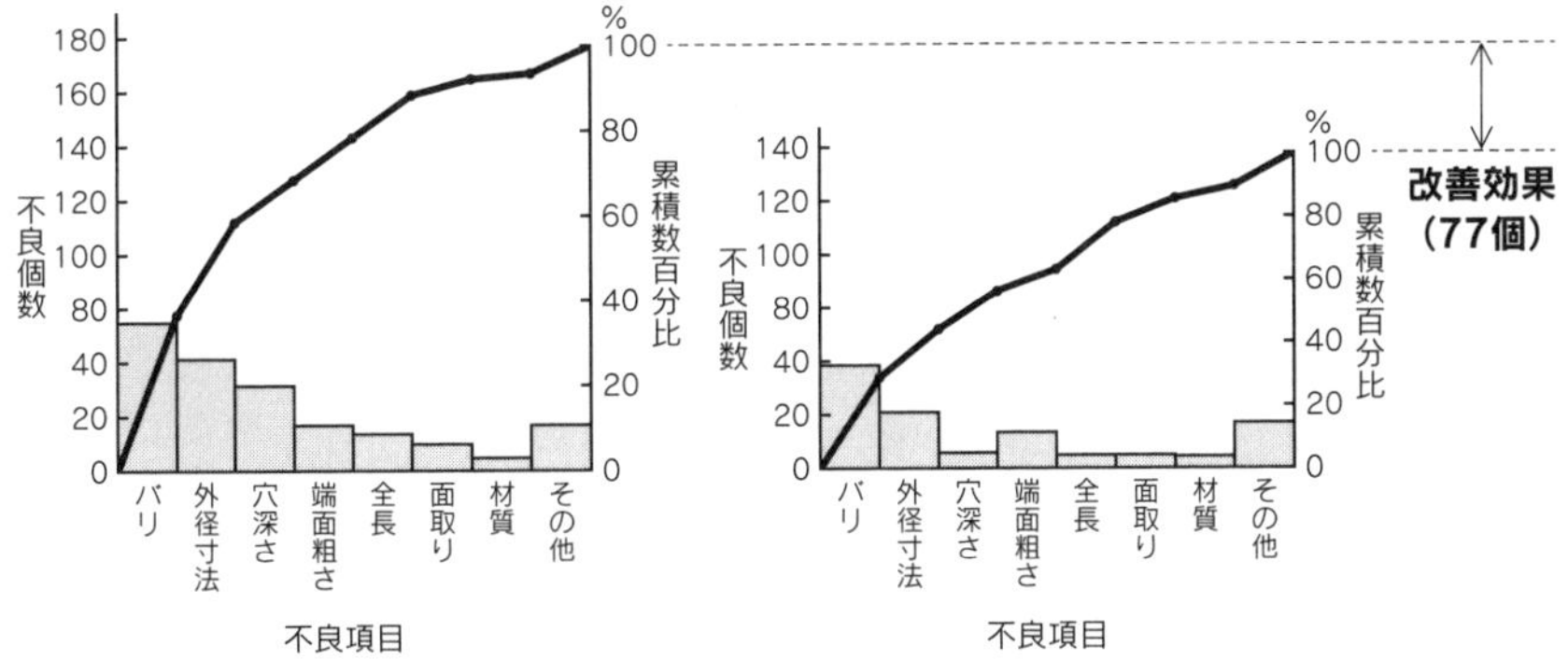

仮説検証のフロー図（再掲）

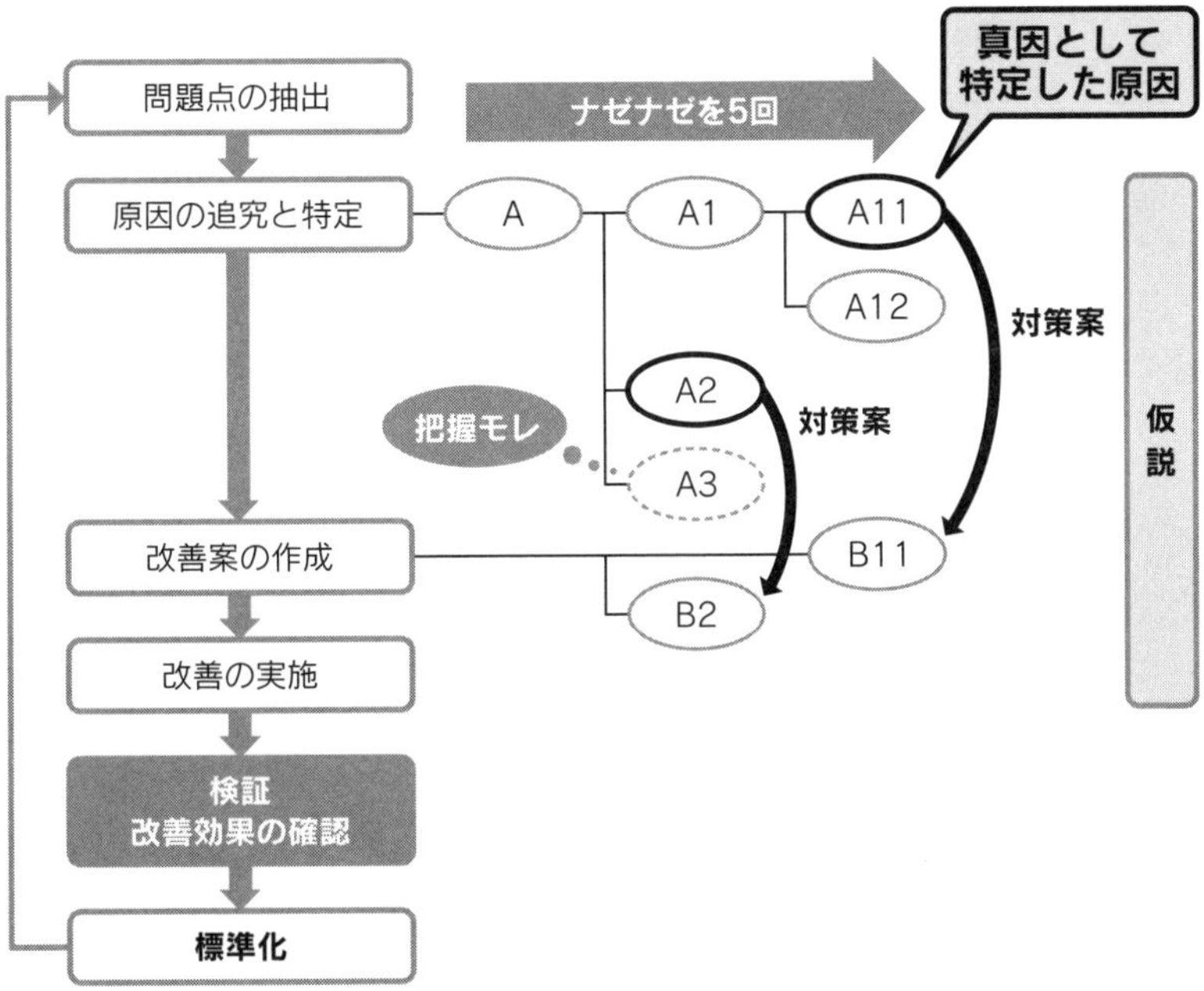

COLUMN

現場百回と品質

品質不良の改善は、その不良の発生原因を把握することが欠かせません。さて、その原因はどこにあるのでしょうか？　原因は、品質不良を発生させたその場所、現場にあるのです。

その工程、その作業場所、その担当者、その設備・機械、その材料に潜んでいるのです。

犯罪捜査に関連して、「現場百回」という言葉があります。

これは犯行場所を、犯罪の証拠や痕跡、環境、状況などいろいろな角度で観察し、確認することにより、あるときまで気づかなかった事実を発見できたり、霧が晴れるようにその状況がパアッ～と見えてくる、ということを表わした言葉です。

現場リーダーの重要な役割のひとつに、担当者が作業ミスを生じない状況を確保し、確実に作業を遂行できる条件を確認して、作業指示を出すことがあります。

作業ミスを起こさせないためには、「作業を行なう現場の状況を現場で確認する」ことが不可欠です。現場でしか得られない作業実施上の情報が必ずあるものです。

たとえば、精密部品の組み立て作業を指示する場合、

「作業台上のモノの配置は、作業がやりやすいか」「作業台周りの床の整備はよいか」「運搬作業で支障となる障害物はないか」「組立作業時に部品などを確実に目視できるか」「照明は十分か」「室温は精度維持上、問題はないか」「騒音で作業の障害になるようなことはないか」

……このような点を現場で確認して、担当者に作業上の留意点として指示することが大切です。

そこで、現場リーダーは作業指示を出す場合には「3直3現主義」で臨みたいものです。

- 直ちに作業を行なう現場を確認に行く
- 直ちに現場の状況や条件を確認する
- 直ちに作業ミスを誘発する現因（原因）を整備する

7章

QC7つ道具の理解と活用：Part 1

7-1

品質改善活動で最も使われ、
また使いやすいQC手法が「QC7つ道具」だ

QC手法とQC7つ道具

QC7つ道具はQCサークルの中で育ってきたQC手法で、これらを上手に活用すれば、職場の問題の95%は解決できる。

品質管理とバラツキ

　仕事の結果には、多かれ少なかれバラツキという事実があります。そして、このバラツキには、必ずいくつかの原因があります。

　仕事の結果を、できるだけ一定の安定した状態に保つには、バラツキを生じさせている原因を見つけて、これを解消することが大切です。

　仕事の結果をコントロールして安定化するには、原因と結果の関係を見つけることが必要と言えます。

（バラツキの原因については、5章7項参照）

原因と結果の追究

「事実に基づく管理」とは、データに基づくということです。

　データをとって、これをQC手法により解析してバラツキの実態を捉えることから、品質管理は始まると言えます。

　データをとっただけでは、バラツキ発生の正しい判断はできません。

　多くのデータをわかりやすくまとめて、データの持っている情報を正しく引き出し、これらを組み合わせ、そこから原因把握のヒントを得るようにすることが大切です。

　このようなネライでデータを取り扱うには、各種のQC手法を活用して処理し、品質管理活動に活用していくことが欠かせません。

QC7つ道具の特徴

- QCサークル活動でまとめられた「QC7つ道具」は、製造部門などの品質改善活動の中で、もっとも使いやすいQC手法として、広く活用されています（左ページ参照）。
- ちなみに、東京大学の石川馨元名誉教授は、「QC7つ道具をうまく活用すれば、職場の身の回りにある問題の95%は解決できる」と言われました。
- QC7つ道具には、通常8つの道具を含めています。

　当初は「層別」を除いた7つの道具でしたが、その後「層別」を加えて、現在ではこの8つを「7つ道具」と呼んでいます。

QC手法とQC7つ道具

手法	表わし方	用途	内容
1 パレート図	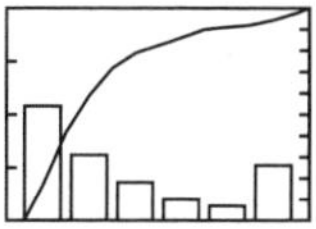	データを要因別、客先別などに分類して大きさの順に並べた図で、重要な不良や問題点を見つけ、重点管理を行なう	ある期間のデータを分類して、件数や金額の大きさの順に並べて棒グラフを作り、さらにその累積和を折れ線グラフで示す
2 特性要因図	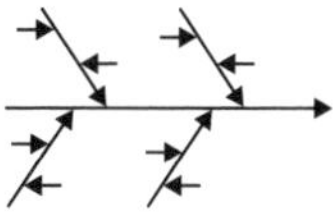	特性に影響を与えている要因を、大中小と分類しながら、洗い出しと追究を行なう	特性に影響している要因を系統的に図解して、問題点の発生要因の追究を明快に進める
3 ヒストグラム	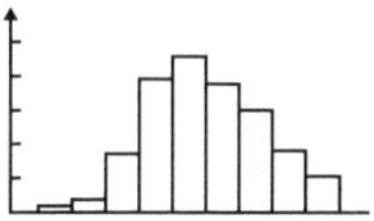	データにはバラツキ（分布）がある。寸法や重量など、データ（計量値）の分布状態を明確にする	データをいくつかの区間に分けて区間ごとのデータを集め、棒グラフで表わし、データのバラツキ状態を示す
4 チェックシート		検査結果や作業の点検結果の合否など、数えるデータ（計数値）の発生の状況をチェックマークなどで簡単に記録できるようにした様式	データの分類項目に従い、その項目別の不良件数の出現状況を把握して、モレのない問題点を把握する
5 グラフ	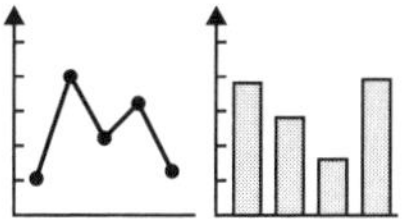	データを図で表わし、データ全体の姿を見たり、データの傾向を比較したり、その変化の状態を確認する	統計の結果を一目で理解できるので、比較や変化を容易に把握できる。棒グラフ、折れ線グラフ、円グラフなどがある
6 散布図	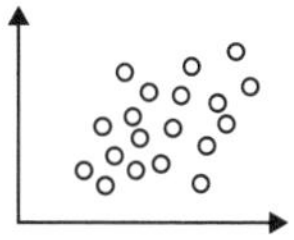	2つのデータ（変数）の間に、どのような関係があるのかという、特性の関連（相関関係）を明らかにする	2つのデータを縦軸と横軸にとり、測定値を打点して作る。打点の分散状態から、データの間の相関関係がわかる
7 管理図	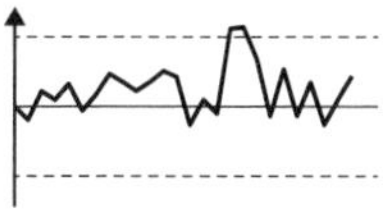	特性のバラツキや、時間軸での変動がわかり、工程が安定な状態かを調べるためや、工程を安定な状態に維持するために用いる	特性のバラツキを時系列で記録・管理して、異常な変化の発生を管理し、問題の発生を未然に防ぐ
8 層別	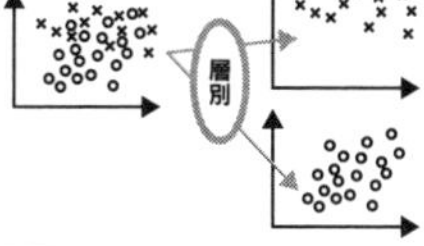	各種の混ざり合ったデータを属性別にグループ分けし、属性によるグループ間の（層別）違いを見つけ、確実な対策を打てるようにする	集めたデータの発生条件（作業者別、時間別、材質別など）や、特徴・性質などにより分類して、データを分析する

7-2

QC7つ道具の活用の場面は、
QCストーリーのあらゆる段階にある

QCストーリーと QC7つ道具

問題点の把握、要因の洗い出し、原因の解析、対策の実施の各段階で、適切なQC7つ道具を選択して、効果的な改善を展開しよう。

品質改善の展開

問題解決のステップは、大きく分けると次のような段階で進めます。

①問題点の把握
②要因の洗出し
③原因の解析
④対策の実施

これを、具体的なステップで細かく分解したものが「QCストーリー」です。

問題解決の各ステップで、QC手法がどのように使われているかを整理すると、左ページのようになります。

問題点の把握

品質改善活動の第一歩は、問題点の把握です。

- 重要な問題点は何か?……パレート図
- 今までの特性の状態はどうだったか?……ヒストグラム、散布図、チェックシート、管理図
- 特性の問題点の表われ方（突発的、慢性的、漸増的など）はどうか?……管理図

要因の洗い出し

問題点を把握したら、次に関連する要因を洗い出します。

- 原因と結果（要因と特性）の関係はどうか?……特性要因図
- 要因の分解項目は明確か?……特性要因図層別できないか

原因の解析

洗い出した要因について、重要なものから、特性と要因の関係がどうなっているかを追究します。

- 層別したらどうか?……散布図、ヒストグラム、管理図
- 相互の関係はどうか?……散布図、グラフ
- 時間の変化面ではどうか?……グラフ、管理図、チェックシート

対策の実施

対策の実施により、不良率低減やクレーム損失金額低減などの成果が目標どおりに出たかをデータで把握します。

また、工程の安定度合い、たとえばバラツキの状況はどうなったのかを確認します。

- 対策案の効果はあったか?……パレート図、ヒストグラム、管理図
- 工程は安定したか?……管理図、ヒストグラム

QCストーリーとQC7つ道具

問題解決の手順とQC7つ道具

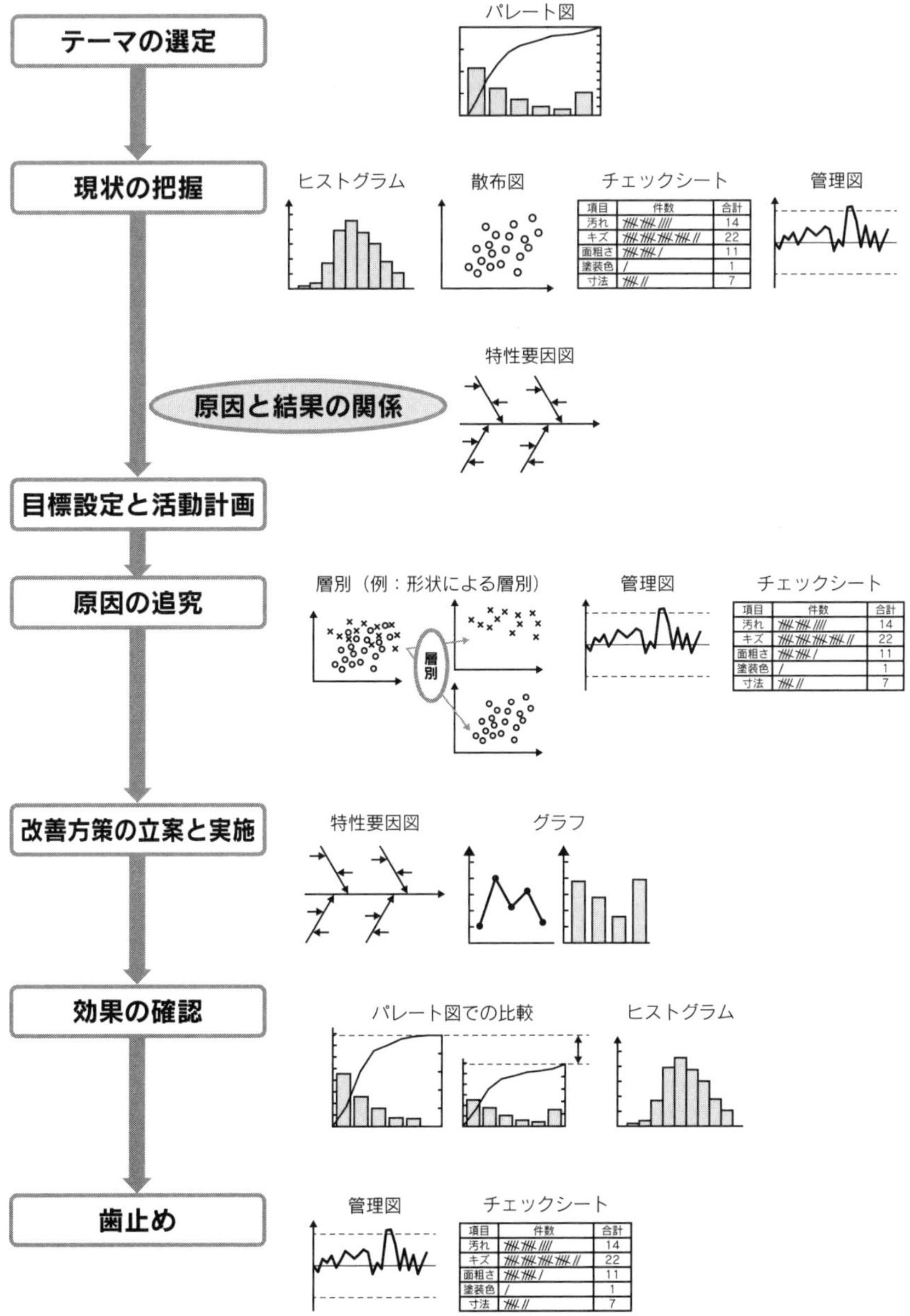

7-3

重要な不良や問題点を見つける、
重点管理の推進に役立つのがパレード図だ

パレート図のハタラキと使い方

どの原因項目に問題があるのか、その影響はどの程度か、などの発生の分布をビジュアルに知ることができる。

パレート図とは

▼イタリアの経済学者パレートが、「80％の国民所得は、国民の20％が所有している」という事実を発見したのがパレート図の始まりです。その後、品質管理の祖であるジュラン博士は、この事実が多くの面にあてはまるとして、「パレートの法則」と名づけました。

▼改善活動にあたっては、このパレートの法則に基づいた、「少数の致命的な原因に対して改善活動を進めるのが効果的だ」という「重点主義」による活動で、不良、欠点、故障などについて、「どの項目に問題があるか」「その影響はどの程度か」を見出すことができます。

パレート図の使い方

パレート図の使い方には、次のようなものがあります。

①どこに問題があるのかを知る

多くの分類項目があっても、大きな影響を与えているのは、ほんの2～3項目です。

改善を進めるには、この影響の大きな項目を明確にして、優先して取り上げることが大切です。

パレート図では、品質改善上の特性（不良金額の低減、不良や欠点数などの低減）やその原因について、定量的に分析・把握でき、的確に重要ポイントを絞り込むことができ、効果的な改善の取り組みができます。

②品質不具合の実態を、段階的に明確にできる

初めに、結果の分類（例：不良の項目別、工程別、作業者別などの分類項目ごとの不良発生件数の実態）により、ウェートの高い特性を、パレート図でつかむようにします。

次にそのウェートの高い特性の改善方策を追究するために、原因別のパレート図を作成します。そして重要な原因を明確にして、改善方策を絞り込むようにします（左ページ参照）。

③改善効果の把握ができる

改善前のパレート図と、改善後のパレート図を比較することで、改善効果を把握できます。

パレート図のハタラキと使い方

パレート図の活用例：品質不具合の実態を、段階的に明確にする

特性要因図…調べる特性ごとに特性要因図を作成する

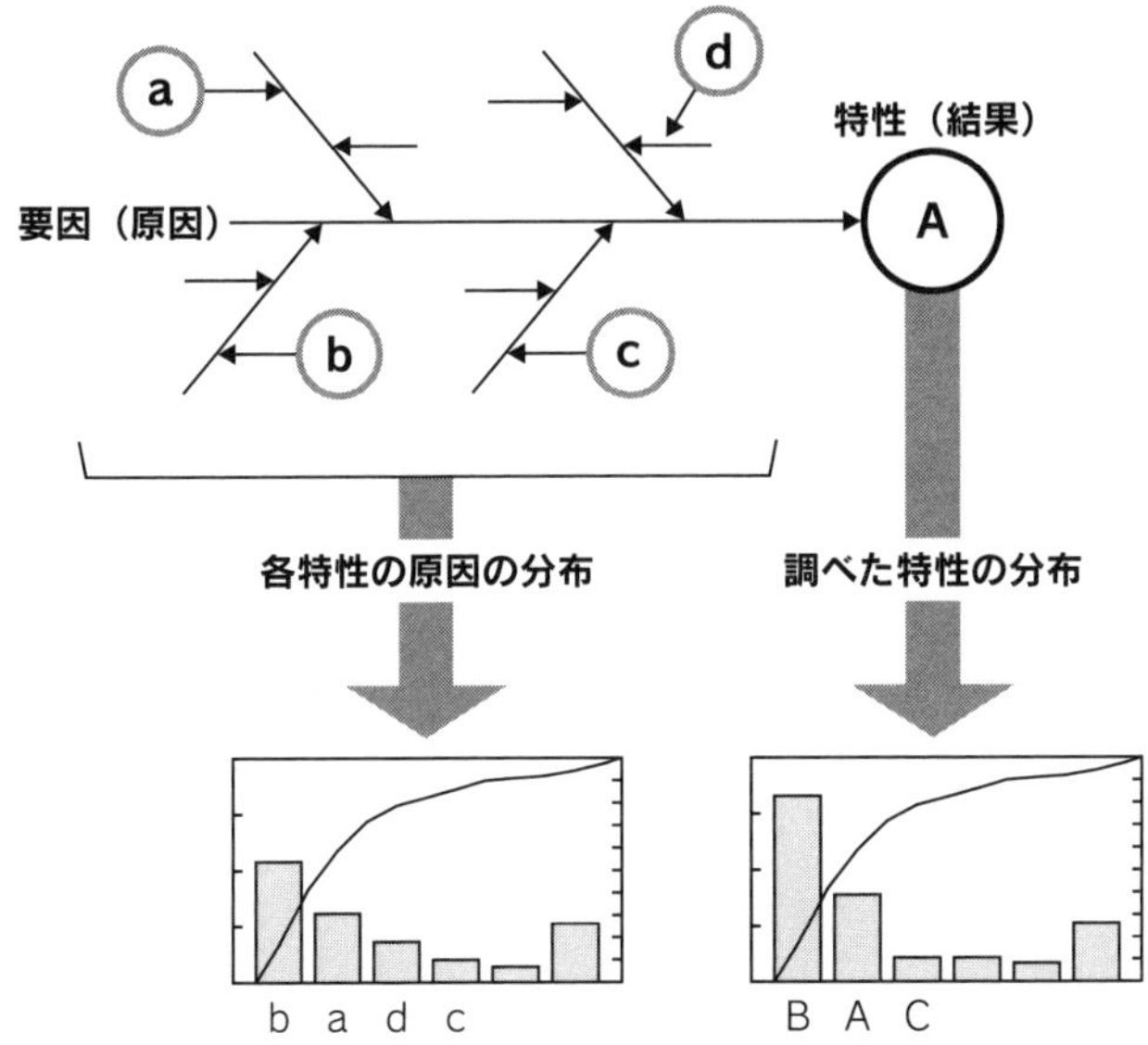

パレート図の活用例：パレート図での改善前後の比較（再掲）

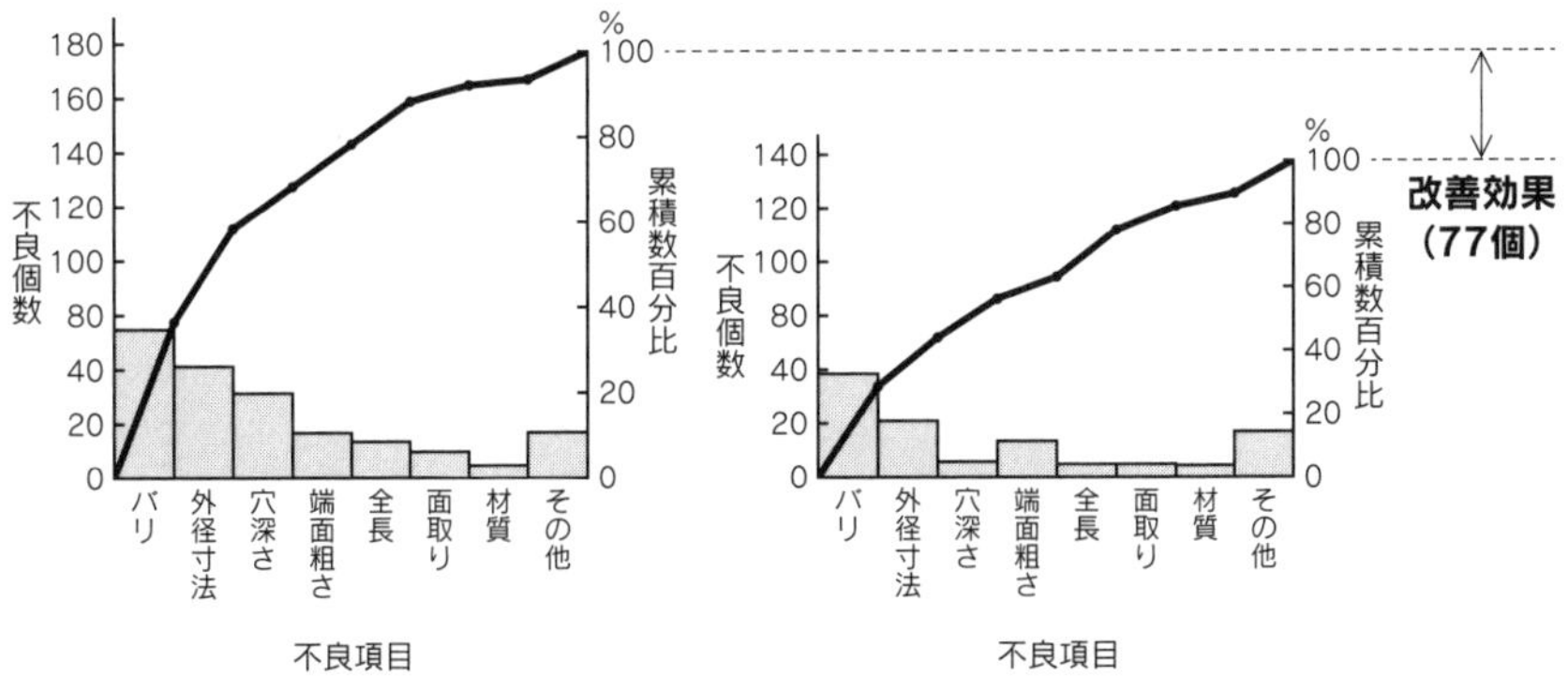

横軸は原因項目、縦軸は損失金額などを棒グラフで示す

パレート図の作り方と活用のポイント

パレート図を読み取ることにより、どの項目を改善すれば、どの程度の効果が得られるかという、成果の分布も把握できる。

◎パレート図の作り方

パレート図の縦軸と横軸の項目は、次のように考えて決めます。

①縦軸の項目

選んだ特性の大きさを表わす表示をします。特性としては、次のようなものがあります。

- **金額では**…損失金額、人件費など
- **品質では**…不良件数、手直し数、欠点数、返品数など
- **時間では**…作業時間、故障時間など
- **安全では**…災害件数、事故件数など

②横軸の項目

特性を生じた、以下のような原因項目を選定します。

- **現象**…不良項目、工程、時間など
- **機械**…機械、治工具、計測器など
- **作業者**…人、グループ、男女、雇用形態など
- **材料**…ロット、メーカーなど
- **時間**…日、週、月、季節など

③分類項目ごとの特性値をグラフ化する

横軸の分類項目ごとにデータを集計し、大きさの順にこれを並べ、その特性値の大きさを棒グラフで示します。

④累積和を示す

横軸の分類項目ごとに、データの累積和を求め、全体の％値を計算し、右側の縦軸に示す０～１００％の目盛りにしたがって折れ線を記入します。

◎パレート図活用のポイント

▼**縦軸**は、できるだけ損失金額で表わすようにします。改善の効果を、損失金額の低減で表わすと、明確に成果を把握できます。

▼**横軸**は、できるだけ原因項目を選定します。原因で項目を選定すると、そのまま対策に結び付けられるので効果的です。

▼横軸の項目は、「その他」が50％近くを占めるような項目分類の設定をしないようにします。

▼パレート図の次の点を読み取るようにします。

- どの項目が最も大きいか
- 問題の大きさの順位はどうなっているか
- 各項目の全体への割合はどうか
- どの項目を改善すれば、どの程度の効果が得られるか

パレート図の作り方と活用のポイント

パレート図の作り方

手順1：調査したいデータの分類項目（パレート図の横軸）を決める
手順2：データを取る（データの発生期間などの条件を明確にしておく）

手順3：分類項目別にデータを集計する
①データの大きさ順に項目を並べ替える
②項目ごとにデータ数と、各データの累積和の%を求める

手順4：グラフ用に縦軸・横軸を記入し、縦軸に目盛りを入れる

手順5：データの大きい順に棒グラフを書き、データの累積和%を折れ線で記入する

データ項目	データ数	累積数	データ数百分率	累積数百分率
バリ	75	75	34.9	34.9
外径寸法	42	117	19.5	54.4
穴深さ	30	147	14.0	68.4
端面粗さ	18	165	8.4	76.7
全長	16	181	7.4	84.2
面取り	10	191	4.7	88.8
材質	5	196	2.3	91.2
その他	19	215	8.8	100.0
合計	215	—	100	—

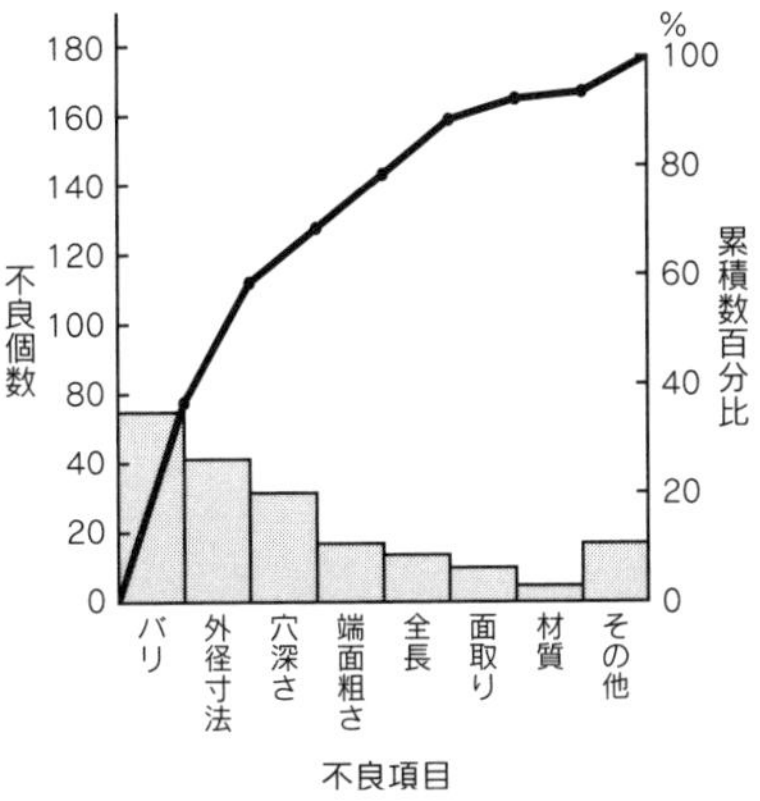

数多くの要因を大・中・小分類と系統的に整理し、特性への影響を読み解く

特性要因図のハタラキと使い方

特性要因図はブレーンストーミングなどで出てきたアイデア（要因の候補など）を整理するのにも効果的だ。

特性要因図とは

特性要因図は、ある事柄の「結果（特性）」と「原因（要因）」の関わり合いを、一目でわかるように体系的に表わした図です。その形から別名「魚の骨（フィッシュボーン）」とも呼ばれています。

一般的に、要因には多くのものがあり、複雑に絡み合っています。

このような要因群に対して、特性要因図は、「どのような要因から特性が生じるのか」を階層的に分類・整理して明快に表わしたものです。

解決すべき問題への謎解き役として、特性要因図に整理して「要因」を明示すると、これが先導役として効率よく答へと導いてくれ、対策を打つのに役立ちます。

特性要因図の使い方

▼特性要因図は「話し合いの道具」とも言われます。

要因の洗い出しは1人で行なうよりも、多くの関係者チームで衆知を集めて行なうほうが、はるかに効果的です。3人寄れば文殊の知恵です。

このため、ブレーンストーミングなどの検討の場を持って、チーム全員の知識や経験と、アイデアを出し合い、考え方の統一化を図りながらまとめていくとよいでしょう（左ページ参照）。

▼特性要因図には次の2つのネライが、役割としてあります。

①原因追究のため

不良などの原因や、工程の問題点・不具合に対して、その要因（原因）をチームのアイデアとして洗い出してまとめ、特性要因図に系統的に整理します。

重要と思われる要因の選定や順序づけをして、改善の対策案の案出や、改善の順序決めなどを行ないます。

②改善案作成のため

品質や能率などの改善案の案出の場合には、改善の方策案（4Mなどの要素に関する改善案）を出し合い、出てきた案を系統的に整理します。

各々の改善案に重みづけをして、どの案から取り上げていくかを決め、改善作業を展開していきます。

特性要因図のハタラキと使い方

特性要因図

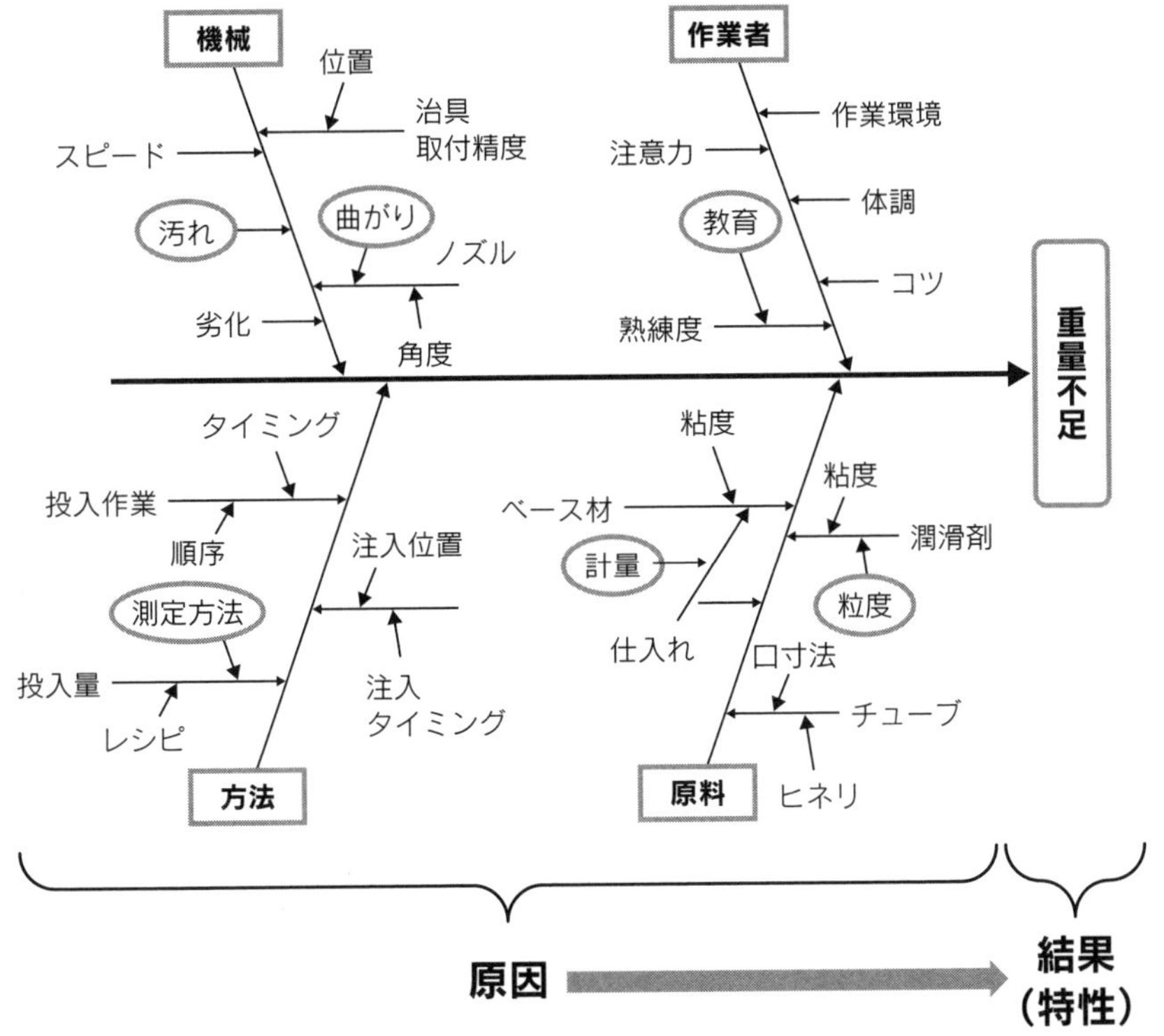

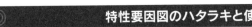

7-6

特性要因図の作成では、大骨展開法と
小骨拡張法をうまく使い分ける

特性要因図の作り方と活用のポイント

特性要因図は特性を分解して、それぞれに特性要因図を作成して要因を整理すると、原因の追究に役立つ。

◎特性要因図の作り方

①**大骨展開法**…要因を生産の4要素である4M（人、機械、材料、方法）などの大分類項目から、徐々に細かい項目に分解していくやり方です（前ページ参照）。先に大骨を決めるので、その枠にとらわれて、発想がこじんまりしたものとなる欠点があります。

手順1：特性（問題点）を決め、背骨を書く。特性は「NCでの加工ミスが20％と多い」のように「悪さ」で表現する

手順2：要因を4〜6個ぐらいに大きく分類して、これを大骨として書く

手順3：大骨のひとつずつについて、その原因となるものを考え、中骨として矢印の元に書く（以下、小骨も同じ）

手順4：影響が大きいと思われる要因を○印で囲む

②**小骨拡張法**…左ページ参照

◎特性要因図の活用のポイント

▼**特性はできるだけ数値化した表現にする**…これにより問題点の深掘り、因果関係の解析、対策の効果の把握などができます。

例：「付属部品の員数不足を低減する」より、「付属部品の員数不足クレームを90％減らす」

▼**特性を細かく分解する**…特性を分解して、その特性ごとに特性要因図を作成すると、原因の判別がしやすく、原因の追求に役立ちます。

▼**多くの人の意見を集める**…要因の洗い出しや対策案の検討では、問題発生部門の担当者だけでなく、関連する部門の担当者など、多くの人を集めて討議することが大切です。

▼**すべての要因を洗い出す**…一般に職場における問題は複雑に絡み合っています。そこで要因を平面的に並べるだけでなく、「ナゼ・ナゼ」を繰り返して深掘りします。多面的から要因を洗い出すと、改善案が浮かびやすくなります。

▼**重要な要因には印をつけておく**…特に影響の大きい重要な要因に印をつけておくと、異常原因の追究や改善活動に役立ちます。

▼他のQC手法と組み合わせて原因の追究や分析の展開を図ります。

ブレーンストーミングで考える（再掲、6章7項参照）

①ブレーンストーミングとは

5〜8名のグループで、下の4つの基本ルールを守って、アイデアを出し合います。
（例：30分くらいで100個のアイデア）

ブレーンストーミングの基本ルール

◆批判厳禁
◆自由奔放
◆量を求む
◆連想歓迎

②ブレーンストーミングの活用

ブレーンストーミングにより、関係する多くの人の意見を求めます。

- 要因を洗い出すときは、4M、作業プロセス面、アウトプット面などについて層別して行なうとよい
  ✓問題点が「作業者のミス」の場合の要因の層別の例
  ⇒品質意識の高低、作業の習熟度（新人とベテラン）、正社員とパート社員、男性社員と女性社員、作業の曜日による区分け、その作業への担当年数など
- 洗い出した意見を見やすい形にまとめる
  ⇒要因の候補を整理してまとめる
- 特性要因図（魚の骨）でまとめる
- 洗い出した要因の中で、効果の大きい順に順位をつける
  この場合も、多くの人の意見や、従来のデータがあれば、それを参考にして関係者がディスカッションを重ねて決める

特性要因図の作り方　②小骨拡張法

小骨拡張法は、多くの人の考えを集めて作成するのに向いている方法です。

手順1：ブレーンストーミングなどで要因を洗い出し、その要因をカードやポストイットに1枚1件で書き出します。

手順2：カードの要因を分類します。強い関係にあるカードを集め、見出しをつけ小骨とします。この見出しの中で関係のあるものをまとめて見出しをつけて、中骨にします。同様に大骨へと関係づけます。

手順3：分類したカードを特性要因図に組み立てます。

7-7

ヒストグラムはデータのバラツキの把握に多く用いられる

ヒストグラムのハタラキと使い方

データにはバラツキ（分布）がある。寸法や重量など測るデータ（計量値）の分布状態（バラツキ）をヒストグラムで明確にする。

ヒストグラムとは

　ヒストグラムは、計量値（長さ、重さ、時間など）のデータの分布状況を明確にするものです。すなわち、測定値の存在する範囲をいくつかの区間に分け、各区間を底辺とし、その区間に属する測定値の出現度数に比例する面積を持つ柱（長方形）を並べた図です。

　ヒストグラムを作成すると、データを見ただけではわかりにくい、次のような点に関する情報を得ることができます。

○大体の平均
○データのバラツキの姿
○バラツキの中心の位置（カタヨリ）
○バラツキの大きさ

　規格や目標値があるときは、データの分布情報と比較して、改善のヒントになる情報を得ることができます。

ヒストグラムの使い方

　ヒストグラムで、データに関する前述のような概略の情報を把握して、次のような面から工程上の課題を洗い出すことができます。

①工程に起きている異常の推測

　安定した工程から取られるデータは、美しい富士山型のヒストグラムになりますが、異常があると不規則な形になります。

　このようなヒストグラムの形から、工程でどんな異常が起きているか、それぞれのパターンに応じて、おおよその異常の推測ができます

②規格や標準値に合致しているかの判断ができる

　ヒストグラムに規格や標準値の線を入れると、これと対比してどの程度の不良品、不合格品を出しているかがわかります。

　またヒストグラムと規格や標準値との関係から、概略の工程の異常状況も推測でき、どんな対策をすべきかも推測できます。

③層別したヒストグラムから、カタヨリやバラツキの原因を調べる

　4Mなどで層別したヒストグラムを作成して、これらの間の違いなどを調べると、4Mがカタヨリやバラツキに、どのように影響しているかを知ることができます。

ヒストグラムのハタラキと使い方

ヒストグラム

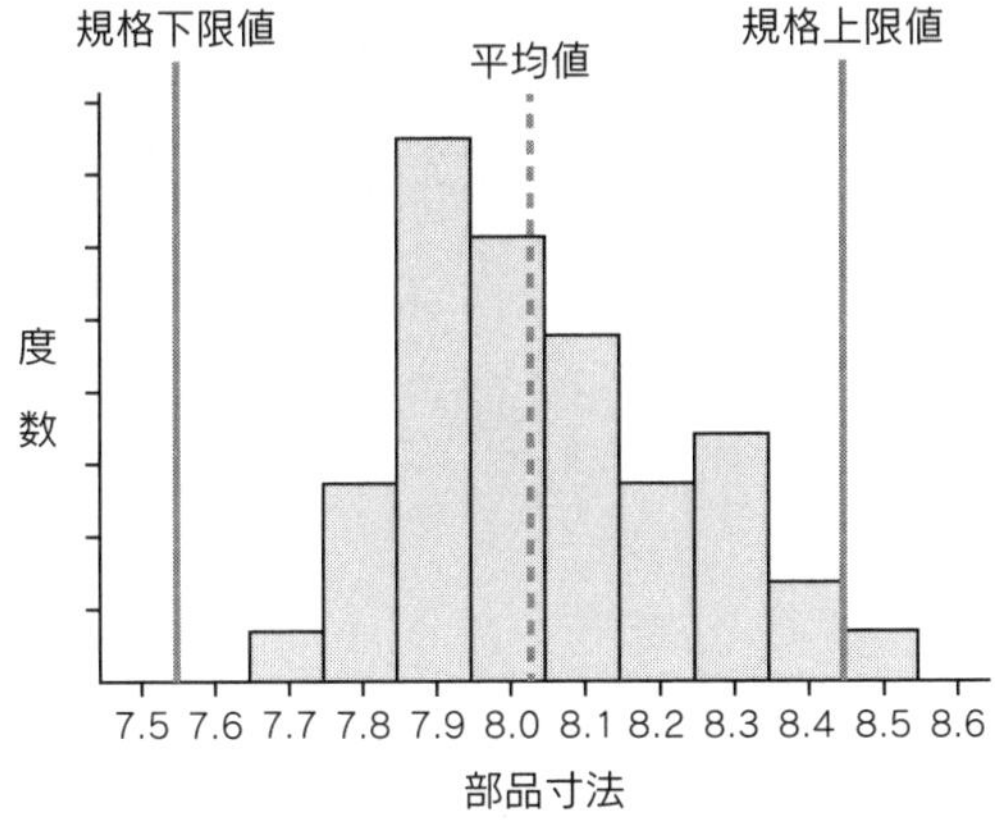

ヒストグラムの作り方

①集めたデータの最大値（L）と最小値（S）を求める

②区間（ヒストグラムの柱）の数を決める

- 区間の数＝$\sqrt{\text{データ数}}$
- または

データ数	50 ～ 100	100 ～ 250	250 以上
区間の数	6 ～ 10	7 ～ 12	10 ～ 20

③区間幅を決める

- 区間の幅＝(L－S)／区間の数

④区間の境界値を決める

区間の境界値は、測定単位の1／2のところにくるように決める

- 第1区間の下側境界値(1番目の柱)＝最小値－(測定単位)／2
- 第1区間の上側境界値(1番目の柱)＝第1区間の下側境界値＋区間の幅
- 以下順に、区間の幅を加算して、第2、第3…の区間の幅を決める

⑤区間の中心値を決める

- 区間の中心値＝(区間の下側境界値＋区間の上側境界値)／2

⑥データの平均値を決める

- 平均値＝(データの合計)／データの数

⑦グラフは

- 縦軸にデータの度数、横軸にデータの測定値を目盛る

7-8

不良数などの度数の分布を、棒グラフで示す

ヒストグラムの活用のポイント

不良数などの分布を棒グラフで示し、その分布の仕方と規格値との関係を読み解く。

ヒストグラムの作り方

ヒストグラムは、度数（データの発生数）をもとに棒グラフを作成します。データの数（度数）は、50以上が望ましいと言えます（前項左ページ参照）。

ヒストグラムの活用のポイント

ヒストグラムを見る場合は、多少の棒グラフの凹凸は無視して、全体の姿・形に着目するようにします。

①ヒストグラムの形

ヒストグラムの形の中に、工程の異常が潜んでいるかどうか、を見極めます。

- **安定型**…工程は安定してるが、規格幅に対してデータのバラツキが小さく、公差幅に対して余裕がありすぎる場合は、工程能力にムダがあると言えます。
  規格を変更してこの幅を小さくするか、工程の一部を簡略化して製品のバラツキの範囲を広くするとよいでしょう。
- **すそ引き型**…規格値で下限が抑えられ、ある値以下をとらない場合に現われる。
- **絶壁型**…規格以下のモノを、選別で除いた場合に現われることが多いと言えます。この除いた規格以下のモノに隠されている不良の追求が必要です
- **歯抜け型**…区間の境界値を、測定の単位の1/2のところに設定していないと、このような型が発生します。
- **離れ小島型**…異質なデータが、わずかに混入した場合に現われることがあります。

②規格値や目標値と比較

どの程度の不良か、どんな対策が必要かを知ることができます。

- **分布の中心**
  分布の中心が規格値の中央にない場合は、平均値を上げるか下げるかの、加工寸法の調整などをする必要があります。
- **分布のバラツキ**
  バラツキが大きすぎると、工程が少しでも変化すると不良品が出るので、バラツキを小さくする改善をします。
- **規格値からのはみ出し**
  規格値からはみ出したデータがある場合は、データの平均値の変更が可能であれば、規格の中心値に平均値を持ってくる調整や、バラツキの幅を小さくする改善を行ないます。

ヒストグラムの活用のポイント

ヒストグラムの形から見た工程の異常

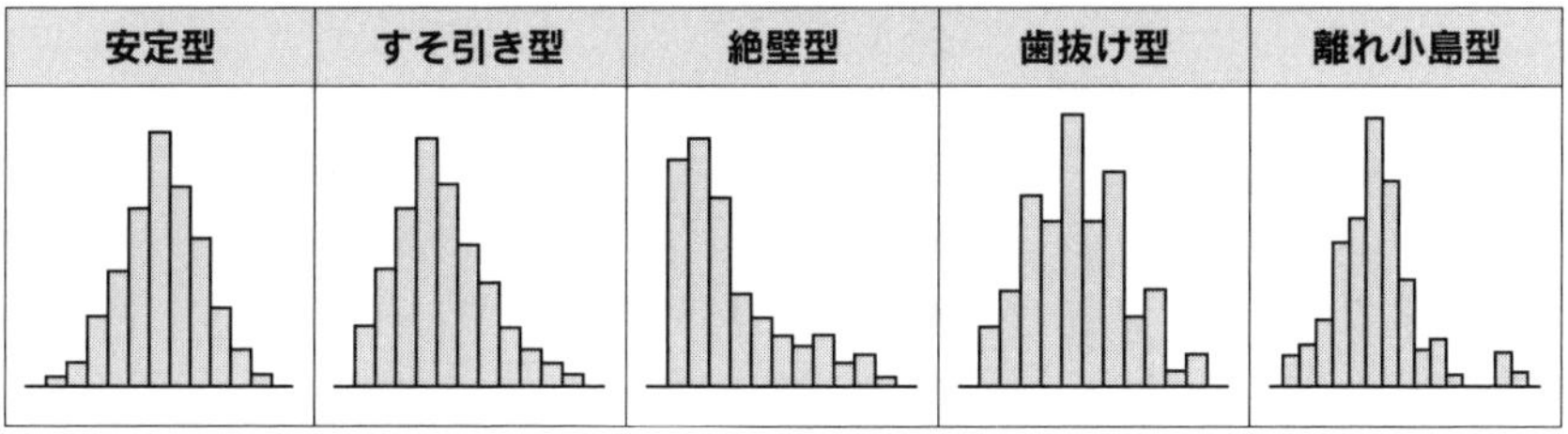

ヒストグラムの規格値との比較で見た形

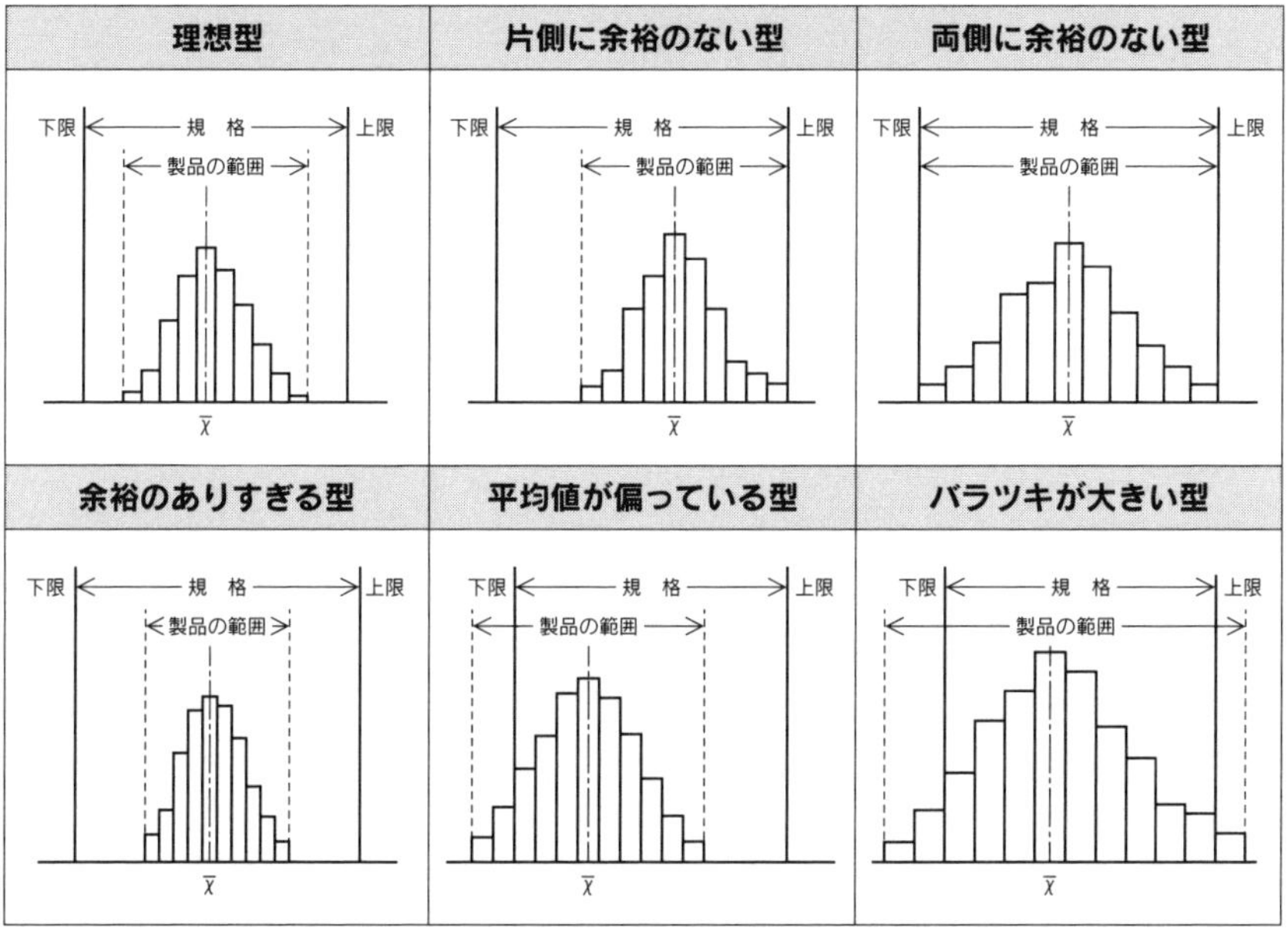

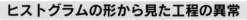

COLUMN

分解法とどんぶり法

品質問題にせよ、作業性の問題にせよ、解決すべき問題に対して、われわれはどのようにアプローチしていったらよいのでしょうか？

解決すべき問題に対して、その問題の全体像に対して、「どうしようか、何が問題か」と問いかけても（どんぶり法）、多くの場合は明確で具体的な答えは返ってきません。

そのため、問題解決の最初のアプローチでは、問題を細かく分解していくこと（分解法）から始めていくとよいでしょう。

生産管理上の問題、たとえば品質の不具合が発生したときに、4M（人・機械・材料・方法）の面から分解したり、PQCD（生産性・品質・コスト、納期）という面からも分解したり、作業や業務の手順も細かく分解して要因などを追究していくと、問題点がクリアになってくる場合が多いと言えます。

この反対の進め方を「どんぶり法」と言います。

このように分解した一つひとつに対して、次のような5W1Hの問いかけをしていくのです。

①Why：なぜそれは必要、不要なものはないか？

②What：目的は何か、品質面・効率面で必要か否か？

③Where：どこで（職場、工程、どの機械で）するのがよいか？

④When：いつするべきか（初めか後か、順序は、他の作業の後か？）

⑤Who：誰が最適か（技能は・熟練は・経験は・体力では）

⑥How to：どんな方法がよいか、正・速・安・楽にやる方法は？

このような分解法による問題へのアプローチは、哲学者のデカルトがその著書の『方法序説』の中で述べています。

デカルトはこの中で、「すべてを疑う、分けて考える（分解法）、単純から複雑へと展開する、見落としの可能性を列挙する」という4つのポイントを押さえて問題解決をすべきと説いています。

8章

QC7つ道具の理解と活用：Part2

8-1

不良数、欠点数などの発生が、
どこに集中しているかがわかるようにした図

チェックシートのハタラキと使い方

検査結果や作業の点検結果の合否などの、数えるデータ（計数値）の発生の状況をチェックマークなどで簡単に記録できるようにしたのがチェックシート。

チェックシートとは

チェックシートとは、不良数、欠点数などの数えるデータ（計数値）が、分類項目のどこに集中しているかを、見やすく表わすために使用します。

そのため、データを簡単に記録・入手できて、そのデータが整理しやすいようなシートの設計にします。

また点検確認項目がもれなく合理的にチェックできるように、あらかじめそれらの項目の目的などを確認します。

チェックシートの使い方

チェックシートの用途には、調査用と点検用があります。

①調査用

特定の目的の実態調査のために使用するものです。

調査用では分布の姿を捉えたり、どんな欠点や不良項目がどのくらい発生しているかなどのデータをとるのがネライで、次のような例があります。

- 不良項目調査用チェックシート

主な不良項目を用紙に記入しておき、不良発生のたびに該当欄にチェックマーク（チェック数）を入れるもの。

- 不良要因調査用チェックシート

不良品の発生内容を、要因別に分類しておき、これらの不良項目の発生数を時間別、作業者別、機械別、作業方法別などに層別して記入できるようにするもの。

これにより、不良要因の分布をつかめるようにする。

- 欠点位置調査用チェックシート

製品のスケッチや展開図を表わしたシートに、欠点の発生位置をチェックマークで記入するもの。

②点検用

日常的な仕事の管理において、時期を決めて対象の仕事のチェック項目の点検を行ない、その結果を記録として記入するものです。

実施にあたっては、点検すべき項目をあらかじめ決めておいて、点検のたびにチェックマークを記入していきます。次のような例があります。

- 作業点検用チェックシート
- 安全点検用チェックシート

チェックシートのハタラキと使い方

不良項目調査用チェックシート

ハウジング最終検査チェックシート

不良項目＼品種	K653	K559	B450	B351	H945	合計
汚れ	/	//	/	/	//	7
キズ		/		/		2
面粗さ	///	//	卌/	////	///	18
塗装色	/	//	/	/	/	6
寸法	//	/		///	/	7

不良要因調査用チェックシート

金型組立不良要因調査チェックシート

不良要因＼月	2	3	4	5	6	7	合計
事前訓練不足	/			/			2
作業中の指導不足	///	//	//	////	//	/	14
作業指導書の不備	/			/	/		3
作業指示不良	卌	///	////	//	///	卌//	24
作業開始前の点検不足	//	///	卌	//	///	///	18
図面不良	/	/		//	/		5
部品の加工不良	///	/	///	////	/	//	14
計	16	10	14	16	11	13	80

8-2

用途に応じて、それが的確にわかるように、表タイプや図形タイプなどで工夫する

チェックシートの作り方と活用のポイント

チェックシートはその用途に応じて、項目の設定を事前調査をもとに設定し、またデータの記入タイミングなどに応じて、記録しやすい形式を工夫する。

チェックシートの作り方

多くの職場では、お客様からのクレーム、職場の問題、後工程からの要望や苦情など、各種の問題が起きています。

このような問題に対しては、問題点を明らかにしてその原因を捉え、解決策を考える必要があります。そのために事実に基づく管理として、実際のデータを収集することが必要です。

このとき、活用できるデータにするために、シート作成のステップを、次のように設定して進めていくことが大切です。

①データをとる目的とデータの種類、データをとる期間の設定
②チェックシートの種類の選択
③チェックシートの様式や項目の設定
④データの収集者の設定、収集回数、タイミングの設定
⑤データの集計、解析、結果の検討方法の明確化

チェックシートの活用のポイント

・チェックの項目は、活動内容の変化や、改善活動、新規製品の投入などで必要な項目は変化します。

チェック項目は絶えず見直し、改善を行なうようにします。

・チェックシートの結果に対し、必要なアクションを迅速かつ的確に行なうことが欠かせません。

このため、異常時の判断基準や対応方法などを、チェックシートの活用方法としてあらかじめ決め、標準化しておきます。

・チェック項目を層別する場合は、データのモレや重複が生じないような層別化を行ないます。

・データの収集は、通常は何人かで、役割を分担しながら行ないます。収集する人が増えるとデータのとり方にバラツキが出ることも考えられます。

そのため、役割分担、測定方法の標準化などとともに、とったデータの履歴（対象機種、日時、測定時の天候など）を明らかにしておきます。

・データの記入は、一目で識別できるように、文字や数を使わずに記号を使って記入します。

例：✓、○・×・△、卌　など

チェックシートの作り方と活用のポイント

作業点検チェックシート

組立作業点検シート

	点検項目	判定	点検日	点検者
1	作業者に手待ち・監視が発生していないか	○△×		
2	ラインバランスはよいか	○△×		
3	作業中の歩行数は3～5歩以下か	○△×		
4	ムリな姿勢の作業はないか	○△×		
5	作業標準、手順書などに不備や不足はないか	○△×		
6	不要と思われる作業や調整はないか	○△×		
7	余分な取り置き、仮置き動作はないか	○△×		
8	2人以上の共同作業はないか	○△×		

欠点位置調査用チェックシート

自動車ボディ外観不良チェックシート

- ○ 板金不良
- × ゴミ
- △ ナガレ
- □ ハガレ

車番	RB101	**検査日**	4－24
色	白	**検査員**	T.Y.
記事	ノズル交換	**吹付者**	W.K.

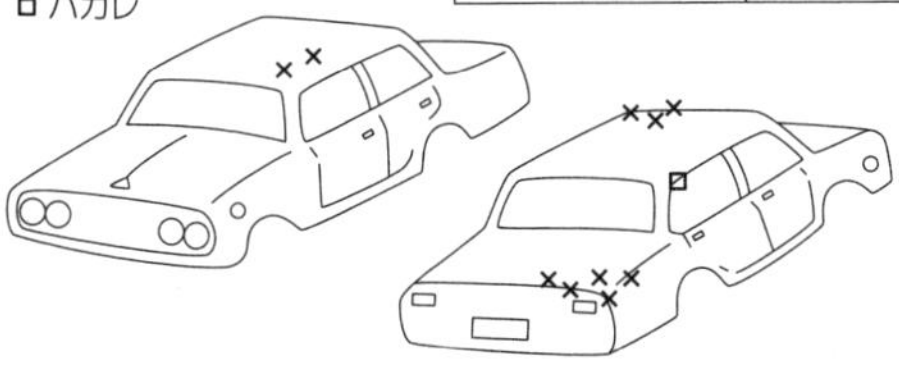

8-3

データはグラフで表わし、データ全体の姿を見たり、傾向を比較したり、その変化の状態を確認する

グラフのハタラキと見方：その1

グラフには多くの種類があり、その特徴と活用する目的に応じて選定する。ここでは棒グラフと折れ線グラフを理解する。

▣グラフとは

「データを、一目でわかるように図で表わしたもの」で、人間の視覚に訴え、より多くの情報を要約して、より早く、正確に伝えられるようにしたものです。

グラフでデータを表わすと、次のような効果があります。

- 数字の視覚化ができ、直感的に全体を理解することができる
- 時間的な変化がよくわかる
- 数の大小の関係を明確に比較できる
- 内訳の割合がよくわかる
- 項目間のバランスが明確にわかる
- 読む努力から解放される

▼グラフの活用面においてのポイント

- 使用目的を明確にして、それに合ったグラフを選択すること
- グラフをしっかりと眺めてその内容を読み取り、正しく、よい情報が得られるようにすること
- グラフは正確に書くこと

▣グラフの種類と特徴

①棒グラフ

▼ある時点の数量の大小を比較するときに最適です。しかし時間的な変化を表わすのには、あまり適していません。

▼グラフは、データの大きさを棒の高さで示します。

▼細かな変化を気にせず、全体の変化を捉えます。

▼横軸を縦軸にして、この縦軸の左右両方向に2つの棒グラフを伸ばすと、2種類のデータを一目で対比でき、効果的な場合があります。

②折れ線グラフ

時間の変化に伴う数量の変化の状態を表わします。データの傾向が明確にわかったり、正常・異常の判断がしやすい情報が得られたりと、改善活動や管理に役立ちます。

▼折れ線グラフは、データを時間の経過順に打点し、その点を線で結んで表わしたものです。

▼個々の点にとらわれず、次のような全体の姿や変化の状態を捉えるようにします。

- 増加や減少傾向にあるか
- 周期性があるか
- 飛び離れた点があるか

グラフのハタラキと見方：その1

棒グラフ、折れ線グラフ、円グラフ

ミニクローラー停止時間

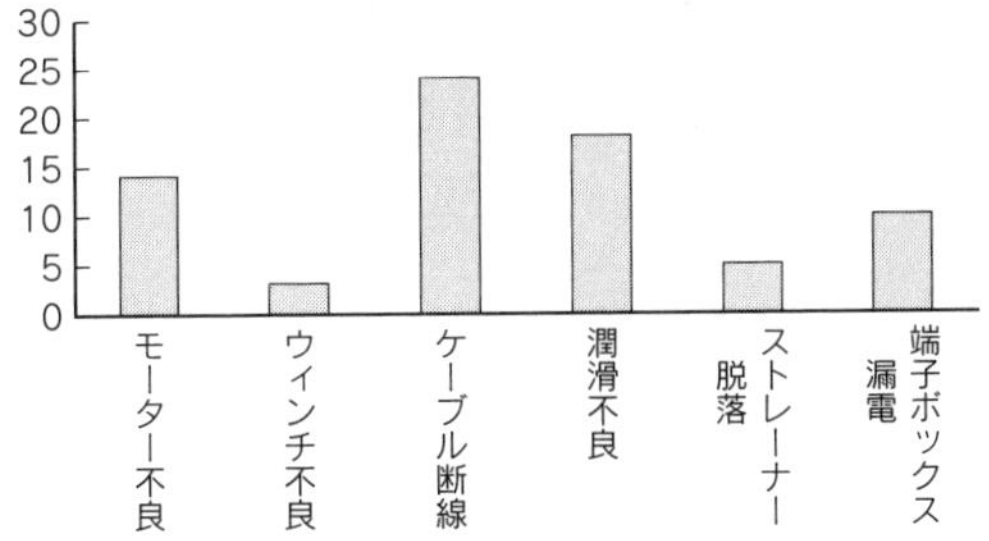

年度別生産量推移

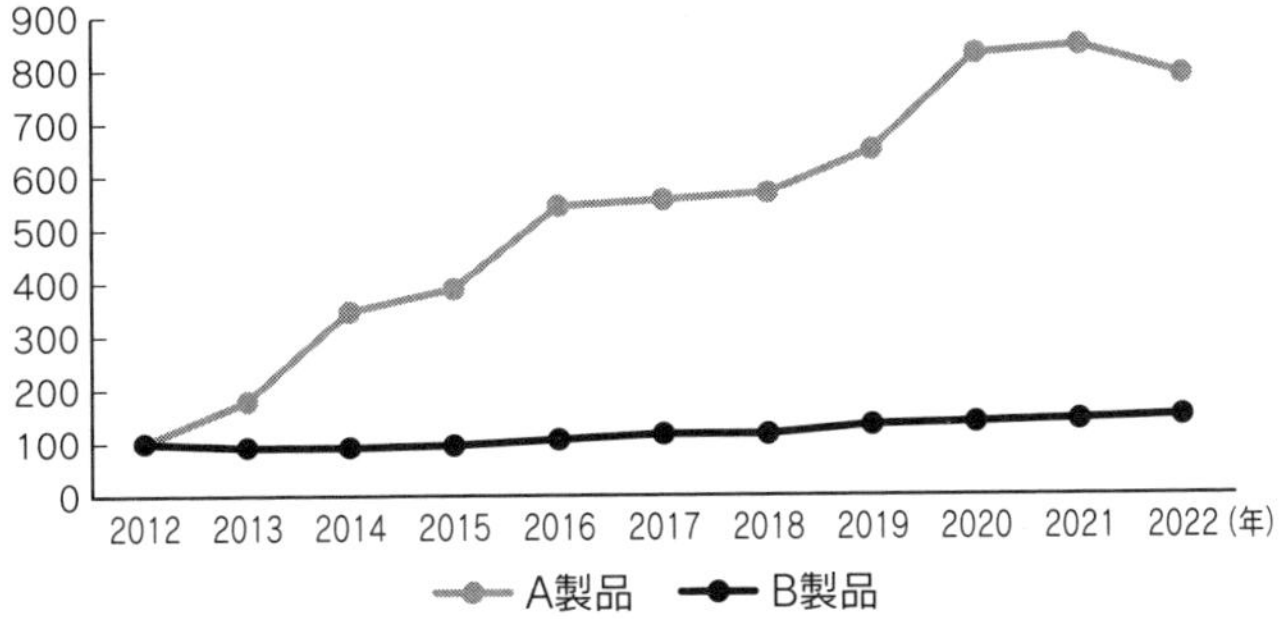

クレーム内容の分布

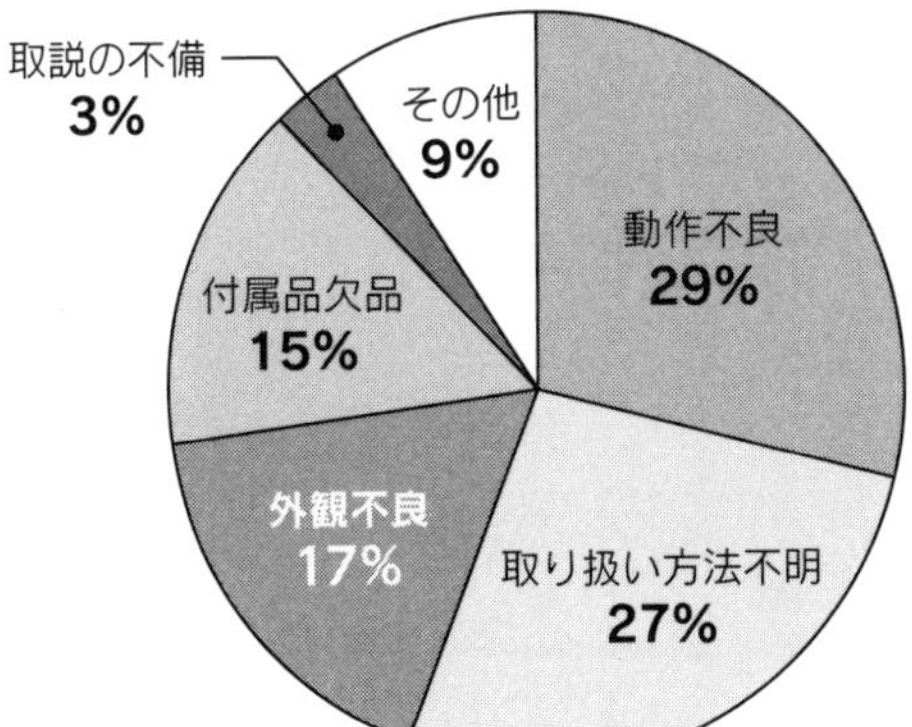

8-4

グラフの目的応じて、組み合わせたり
複数並べたりする

グラフのハタラキと見方：その2

ここでは汎用的な円グラフと帯グラフ、および目的が特化したレーダーチャートとZチャートを理解する。

③円グラフ（前項左ページ参照）

- ある時点での、データの内訳の割合を示すときによく使われます。
- 円グラフは、円全体を100％と見て、これを項目の構成比率に比例した扇形の面積で表わしたものです。
- 項目数が多いと、円グラフの中が圧迫されて見にくくなるので、項目数が少ない（5～7項目程度）ものに適しています。

④帯グラフ

- 一定の長さの帯を100％と見て、これを項目の構成比率に比例した長さに分割して表わしたものです。
- 割合を見るという点では、円グラフと同じような使い方ができますが、帯グラフでは、グラフを複数本、縦に並べることにより、層間での比較がしやすくなり便利です。
- 帯を時期や時間に対応して何本か並べて書くと、量や割合の時間的変化を一目で比較できるようになり、視覚的な分析が的確にできます。

⑤レーダーチャート

- 円の中心点から分類項目の数だけ放射状に直線を伸ばし、データはその直線上の目盛り点にしたがって打点し、その点を線で結んで表わしたものです。
- 各項目間のバランスを見たり、目標値や基準値を同時に表わし、データの比較状況を把握するのに便利です。

⑥Zグラフ

- 月次の生産数量の推移と、その生産数量累積、および移動年累計の3つのデータを1つのグラフに表わしたものです。
　3つの線がZの形に似ていることからZグラフと呼ばれています。
- Zグラフは単月生産数量に加えて、今季の生産数量累計と、直近1年の生産数量累計（移動年累計）を同時に見ることができ、これにより月ごとの微妙な生産数量の変動や、季節的変動を吸収した情報も把握でき、生産数量の現在の傾向を明らかにすることができます。
　Zグラフは、目標値と実績値を対比させながら、目標値の達成に向けての管理をするのに向いています。

グラフのハタラキと見方：その2

帯グラフ、レーダーチャート、Zグラフ

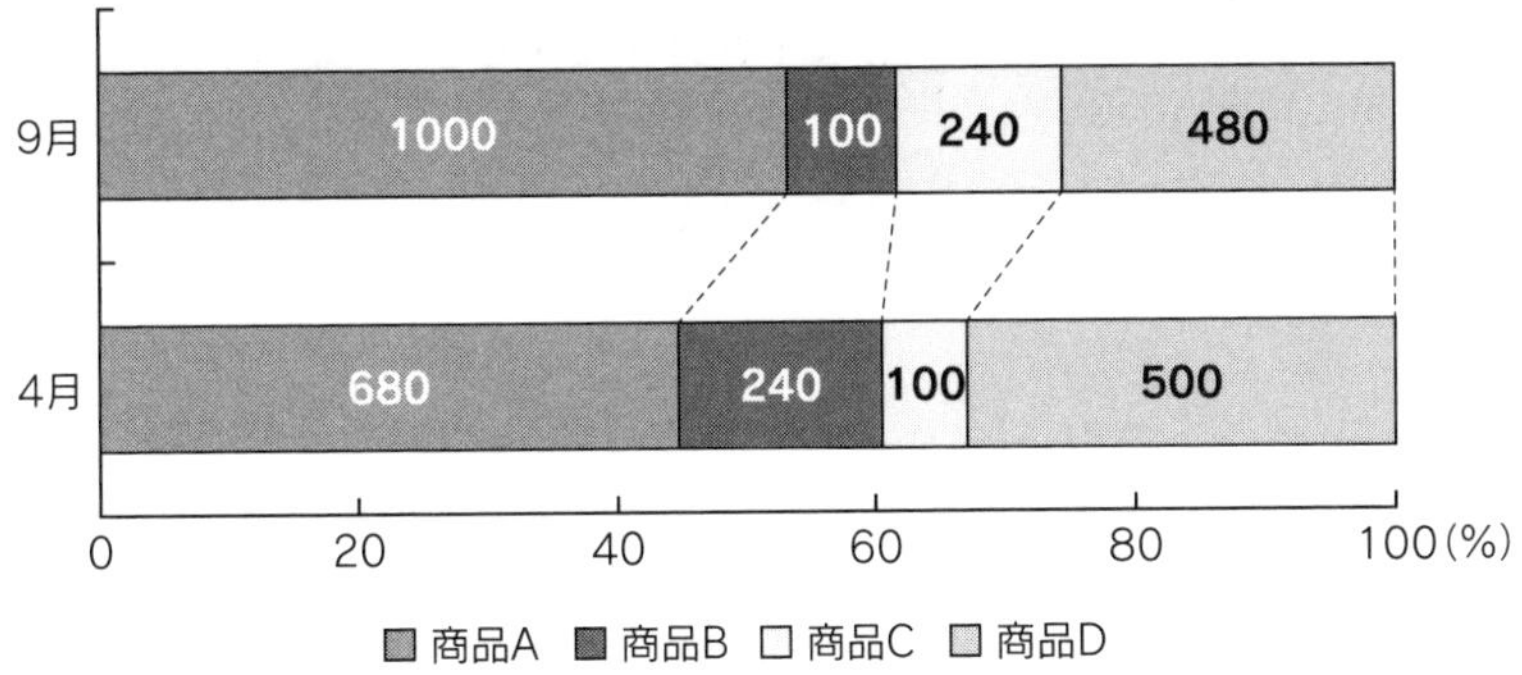

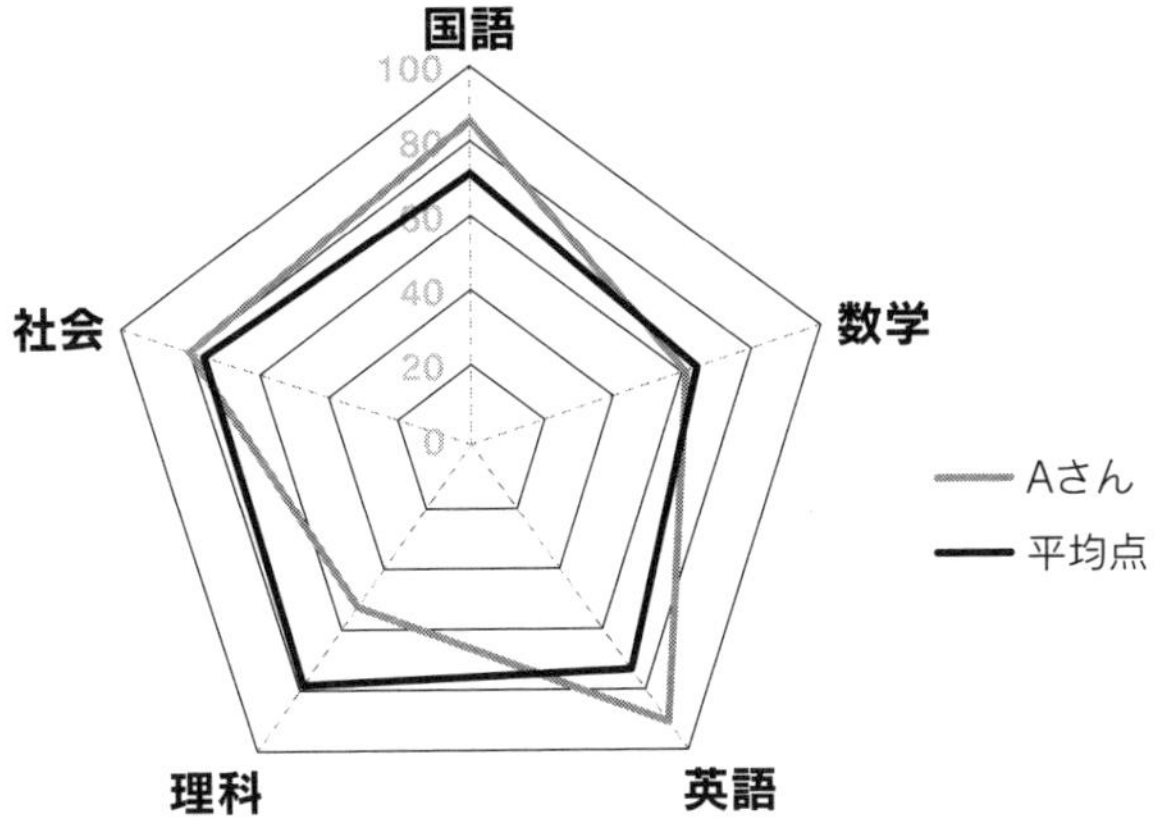

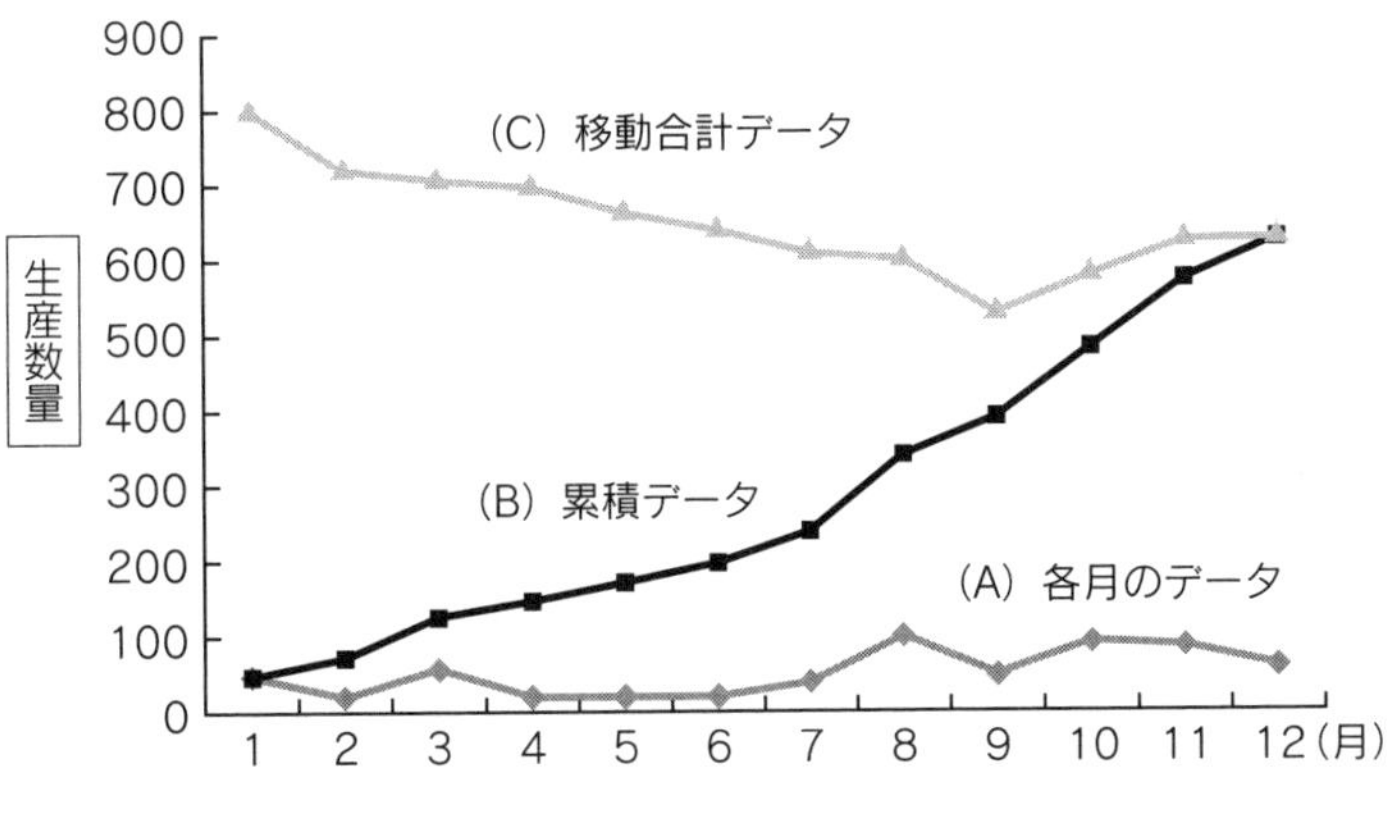

8-5

散布図は特性や要因の間に、
どのような相関があるかを明確にする

散布図のハタラキと使い方

散布図は要因と特性の関係、ある特性と他の特性との関係、ある特性での2つの要因同士の関係などを調べる場合に使用する。

散布図とは

散布図は、対になった2種類のデータの関係を検討するのに用います。

散布図を作る目的は、対応する2種類のデータ（例：メッキ時間とメッキ厚さなど）を見て、この2種類のデータの間にどのような関係があるかを判断することにあります。

関係がある場合は、ある特性値を規格値の範囲に入れるために、要因をどのような値に管理すればよいのかを調べます。

散布図の使い方

散布図は、対応する2種類のデータの、次のような関係性のパターンを捉えて作成します。

▼要因と特性の関係

- 工場の室温と部品加工不良率の関係
- 夏の平均気温の変化と、エアコンの販売台数の関係

▼ある特性と他の特性との関係

- 生産稼働率とクレーム発生率の関係
- ある製品の生産数量と不良率の関係

▼ある特性での2つの要因同士の関係

- 梱包の破損事故について、作業者の熟練度と作業ルールの不順守の関係

散布図のつくり方

- 要因と特性の関係の場合は、要因を横軸、特性を縦軸にして作成します。
- 作成時には、散布図の点を、左右と上下でそれぞれ同数に分ける線（メジアン線）を入れます。メジアン線で分けられた4つのエリアでの点の数を求めておくと、分布の状態の見極めに役立ちます。

散布図の活用のポイント

①相関の有無を把握する

xの値が変化すれば、yの値も変化するような関係があるときは、xとyは「相関がある」と言います。

この相関にも、直線的や曲線的な相関があります。曲線的相関は直線関係が得られると考えられる部分でx軸を分割して、その範囲で相関の有無を検討します。

②相関のパターンを把握する

散布図上の点のバラツキ具合を見て、2つのデータ群の相関のパターンを把握します（以下、次項）。

散布図のハタラキと使い方

相関関係

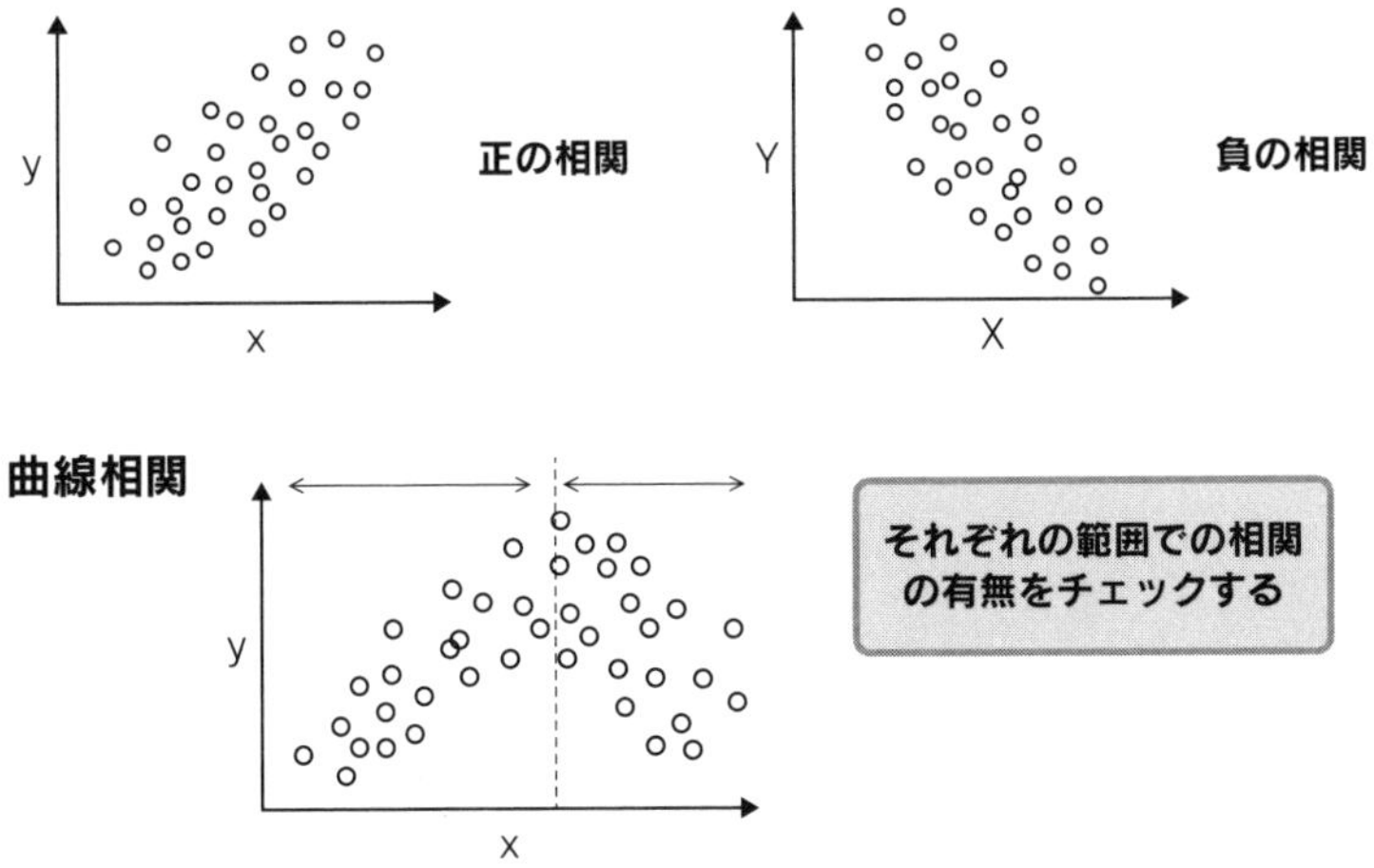

散布図の対応の種類

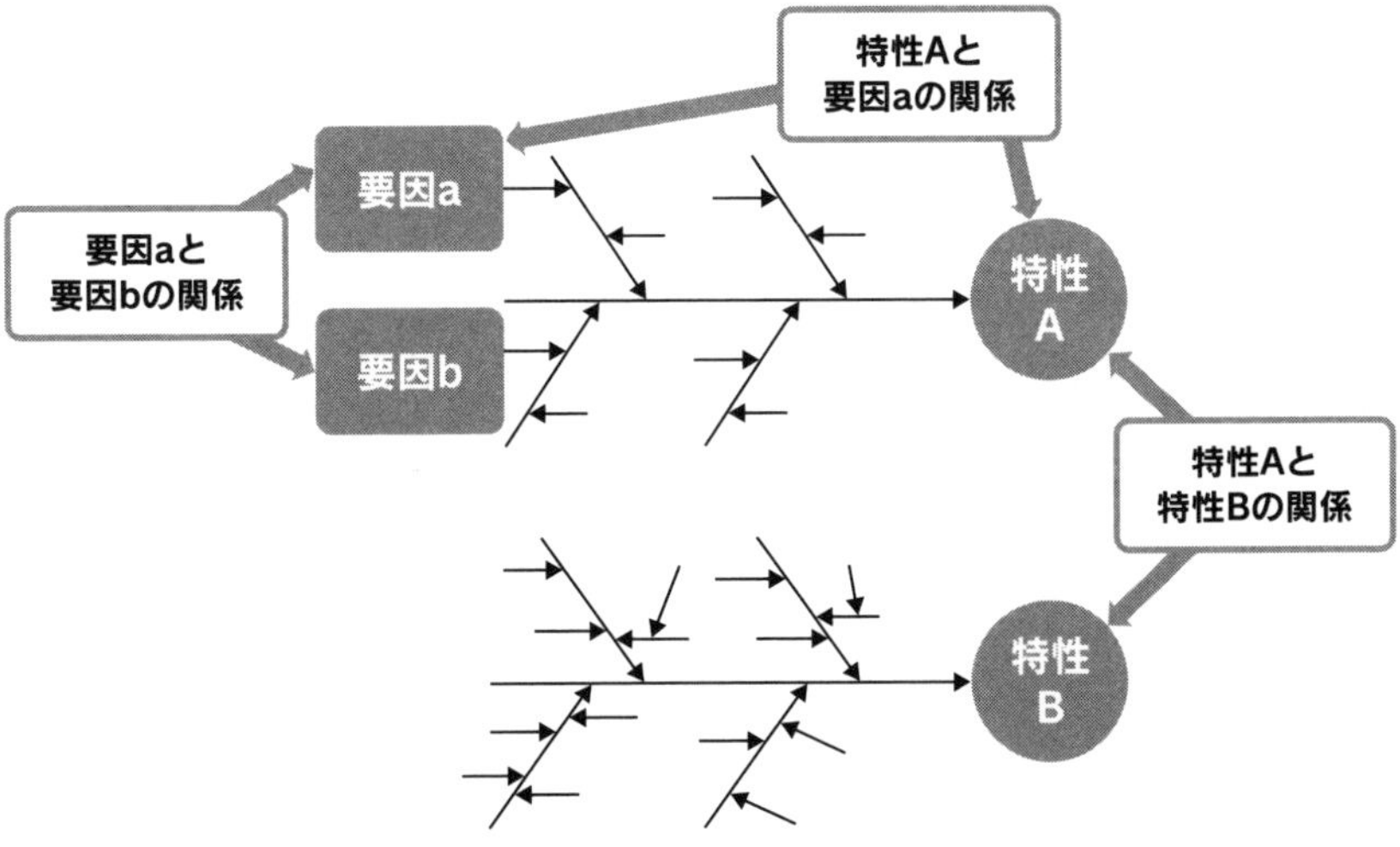

散布図でも、層別したデータ間で
散布図をつくり、その関連を調べる

散布図の見方と活用のポイント

散布図はの見方は、2つのデータにどのような関係があるのかを、2つのデータをプロットした点群の分布状況から明らかにする。

（前項より続く）

xの値が増加するにつれて、yの値も増加するような場合を「正の相関」と言います。

xの値が増加するにつれて、yの値が減少するような場合を「負の相関」と言います。

このように、2つのデータ間に比例関係がある場合には、その関係性を比例係数で捉えます。

③異常点の原因を追究する

・散布図上の点群の中で、多くの点の集まりから、特に飛び離れた異常と思われる点がないかを確かめます。飛び離れた点の発生原因を、徹底的に追究します。

④層別の必要性を検討する

・相関がありそうな場合も、なさそうな場合も、データについて、層別の必要性がないかを考えます。

・たとえば、作業者別、原料別、装置別、季節別、地域別などで層別したデータを用いて散布図を書き、それらの散布図間での影響を見ます。

その結果、もし傾向の異なった散布図ができれば、層別した要因が影響していることになります。

⑤異質なデータが混じっていないかどうかを調べる

・異質なデータが混じっているときは、その点の記号や色を変えて表示します。

その異質な点の判断がしやすいように、散布図上に明示するとよいでしょう。

⑥拡張解釈への注意

散布図を作ったデータの範囲を超えた拡張した範囲まで広げて、相関関係があると解釈することがあります。

このような解釈（拡張解釈）をすると、誤った見方になる場合も多いので、注意が必要です。

⑦疑似相関への注意

2つのデータの間に相関関係はあっても、因果関係はない場合があります（これを疑似相関と言う）。

前項の例で言うと、気温の変動は、エアコンの販売台数と相関関係がありますが、その逆は因果関係は成り立ちません。

散布図の見方と活用のポイント

散布図の型	見方	対応
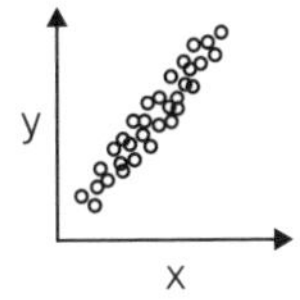	「正の相関がある」 xが増加すれば、yも直線的に増加する傾向が強い	x：要因、y：特性 ⇒xを正しく管理すれば、yも管理できる ⇒xの値がわかれば、yの値を推定できる
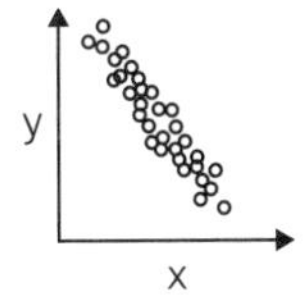	「負の相関がある」 xが増加すれば、yは直線的に減少する傾向が強い	
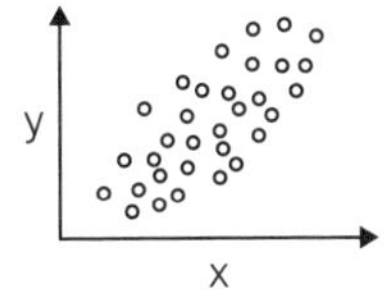	「正の相関がありそうだ」 xが増加すれば、yも増加する傾向があるが、その関係は明確でない	x：要因、y：特性 ⇒yに影響するx以外の要因との関係を調べ、相関のある要因を管理する必要がある
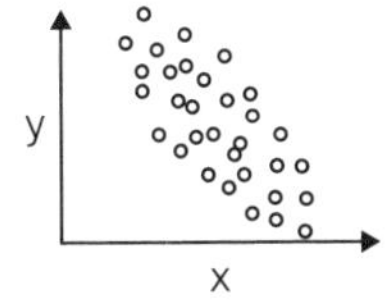	「負の相関がありそうだ」 xが増加すれば、yは減少する傾向があるが、その関係は明確でない	
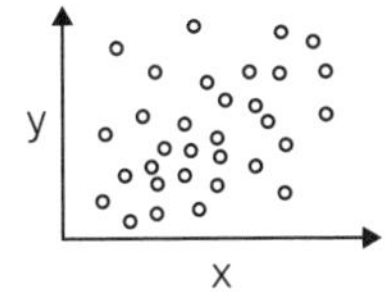	「相関があるとは言えない」 xが増加しても、 yに影響が見られない	x：要因、y：特性 ⇒x以外の要因とyとの関係を調べ、yと相関のある要因を見つけ出すことが必要

8-7

管理図は時間軸での
データの変動を調べる

管理図のハタラキと使い方

管理図は時間軸でのデータの変動を知り、工程が安定な状態かどうかを調べたり、工程を安定な状態に管理するために用います

管理図とは

管理図は1924年、アメリカの統計学者シューハートが、工程管理の統計的方法の応用として考案したものです。

管理図は、品質や工程が安定な状態にあるかどうかを調べたり、また品質や工程を安定な状態に維持・管理するために用います。

▼**管理図の種類**

管理図には、計量値のデータに対する管理図と、計数値のデータに対する管理図があります。

また、それぞれの用途に応じて複数の種類の管理図があります（左図参照）。

ここでは最も多く活用されている、$\bar{X}$とRの2つのグラフからなる「$\bar{X}$－R管理図」を取り上げて説明します。

管理図の使い方

①管理図は工程を管理状態に維持する

▼管理限界線の外に点がなく、工程のあり方にクセ、周期変動などがなければ、「工程は管理状態（安定状態）にある」と判断できるので、この状態の維持を目指して管理を行ないます。

▼管理限界線をはずれたり、異常な挙動を示す点が発生すれば、見逃せない原因があると見て、「工程は管理状態にない」と判断します。

この場合は、その原因を追究して、再発防止対策案を実施します。

そして、その対策の有効性を管理図で確認して、作業標準書などで作業の手順を標準化し、管理ハズレが再発しないように改善の定着化を図ります。

②層別による改善点をつかむ

工程で次のようなことが起こっていたら、どうすればよいでしょうか。

- 不良率が高い、手直しが多い
- 工程能力が不足している
- 時々、不詳な不良や変動が発生する

このような場合には、データの生い立ちを調べて、時間別、作業場所別、機械別など、いろいろな角度から層別した管理図を作成してみます。これにより、データの属性と特性値の変動状況の関係から、相関の差が見出されて、有効な改善策を立てることができるようになります（以下、次項に続く）。

管理図のハタラキと使い方

$\bar{x}$ーR管理図の例

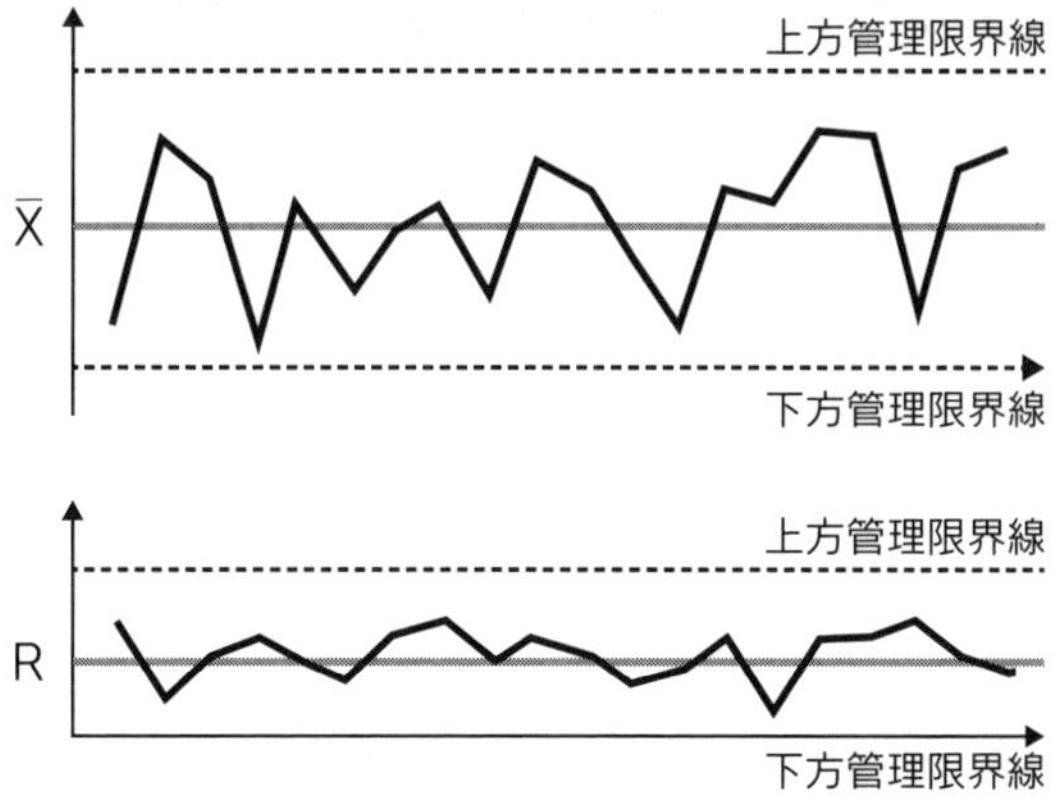

データの種類と主な管理図の種類

①**計量値データ**：データの例…長さ、面積、重量、時間など

管理図の種類

- $\bar{x}$ーR管理図（エックスバーアール）…平均値と範囲の管理図
  特徴…切削加工における部品寸法の管理など、広く使われている
- $\tilde{x}$ーR管理図（エックスメジアンアール）…中心値（メジアン）と範囲の管理図
  特徴…メジアンはエックスバーに比べ、簡単に求められる

②**計数値データ**…不良個数、不良率、欠点数、人数など

管理図の種類

- p管理図…群（検査数）が一定でないときの不良率の管理図
- pn管理図…群（検査数）が一定のときの不良個数の管理図

管理図の用途

①**管理用の管理図**…工程の改善が進み、工程が安定状態（管理状態）に移行していると思われる場合に、その状態を維持するために、都度のデータ追記時に、異常か否かを見極めるのに使用する管理図です。

②**解析用の管理図**…データを原材料別、設備別などで層別して、バラツキが大きすぎるとか、平均値とネライに食い違いが起きているといった場合に、アクションを起こし、工程を安定状態に近づけるための、工程改善用の管理図です。

（前項より続く）

③改善による効果を把握する

改善活動において、対策別に層別した管理図を作ると、不良率の減少状況をチェックができて、とった対策の効果が明確になります。

8-8

作業者別、材料別でデータを層別し
管理図を作成すると、有効な情報が得られる

管理図の見方と活用のポイント

管理図は管理限界線との関係、点の並びのクセの状態により、これらに異常があるか否かを判断し、異常がある場合は処置を行なう。

◎管理図の見方

管理図に打点された点は、工程の変動を反映しているので、まず点の動きを正確に判断しなくてはいけません。

そのためには、点の動きに異常があるか否かの判断基準を、明確にしておくことが大切です。

①管理限界線による判断

プロットした点が、管理限界線の線上か、外側にある場合は異常です。

②点の並びのクセによって判断

次のようなクセを識別して、適切か否かを判断します（左図参照）。

- （長い連）中心線の片側に、連続して7点並んだときは異常
- （管理線への接近）限界線と中心線の幅を3等分したときに、外側の1／3の部分に連続3点中2点があるときは異常
- （連の傾向）点が引き続き上昇、または下降する場合、7点続いたら異常、6点続いたら原因調査をする
- （周期性）点が周期的に変動する場合は異常

◎管理図活用時のポイント

▼管理限界線は群ごとの変動に基づいて決めるので、群内のデータの変動はなるべく小さくなるように、同一ロット、同一製造日、同一ラインなどのデータを、ひとつの群となるようにします。

▼$\bar{X}$、Rのそれぞれのグラフの状況を調べ、管理外れや、打点の異常な傾向、バラツキ異常などを見つけ、その原因を解明して問題点を追究していきます。

▼タテ・ヨコ軸のデータの目盛りや間隔のとり方で、グラフのイメージが変わってしまうので、タテ・ヨコのバランスのよいグラフにすることが必要です。

タテ軸のUCLとLCLの間隔が、ヨコ軸の群の間隔の6倍になるようにすると、通常は見やすく、的確な判断をしやすいグラフになります。

管理図の見方と活用のポイント

点の並び方のクセによって判断する方法

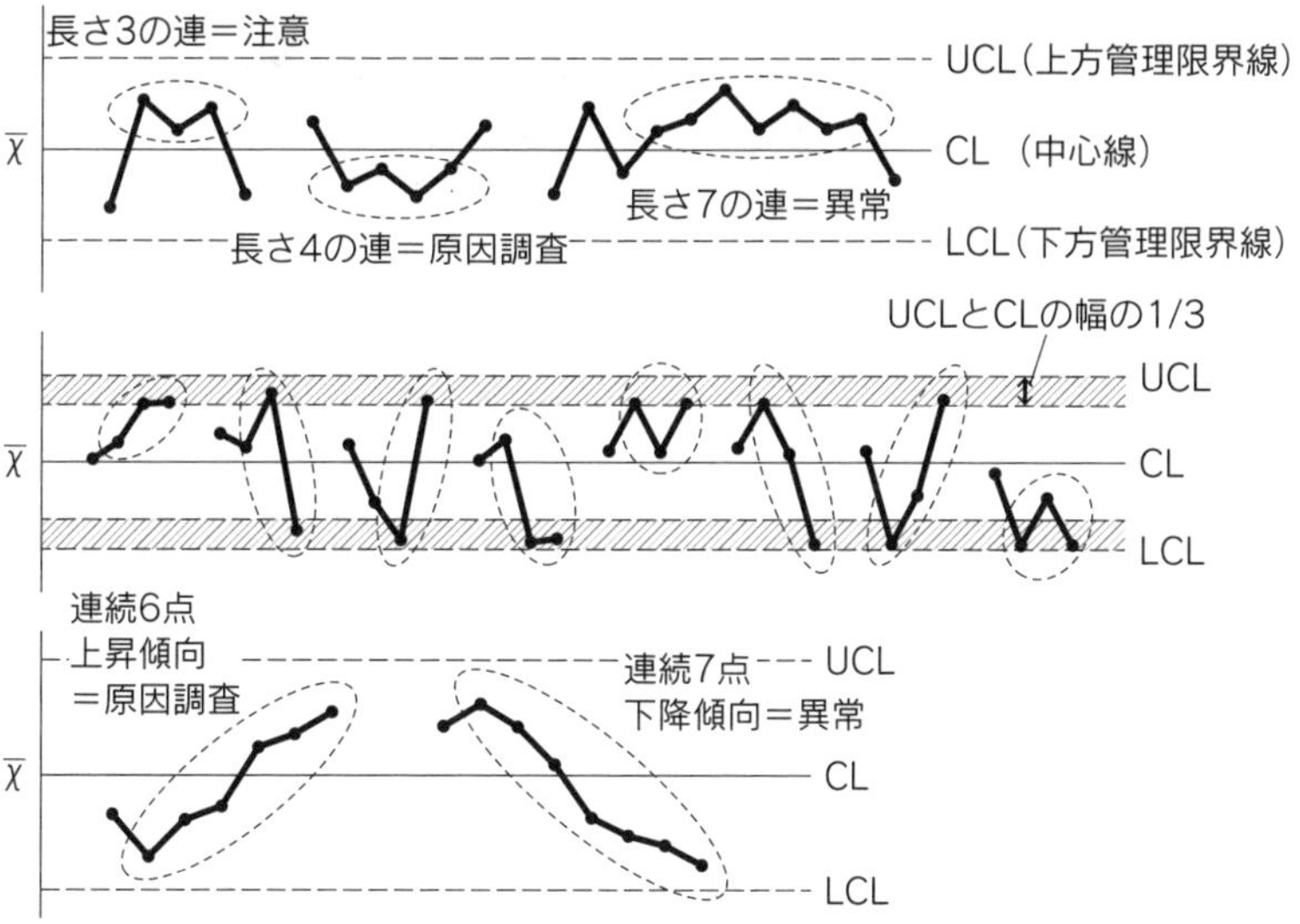

$\overline{x}$－R管理図の例

手順1：期間を決めてデータを集める
データは2から6個のデータ（群）を、20から25組とる。

手順2：群の平均値 $\overline{x}$を計算する
…各群ごとにデータの合計を求め、平均値を計算する。

手順3：範囲Rを計算する
…各群ごとに最大値から最小値を引いて、範囲Rを計算する。

手順4：総平均 $\overline{\overline{x}}$を計算する
…各群の $\overline{x}$を合計して、これを群の数で割って総平均 $\overline{\overline{x}}$を求める。

手順5：範囲の平均値 $\overline{R}$を計算する
…各群のRを合計し、これを群の数で割って群の平均値 $\overline{R}$を求める。

手順6：管理限界線を計算する

$\overline{x}$管理図の管理限界線を次の式で計算する

- 上方管理限界　UCL ＝ $\overline{\overline{x}} + A_2\overline{R}$
- 下方管理限界　LCL ＝ $\overline{\overline{x}} - A_2\overline{R}$

R管理図の管理限界線を計算する

- 上方管理限界　UCL ＝ $D_4\overline{R}$
- 下方管理限界　LCL ＝ $D_3\overline{R}$

A_2、D_4、D_3は群の大きさで決まる右の値です。

n（群）	A_2	D_4	D_3
2	1.880	3.267	考えない
3	1.023	2.575	考えない
4	0.729	2.282	考えない
5	0.577	2.115	考えない
7	0.419	1.924	0.076
9	0.337	1.816	0.184

8-9

データの属性別にQC7つ道具を作成すると、有効な情報を得られる

層別のハタラキと使い方のポイント

各種の混ざり合ったデータを属性別にグループ分けし、属性によるグループ間の（層別）違いを見つけ、確実な対策を打てるようにすることが肝要。

層別のハタラキとは

層別とは、データの生まれてきた特徴（属性）に着目して、あるデータの集まり（母集団）をいくつかのグループ（層）に分けることです。

▼層別の効果

- データ全体を見ていては、情報が漠然としていたり、その特性が判別できない場合があります。

適切な層別を行なうことにより、層と層の間の差（平均値の差やバラツキの違いなど）を明確にします。

そして、これらの差がなぜ出るのか、その要因を突き止めることにより、問題の核心を追究できるようになります。

▼層別の項目

層別は、特性値のテーマに関連する項目に応じて、人・機械・材料・方法・時間別・天候・検査測定方法などの項目に分けて行ないます（左頁参照）。

層別の使い方

ＱＣストーリーでのＱＣ７つ道具との関係で見ると、層別は左ページの例のような段階で活用されています。

層別のポイント

▼データの履歴をあきらかにする

収集したデータは、後で各種の明確な層別ができるようします。

そのため、データごとに前述の層別の項目などを参考にして、どのような履歴（データの属性）でそのデータを取ったのかの記録を残します。

▼いろいろな項目で層別してみる

- 層と層の間の違いを追究していけば、真の原因（あるいは原因の一部）を見つけることができます。
- 層と層の間に差がなければ、原因を見つけるために次々に要因を変えて、粘り強く層別を繰り返していきます。

▼層別で得られた情報は、改善活動につなげる

層と層の間の違いを見つけたら、その違いが出る要因を追究します。

たとえば、なぜ違いが出るのか、どの層が一番よいのか、平均の差はどうか、バラツキの差はどうかなどの原因を追究して、改善方向を見つけます。

層別のハタラキと使い方のポイント

層別の項目

分類	具体的項目例
人	担当者名、年齢、男女、経験年数、雇用形態（正社員・派遣など）
機械・設備	機種、号機、型式、使用年月、保全状況、工場・ライン
材料・部品	メーカー、種類、ロット、購入先、購入時期、保管期間・場所、製造国名
方法	作業方法、ライン速度、回転数、照度・騒音・温度などの作業環境
時間別	月・週・曜日、午前・午後・夜、開始直後・終了直前、休憩時刻
天候	気温、湿度、晴れ・曇り・雨・風、雨期・乾期
検査測定方法	検査員、検査方法、検査場所、検査機器、検査のタイミング

層別を活用する段階とQC7つ道具のつながりの例

◆現状把握の段階

- ヒストグラムを号機で層別して作成し、特性値と度数の比較で、問題点の大きな号機を特定する
- 悪さの要因で層別し、特性値との散布図を作成して、分布の比較から相関の強い要因を特定する

◆原因追究の段階

- データの履歴の相違（作業者別、機械別など）で層別した管理図を作成し、特性値（不良率など）に対する影響の大きい履歴条件を特定する
- 要因（機械別・材料別・地域別など）で層別し、特性値との散布図を作成して、相関関係の強さから特性値への影響の大きい要因を明確にする

COLUMN

標準化による品質と組織知の向上

そもそも、標準化とは何を行なうことなのでしょうか？

「社内標準化便覧」（日本規格協会編）では、標準化について次のように述べています。

・標準化の本質は、社会の意識的努力による単純化であり、その単純化とは、何物かの数を合理的に減らすこと、すなわち少数化である。

・少数化を行うためには抵抗に打ち勝つことを要する。すなわち標準化活動は、過去において蓄積した慣習に対する戦いであるが、必要以上の少数化を強行するべきではない。

標準化におけるこの「少数化」のネライとは、その時点で最も優れた方法を決め、誰でもその方法に沿って作業や業務を行なうことにより、よい仕事をできるようにすることと言えます。たとえば複数の関係者で仕事をする際、各々が好き勝手な方法を取ると、結果もバラツキが大きくなってしまい、仕事の質の低下を引き起こしてしまいます。

標準化することで、仕事の結果のバラツキが小さくなり、いつでも安定したアウトプットが出せるようになると言えます。

同書の中で、さらに次のようなことを述べています。

・標準化は、現在の複雑性を少なくするばかりでなく、将来においても必要以上に複雑になることを予防する。

・標準（規格・基準など）の制定、実施、評価の三過程は必ず循環しなくてはならない。

標準は、その運用の中で生じた不都合を常に「標準の成長」の機会ととらえ、前向きに変化させていくことが大切だと言えます。

すなわち、標準化のサイクル（標準の制定⇒実施⇒評価⇒改訂）をきちんと回すことにより、標準の質はスパイラル的に向上し、企業の組織知が高まっていくと言えます。

9章

ヒューマンエラーと品質不具合

9-1

ヒューマンエラーの発生は
五感からの情報取り入れから始まる

品質不具合とヒューマンエラー

ヒューマンエラー発生の流れを把握することは、ヒューマンエラー対策には欠かせない。

ヒューマンエラーの本質をつかむ

製造作業の中で発生する各種のヒューマンエラーの問題に取り組むには、そのヒューマンエラーと製造不具合との関連、発生の姿（構造）を明確にすることが必要です。

何が直接の原因か、その原因を引き起こすきっかけは何か？ そして、そのきっかけからどのような製造不具合の現象が起こるのか、を明確にすることが欠かせません。

ヒューマンエラーが生じる元は何か？

ヒューマンエラーが生じる元は、人間の認知特性の中にあると言えます。

人間の認知特性とは、人が視覚・聴覚・触覚、味覚、嗅覚の五感を通じて外界の情報を取り入れ（認知段階）、それに対し、目的を達成するための判断を行ない（判断段階）、判断結果にしたがい、身体部位へ行動命令を出す（行動段階）、という一連のシステムです。

この各段階が的確に行なわれていればよいのですが、何らかの環境の変化や意識の影響により各段階で誤りが発生したり、増大したりする可能性があります。これが「エラーの元」（「起因」と言う）です。

起因を生みやすくする誘因

認知システムは人を取り巻く環境条件がよければ、めったなことではエラーを発生しませんが、悪影響を与える環境条件であれば、ヒューマンエラーを生み出します。

この環境には、いろいろな側面が関係してきます。たとえば作業環境です。作業環境として作業場の明るさ、振動、騒音などがあり、これらが人の認知システムに影響を与えます。

ヒューマンエラーの現象

作業を取り巻く環境の悪条件が重なって、「エラーの元：起因」から出てくる現象が、一般的に言う「ヒューマンエラー」です。

ヒューマンエラーの現象には、「うっかりミス：スリップ」「うっかり忘れ：ラプス」「思い違い：ミステーク」「意図的違反：バイオレーション」という類型があります。

このヒューマンエラーの現象を防御しきれないと、各種の製造不具合になります。

品質不具合とヒューマンエラー

ヒューマンエラーの起こり方

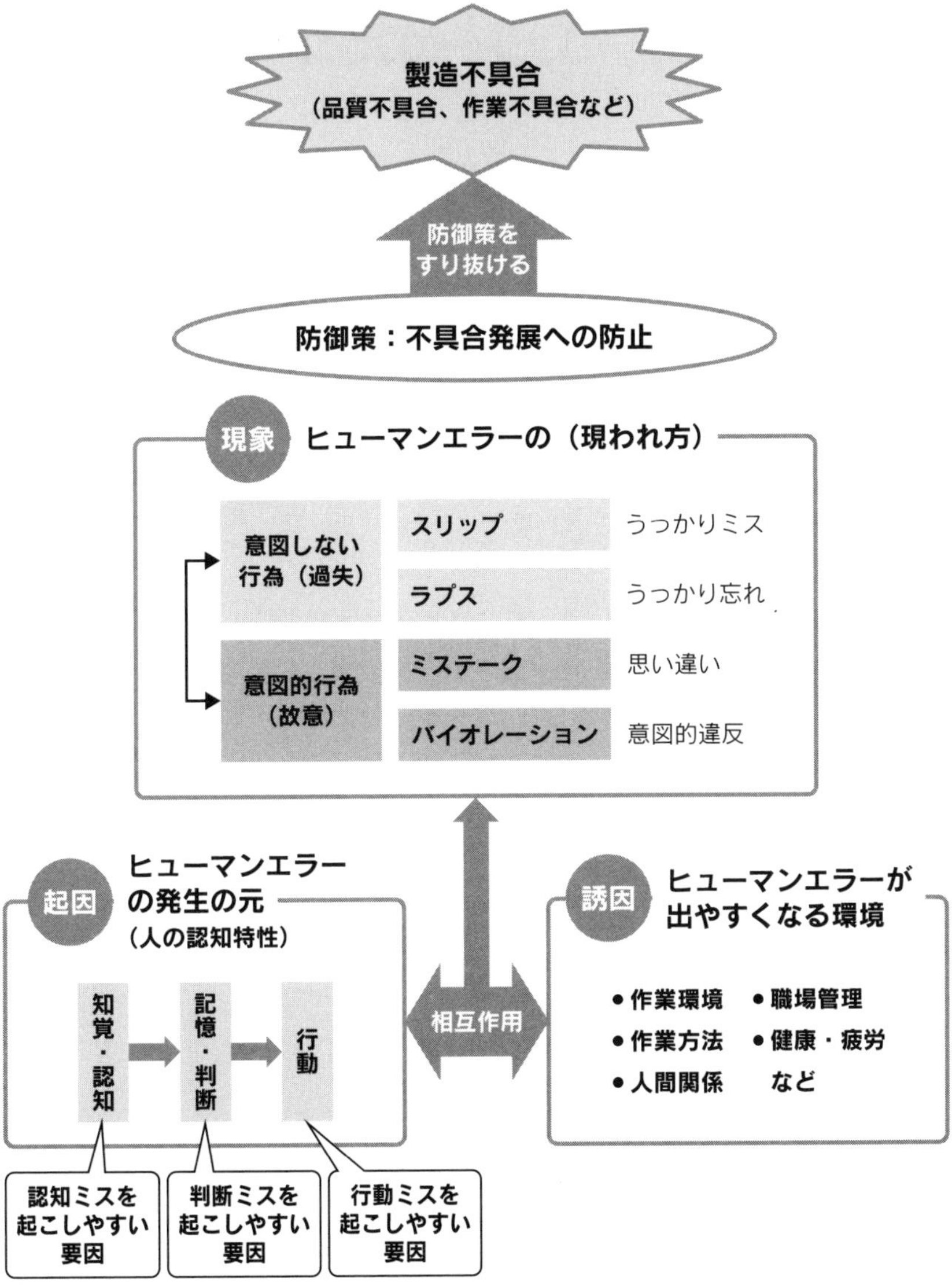

9-2

ヒューマンエラーの元は
脳内にある

人の認知特性とエラーの起因

脳内では、外からの情報をインプットして、それを処理して、アウトプットとして作業や業務の行動を起こす役割を狙っている。

認知特性とは何だろう

人は周りにあるモノやコトや状態など、外界に関する各種の情報を、目や耳などの器官による視覚、聴覚、触覚、味覚、嗅覚（五感）を通して「知覚」（感覚受容）し、それが何であるかを「認知」します。

認知結果と「記憶」を照合して「判断」し、判断した結果を「行動」に移します。

このような一連の過程と特性が「認知特性」です。

ヒューマンエラーの発生を防止するには、エラーを起こす元である、人間の脳のハタラキのメカニズム（認知特性）を理解することが役に立ちます。

この認知特性を理解して人間の情報の処理・判断などの活動の限界、またヒューマンエラーに陥りやすい要因や傾向などを考えると、エラーの内容も明確になり、対策の方向も見つけやすくなります。

認知特性とヒューマンエラー

ヒューマンエラーは、人間の認知特性のいずれの段階でも起こる可能性があると言えます。

▼知覚・認知段階…「知覚段階」では、視覚に関する錯覚である「錯視」による見間違い、見たいものだけを「見た」と知覚するミスや聞き間違いなどがあります。

「認知」では、思い込みなどによる勘違い、人間に備わっているパターン認識機能による認知ミスなどがあります。

▼記憶・判断段階…記憶には感覚記憶、短期記憶と長期記憶があります。

短期記憶とは一時的に頭にとどめる記憶で、数十秒ほどで消滅します。長期記憶とは情報の繰り返しの出し入れなどにより固定化した記憶です。「記憶」に関しては、記憶の喪失や、記憶内容の変質などの問題が発生します。

「判断」では、たとえば故障要因の評価の違い（このくらいなら故障に至らないだろうという判断ミス）による故障の発生などの判断ミスがあります。

▼行動段階…「行動段階」では、手や足を用いた動作や言葉の発声時に、判断結果により行なおうとした動作と異なることを意に反して行なってしまう、やり間違い、言い間違いなどのエラーが発生します。

人の認知特性とエラーの起因

認知特性

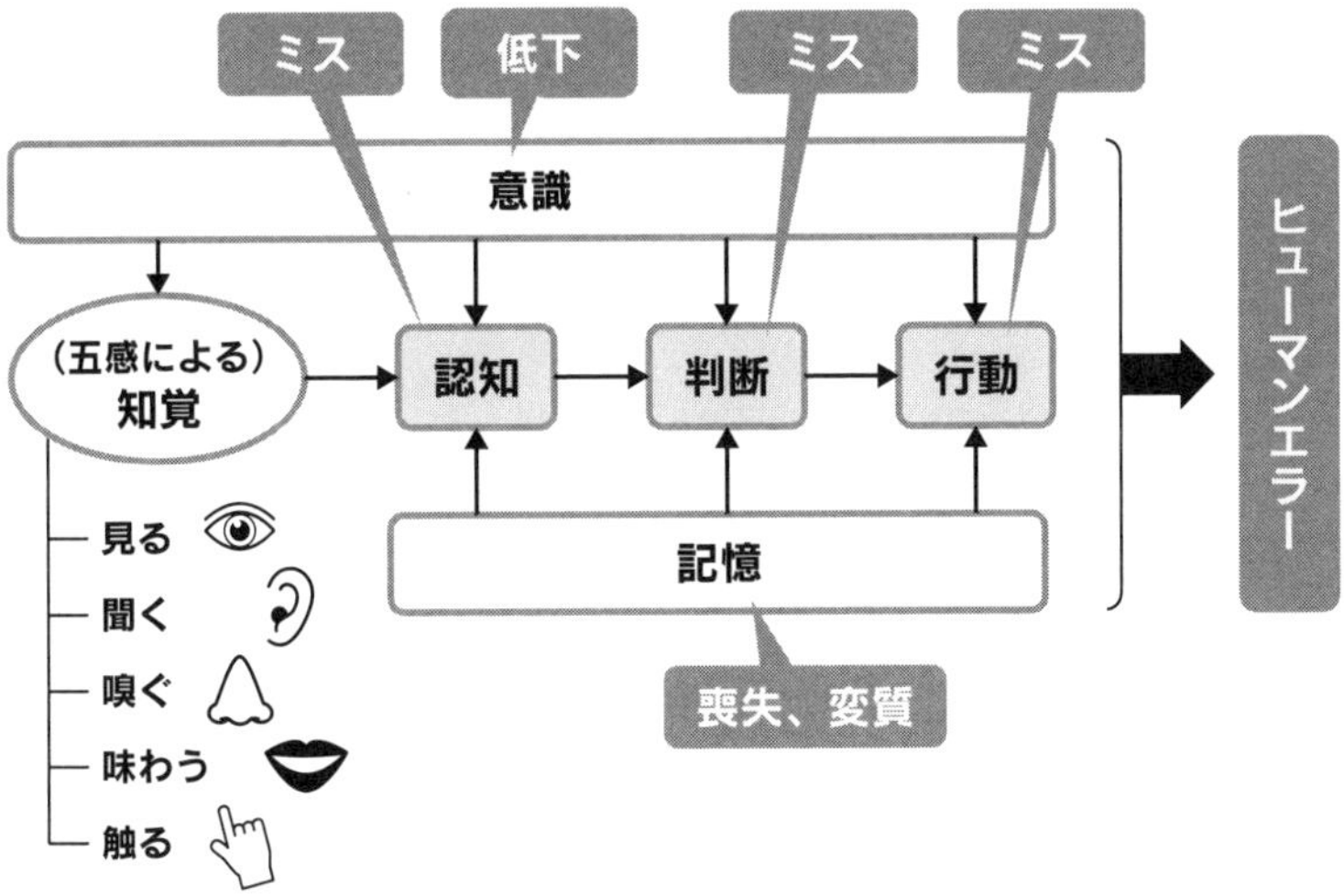

ヒューマンエラーの現われ方と認知特性

	知覚・認知	記憶・判断	行動
スリップ（うっかりミス）	○		○
ラプス（うっかり忘れ）		○	○
ミステーク（思い違い）	○	○	○
バイオレーション（意図的違反）		○	○

9-3

作業を取り巻く環境にも
大きな影響を受ける

エラー発生の誘因

人の心身状態、作業環境、組織・人間関係や仕事の進め方に関する側面が、エラー発生の触媒として影響してくる。

認知特性でのエラーの元と、エラーを生む誘因の関係

認知特性により生まれるヒューマンエラーは、認知・判断・行動を条件のよい環境下で行なっても、統計的にはある発生頻度で起こることが知られています。

これがヒューマンエラーの元です。

エラーを生む誘因の実態

問題は、このヒューマンエラーの元がより発生しやすくなる（発生頻度が高くなる）、次のような側面が誘因として、認知特性を取り囲んでいることです。

▼作業や作業環境に関する側面の例

- 作業などを行なう環境に関連する側面（騒音、照明、振動、温度・湿度、閉所作業など）の状況
- 作業のやり方の環境…作業方法の確実性を担保する管理手段の状況
- 使用する設備や治工具の操作装置や、表示装置の、操作のやりやすさや簡明さなどの状況。また設備の保全活動の内容による品質への影響などの状況

▼人間に関する側面の例

- 人間の身体生理（疲労、睡眠不足、加齢などによる身体機能の低下など）の状況
- メンタル面の安定度（ストレスや悩みのある状態など）
- 本人の意識状態（他のことに気をとられていた、ボーッとしていたなど）

▼人間関係・仕事に関する側面の例

- 仕事に取り組む際の精神状態や姿勢…焦りの心、集中力の低下、仕事のルールの不順守など
- 人間関係やコミュニケーションの状況…上司、同僚、関連工程の人々などとの人間関係のトラブルなど
- 仕事の指示・命令の出し方や受け止め方、指示・命令情報の適切性や、その情報のわかりやすさなど

ヒューマンエラー低減の方向

ヒューマンエラーの発生防止には、次の2つの面が必要です。

▼起因面から…認知特性そのもので発生するミスを明確にして、発生防止を図る

▼誘因面から…上記のような、誘因に関する問題側面の改善を推進する

エラー発生の誘因

ヒューマンエラーの起因と誘因の関係

エラーを生む誘因 ＼ 認知特性（起因）		知覚認知	記憶判断	行動
a. 作業や作業環境に関する側面	作業のやり方	●	●	●
	作業環境	●		●
	設備・治工具の状況	○		●
b. 人間に関する側面	身体生理状況	●	○	○
	メンタル的状況	●	○	
	意識状態	○	●	○
c. 組織・人間関係に関する側面	仕事への取り組み姿勢		●	
	人間関係の状況		●	
	指示・命令の授受状況		●	

●：影響度大　○：影響度中

9-4

ヒューマンエラーの発生誘因の
関連をつかむ

ヒューマンエラーの発生防止策

ヒューマンエラーの発生防止策の検討は、SHELモデルに準じて整理すると明快になる。

SHELモデルによる分析

ヒューマンエラー発生の様相を図示したSHELモデルでは、自分自身（Ｌｏ）を中心にして、その周りをエラーの発生誘因であるＳ、Ｈ、Ｅ、Ｌが取り囲んでいて、これらが相互に影響を与え合い（インターフェース）ながら、作業・業務を行なっている姿を表わしています。

このＬｏ、Ｓ、Ｈ、Ｅ、Ｌそれぞれについて対策案を検討するとよいでしょう。

▼Lo：自分自身への対策

- ＫＹＴ（危険予知訓練）を推進して、ヒューマンエラーに対する感性を高める
- 教育訓練、多能工化訓練の推進により技能の習熟度を高める
- 指差呼称活動やストップ・ルック（作業の停止と確認）により作業ミスの防止を図る

▼S：ソフトウェア面での対応

- 作業のやり方を標準化（マニュアル化）して、その活用により、ミスの発生を予防する
- 見える化の推進…設備、作業管理に関するＰＤＣＡの見える化を推進して、管理を充実させる
- 製造不具合防止のために、動作経済の原則などを適用した、正速安楽に作業ができるような作業改善を進める

▼H：ハードウェア面での対応

- ポカヨケの工夫…ミスの流出を１００％防止する工夫をする
- 視認性、操作性などの面で、使いやすい機械、治工具を採用する

▼E：環境面の対応

- ５Ｓの導入・整備…モノの整備を進め、取り扱いミスを低減する
- 作業環境の整備…照明などの条件を改善し、認知ミスを低減する

▼L：取り巻く人々での対応

- ヒヤリハット情報などを共有化し、ミス予防への意識を高める
- コミュニケーションの向上を図り、チームワークを高めて、ミス防止を協力して進める
- 部下の心身状態の把握と仕事の指示の適切化…朝礼の場などでも把握する

ヒューマンエラーの発生防止策

SHELモデル

Lo	自分自身
S	ソフトウェア
H	ハードウェア
E	環境・周囲
L	取り巻く人々

製造不具合の発生防止の流れ

製造不具合の発生防止
（品質不良の発生防止）

↑

ネライ

- 疲労の防止
- やりづらい動作の改善
- 作業の迷い・躊躇・不安の排除
- 誤りやすい操作時の改善
- 集中しやすい環境の確保
- ムダなく速くできる作業の実現

モノ・作業面での発生防止対策

作業改善 / 設備・道具の改善

モノの面のインフラを「5S改善」で確立
↑
よい作業のためのインフラづくり

↑ **認知特性によるヒューマンエラーの起因の把握**

↑ **環境などによるヒューマンエラーの誘因の把握**

発生防止対策を
第一に取り組む

ヒューマンエラー発生防止への道 ①モノ・作業方法の面

作業環境や5Sの指導など、モノに関する基礎づくりは最初に行なう整備事項だ。

作業環境の整備

作業環境の整備は、作業の効率化やミスの低減などの効果を生じます。

▼**照明・温度などの環境整備**…照度が低いと、表示や銘板文字の見間違いによる選択ミスや、確認ミスなどを起こしやすくなります。

基本的には、「照度基準 JISZ9110:2010」に準じた照度を確保することが必要です。

▼**騒音・振動など**…作業場におけるこれらの外乱はストレス要因となり、また作業への集中力を阻害し、作業ミスを起こしやすくなります。

5Sができていないと…（3章5、6項参照）

5Sは、モノの面から見た製造作業の基礎です。モノの整備により、作業疲労の低減や安全作業の基礎のみならず、作業ミスなどの予防となります。

5Sができていないと、次のような品質不良が発生します。

- 部品・材料などの選択ミス
- 部品に打痕・キズなどの発生
- 部品などの汚れ、ホコリによる劣化
- 異品混入のミス
- モノの混在による組立ミス
- 設備の劣化などによる加工品質の低下
- 期限切れ材料のミス使用
- モノの取り扱いミス

動作経済の原則から見た動作の改善

「動作経済の原則」は、作業を行なう過程で見られるムリ・ムダ・ムラな動作を排除して、作業を効率的に行なうためのIEから生まれてきた原則です。

①動作の数を減らす、②動作を同時に行なう、③動作の距離を短かくする、④動作を楽にする、という4つの基本原則を設定しています。

作業基準やルールの明確化

その作業に習熟していても、経験と記憶に頼った作業では、記憶違いや不注意などを生じるリスクが大きくなります。

そのため、手順書を次のように整備して作業の標準化を進めます。

- 作業を分解して、作業の手順を明確にし、効率のよい作業手順を設定する
- 作業のステップごとの急所を明示する

ヒューマンエラー発生防止への道　①モノ・作業方法の面

有効期限表示による有効期限切れ原料の使用防止

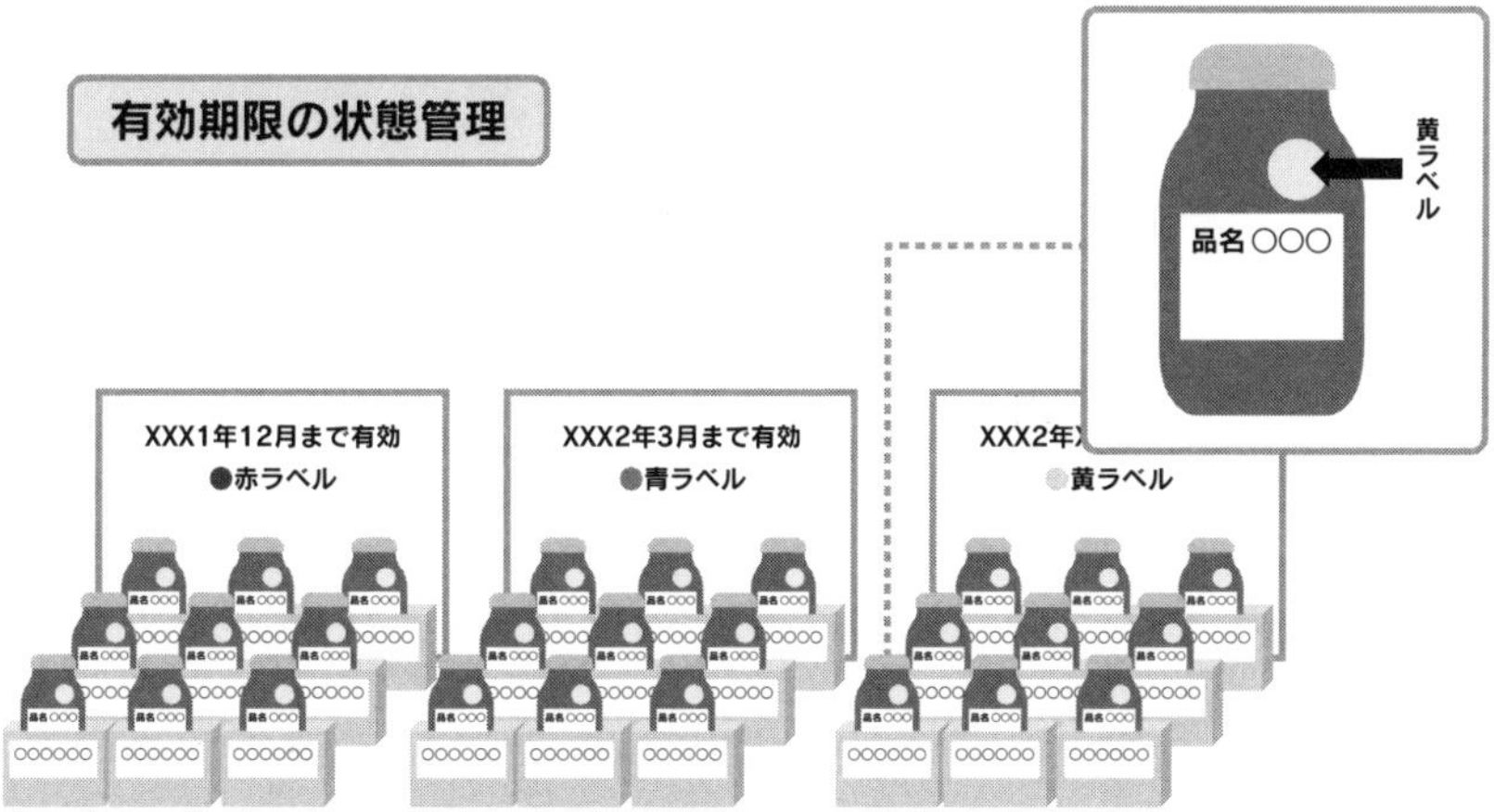

作業面の高さの最適化

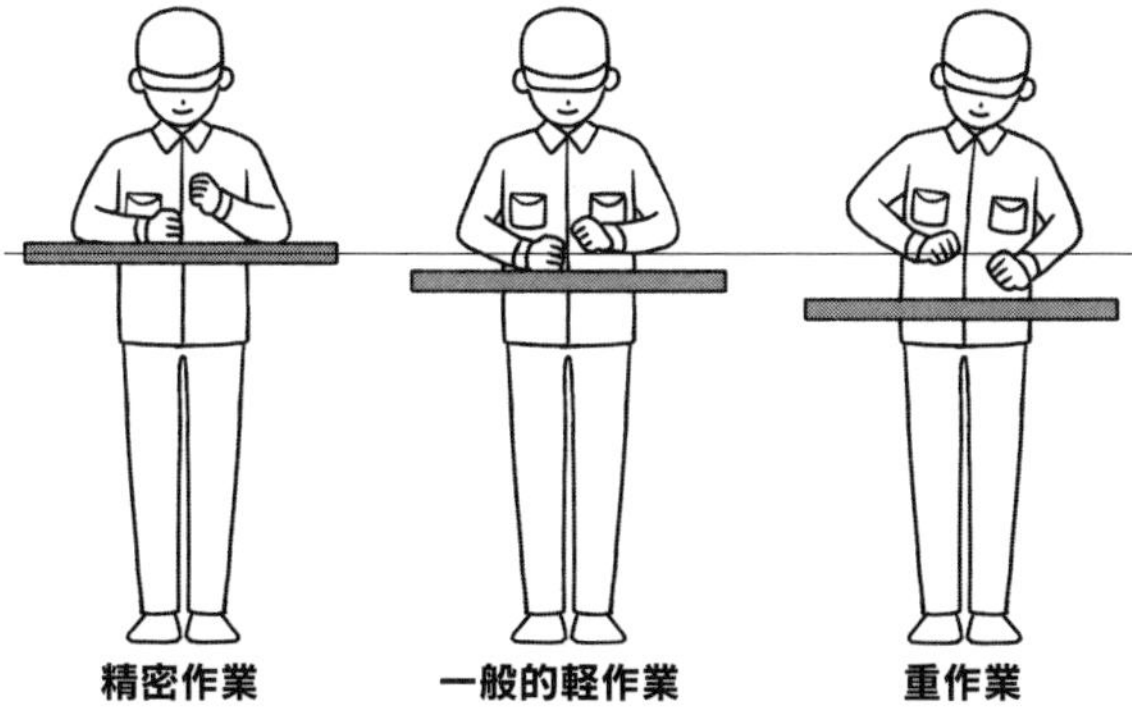
基準線（±0）：
床面から肘までの高さ
（上腕を垂直に下し、
肘を直角に曲げたとき）

精密作業	肘を作業面に支持する作業姿勢が望ましい。 作業面は肘から5～10cm下方。
一般的軽作業	道具・材料・容器の空間が必要。 これを置くのに適切な作業面は肘から10～15cm下方。
重作業	多くの筋力を使い、体重を利用する場合は、 作業面を低く設定する。肘から15～40cm下方。

IE（生産工学）：Industrial Engineering

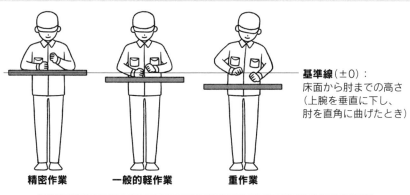

9-6

現場のインフラ整備は
エラー防止に重要だ

ヒューマンエラー発生防止への道
②設備・治工具の面

設備・治工具では表示装置の読み取りやすさと、操作装置の操作ミス防止性能がヒューマンエラー防止にむすびつく。

◎ポカヨケの方法（5章9項参照）

操作時にいくら注意していても、防げない「うっかりミス」。このようなミスの対策として、「うっかり（ポカ）ミスをよける仕組み」である、「ポカヨケ」を採用することが効果的です。

ポカヨケの方法として、操作ミス、加工ミス、流出ミスの3パターンがよく実施されます。

①操作ミスポカヨケの例（左ページ参照）
- スイッチボックスのマスク化
- 設備操作を手順化
- 機械&材料を色分け化
- バルブ調整をゲージ化

②加工ミスポカヨケの例
- 部品の取り付けミス防止
- 組立部品の組み込み忘れ防止

③流出ミス防止のポカヨケの例
- 加工部品の取り付けミス防止
- ドリルの欠損検出ポカヨケ

◎操作や表示装置でのウッカリミスの防止

機械を操作するときには、表示装置の情報をもとに、操作装置を介して機械に働きかけます。多くの「ウッカリミス」は、これらの取り扱い時に発生します。

▼表示装置の読み取りやすさの向上

表示装置では、値の読み取りやすさ値の変化の確認のしやすさ、調整時の値の見やすさ等に長短があるので、ヒューマンエラーを防ぐ視点で検討し選定します。

また、表示装置は読み取りミスを少なくするとともに、今どのような状態か、正常か異常か、目標値は何かなどを直感的に判断できるデザインであることが大切です。

▼操作装置での操作ミスのリスクの軽減

次のような視点からの工夫が大切です。
- 操作装置は身体機能にマッチし、速く正確な動きに対応できる形状であること
- 操作装置でのスイッチ、ボタンの配置は、指の太さなどの身体的特性を考慮して、隣を押さない安全空間を確保する
- 複数のノブやボタンを近接配置する場合は、それを見ずに操作できるようにする。このために触覚などで識別できる形状差をつけたり、表面の質感の差異化、段差などを追加するという方法もよく採用される

◎ ヒューマンエラー発生防止への道　②設備・治工具の面 ◎

操作ミスポカヨケの例

マスク化の例

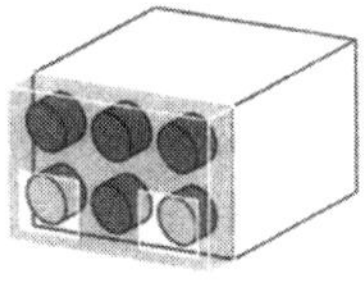

開口部のスイッチ以外は
操作できないようにする

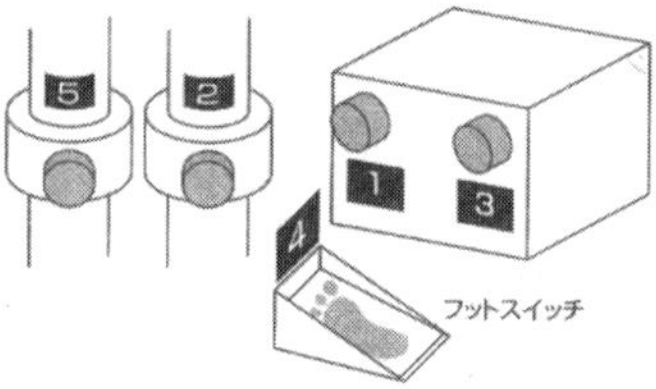

手順番号化の例

設定された操作順を各操作部にラベルで表示し、操作ミスを防止する

ゲージ化の例

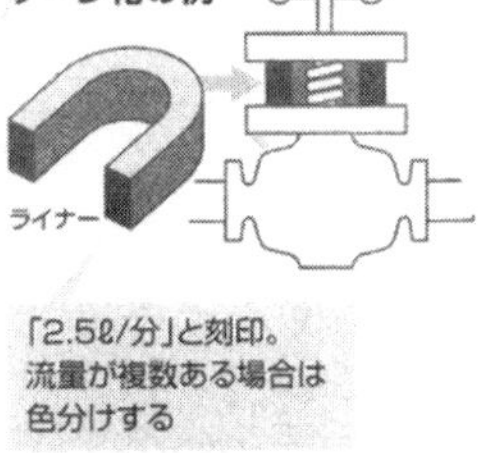

バルブで流量設定時に所定のライナーをセットして調整することにより、セットミスを防止する

色分けの例

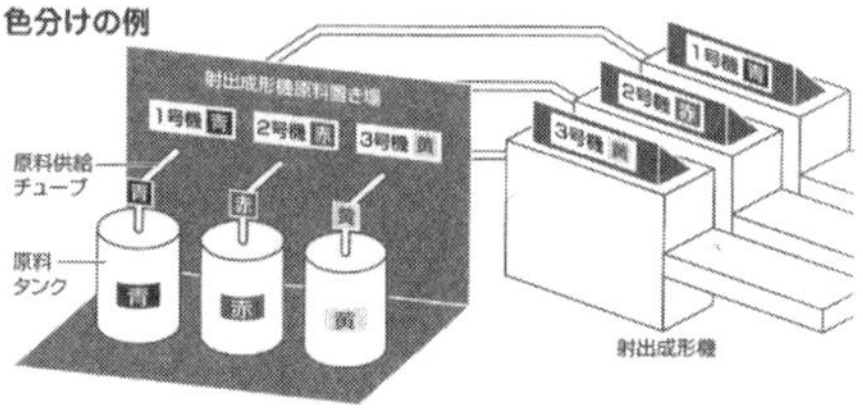

複数台ある射出成形機の原料の投入ミスをなくすために、号機により色を決め、原料置き場の原料の位置、原料供給チューブ、原料タンクなど一連のモノに同じ色マークをつけ、操作ミスを防止する

加工ミスポカヨケの例

取り付けミス防止

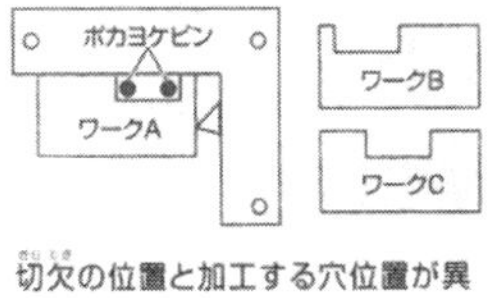

切欠の位置と加工する穴位置が異なる複数のワークがあるときは、ポカヨケピンをワークに合わせてセットすることで取り付けミスを防止する

組み込み忘れ防止

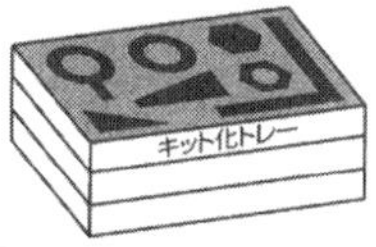

組み込む部品を、部品位置を型彫式で設定したキット化トレーに一式事前に準備し、組み込み忘れを防止する

流出ミスポカヨケの例

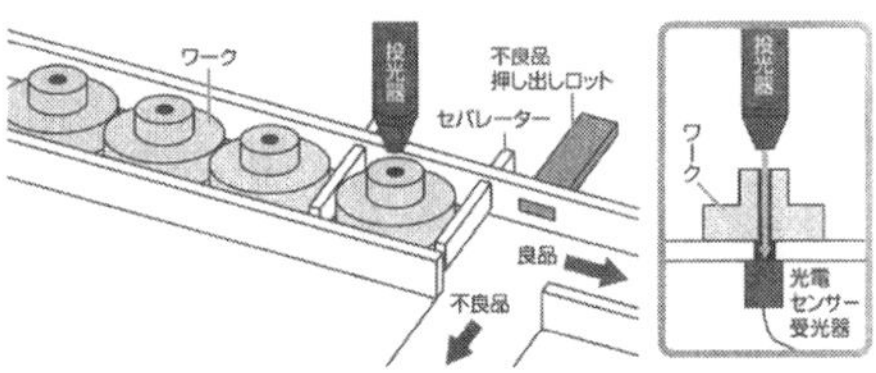

穴加工されるワークに投光器で光を当て、受光器の光電センサーで穴あきの有無をチェックし、不良品（穴なし）の流出を防止する

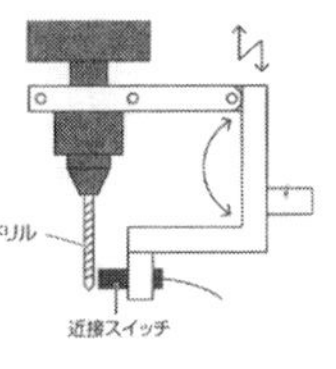

穴加工後、ドリルの折損発生の有無を近接スイッチで検知し、折損を検知したら次のサイクルに入らないようにする

9-7

現場のインフラ整備は
エラー防止に重要だ

ヒューマンエラー発生防止への道 ③人・マネジメントの面

人やマネジメントの面から見ると、各作業者の危険予知力を高めることと、ヒヤリハット情報の活用が大切だ。

危険予知力を高める

ヒューマンエラーが発生する前に、人の認知特性面や誘因になる環境面のリスクに気づいて対応できれば、製造不具合を予防できる可能性が高まります。この気づき能力が危険予知力であり、危険を危険と気づく感受性と言えます。危険予知力を高める方法のひとつに「私の危険予知ＫＹ活動」があります。

▼「私の危険予知ＫＹ活動」の進め方

危険を危険として認識し、受け止めれば、自ずからその危険を回避する行動に入ります。たとえば、「隣のボタンに触れそうだな～」と意識すれば、隣のボタンに触れないように注意深い動作をします。

このような危険への気づきをより確実に得るために、各人の担当作業に必要な「危険予知項目」を洗い出して危険予知チェックリストを作成し、作業開始時、休憩後などに自己チェックします。

これにより危険への認識も高まり、ヒューマンエラーを予防するのに効果的です。

ヒヤリハット情報を活かす

ヒヤリハットとは、問題に早期に気づいて対応し、製造不具合（品質不良や労災など）には至らなかった事象です。重大な製造不具合や事故の前には、多数のヒヤリハットを生じているケースが多いのです。ヒヤリハットを教訓として、再発防止対策をとることが大切です。

- ある動作を実際にはやらなかったが、やっていたら製造不具合が生じたケース
  例：間違ったスイッチを押そうとしたが、直前に気づき、製造不具合に至らなかった
- ある誤った作業を行なってしまったが、結果的に製造不具合にならなかったケース
  例：規格より長いボルトを使ったが、それによって使用上の不具合は起きず、顧客よりのクレームもなかった

▼ヒヤリハット情報の重要性

ヒヤリハット情報は2つの面で重要であり、製造不具合の低減に役立ちます。

- ヒヤリハット報告書を書くことにより、反省がしっかりでき、必要な改善策を考えるきっかけとなる
- 収集したヒヤリハット情報を職場で共有化したり、分析して再発防止に役立てる

危険予知に用いるチェックリストの例

私の危険予知

変化点のチェック		私の気づきと注意点
1	**私自身に変化はないか？** 体調に変化はないか？　睡眠は十分か？ 疲れは残っていないか？　気持ちは安定しているか？	
2	**相棒に変化はないか？** 相棒の体調はよいか？ 相棒の気持ちは安定しているか？	
3	**機械に変化はないか？** 同じ機械か？　機械の加工条件は同じか？ 機械の状況（動き、振動など）に変化はないか？ 機械の清掃はよいか（取っ手は滑らないか）？	
4	**材料に変化はないか？** 材料ロットは同じか？　経験のある材料か？	
5	**手順に変化はないか？** 手順書に変更はないか？ 新製品用の手順は明確か？	
6	**製品に変化はないか？** 作業経験のある製品や部品か？ 精度・サイズは従来の製品と同等か？	
7	**作業環境に変化はないか？** 照明に変化はないか？ 室温に変化はないか？	

9-8

ヒューマンエラーは早期発見で、影響を最小化する

ダブルチェックの活用によるミスの早期発見

ヒューマンエラーは発生防止策だけではなく、ミスの発見の早期化もある。その代表例がダブルチェックだ。

ダブルチェックの問題点

ダブルチェックは、複数回チェック（確認）することで、ミス発生の確率を大きく削減しようとする方法です。

しかし、ダブルチェックには次のような問題点があり、これを克服する工夫が必要です。

▼人は同じようなエラーをする

同じ職場にいる人（同僚や上司）が他人の作業を同じようにチェックしても、エラーを見逃がす傾向があります。

▼人は相手に頼ってしまう

複数の人がチェックすると、他人に頼ってしまう傾向があり、各々が確実なチェックをしない傾向があります。

ダブルチェックのやり方

ダブルチェックには、「1人で2回チェック方法」と「異なる人でのチェック法」の2つがあります。それぞれのやり方は、次の点を配慮して行なう必要があります。

▼1人で2回チェックする

- チェックリスト使用のチェックでは、1回目は上から、2回目は下からチェックする、というようにチェックの方法に変化をもたせる
- 1回目と2回目の間に、別の作業や動作を挟む

▼異なる人でチェックする

- チェックは互いに独立したチェック項目を設定する。たとえば、リーダーは作業の目的から見て作業内容が適切かをチェックする、担当者は個々の動作レベルの可否をチェックする
- 2人のチェックに時間間隔をとるようにする。できれば異なる場所でチェックするようにする
- 読み合わせ方式…1人が表示装置の値を読み上げ、もう1人が基準値を確認する
- 職場の強い権威勾配（会社における職位差）のある組み合わせは避ける

チェックの質を上げる

チェック方法にも質があります。チェックの質を上げる（厳重にチェックする）と、手間がかかります。

したがって、求められるチェックの厳重度合い（製造不具合の重大度合い）に応じてチェック方式を工夫します。

ダブルチェックの活用によるミスの早期発見

ダブルチェックの効能

ダブルチェックは、通常は重大な製造不具合につながる恐れの高い場面で行ないます。

チェックをダブルにすると、次のように計算上はエラーの確率が激減しますが、計算通りにはいきません。

計算上の確率に近づけるには、チェックのやり方の工夫が必要です。

例：100回に1回エラーをするAさんと、同じ頻度でエラーするBさんの2人でダブルチェックをしたら、エラーの頻度は計算上1万回に1回となります。
1／100　×　1／100　＝　1／10,000

チェックの質

チェックでは、そのチェックのやり方、即ちチェックの質が重要です。
⇒手間をかけるほどチェックの質は上がると言えます。

レベル	方法
第1レベルのチェック	実施したか、実施の方法は適切か、実施結果はよかったか、などのチェック結果を○×で記録するシンプルな方法です。 一番手間のかからない方法と言えます。
第2レベルのチェック	チェック項目の実測数値（長さ、重量、圧力、温度など）そのものを記録する方法です。 少し手間はかかりますが、チェックの質は高まります。
第3レベルのチェック	第2レベルで行なった実測値の記録にプラスして、許容値や目標値に対する判定結果（○×）も記録するやり方です。

COLUMN

ミスがミスを呼ぶ

「久しぶりにミスをすると、その後にミスが続いてやってくる」マーフィーの法則風に言うと、ミスはこのように押し寄せてくるケースが多いものです。

マーフィーの法則は、このように日常的によく起こるようなことを、風刺的にユーモラスに表わしたものが多いと言えます。

マーフィーの法則は経験則に過ぎませんが、皮肉にもそれが非常に多くの人に、なるほどと思わせる力があるようです。

仕事で起こしてしまうミス関連でのマーフィーの法則には、次のようなものがありました。

- 失敗する可能性のあるものは、失敗する
- お茶をこぼすと、大事な書類がある方向にこぼれる
- 忙しいときほど、問題が発生する
- 誤字脱字の法則：画面上ではわからないが、印刷したとたんにわかる
- バグの法則：次の日ぱっと見ると、一瞬で原因がわかる

というような、非常にウィットに富んだものが多いのですが、多くの人に思い当たる経験があるのもマーフィーの法則の特徴でしょう。

さて、ミスがミスを呼ぶ現象はどうして起こるのでしょうか？

ミスを起こした人の心理状態を考えると、彼は自分の犯したミスに、自責の念と結果への恐れに、心が苛まれているでしょう。またやってしまった！　そのような思いの中で仕事を行なうと、またミスを犯すのではないかという強迫観念に駆られることにより、精神状態が落ち着かなくなり、また同じようなミスを犯してしまうのではないかと思われます。

われわれは、ミスをしたときこそ落ち着いて、そしてミス防止の法則である「ストップ・ルック」を実行するとよいでしょう。終わった時に深呼吸を入れて「ストップ」し、そのやった内容が間違いなかったかを「ルック」するということが大切です。

10章

これからの品質管理

10-1

ISO9001を活用したTQMへの道

ISO9001:2015とTQM

ISO9001:2015（QMS）は、取得後の活動の進め方が大切だ。新しいゴールを目指して、プロセス自体の改革を図ることが欠かせない。

◎ISO9001:2015の目指すもの

日本では、企業のISO9001の認証取得が広がってきました。しかし、その認証取得自体が、企業のゴールと受け止めている組織もかなりあります。

そのため多くの企業では、ISO9001の取得後に、現状のルール・規定の順守と、是正活動などの実施にとどまっていて、顧客満足度の向上と、品質目標のさらなる高みに向けた活動がなおざりにされているようです。

企業は継続的に、ＱＭＳ（品質マネジメント・システム）の向上により、品質目標の達成と、顧客満足度の向上につなげるというネライの実現とともに、品質保証の体制や活動基準の見直しを常に行ない、品質管理体制のスパイラルアップを図ることが、真のISO9001の目指すものと言えます。

言い換えると、ISO9001の取得後には次のような活動の流れを作り上げ、組織の体質改善を追究していくことが大切です。

【ＩＳＯの取得➡ＩＳＯの仕組みを使い切る➡さらなる高み（新しいゴール）を目指して、プロセス自体の改革、新しい段階に必要なプロセスの包含】

◎目指す姿の追求

アメリカの製造業が、ＩＴ技術の進化や経営環境の変化に素早く対応し復権できたのは、経営視点での真のＴＱＭ（総合的品質経営）の実践にあったと言えます。

このようなケースを見ても、品質管理活動を推進するうえで、「ＴＱＭ」の実現が全社的展開目標のひとつと言えるでしょう。

ただし、ＴＱＭには「このような活動を満たしたら、ＴＱＭを実施していると言える」というような、一律的な基準はありません。しかし、ＴＱＭの主要な特質として、次のような点があげられます。

これらの活動の実現化に向けて、新しい活動のプロセスの追加や見直しを、前向きに取り組んでいくことが望まれます。

- 経営の「総合」の質の向上
- トップダウン体制での活動の展開
- 経営システムの見直しや、ＳＤＧｓへの対応などによる永続的発展
- 利害関係者との満足度の共有と共生
- 戦略面でのＰＤＣＡサイクルを回す

ISO9001：2015とTQM

ISO9001：2015での品質マネジメント7原則

品質マネジメント7原則とは

品質マネジメント7原則は、文字どおり品質マネジメント・システムの規格であるISO9001において、土台となる7つのガイドラインとなるものです。

原則1：顧客重視

原則2：リーダーシップ

原則3：人々の積極的参加

原則4：プロセスアプローチ

原則5：改善

原則6：客観的事実に基づく意思決定

原則7：関係性管理

ISO9001:2015でのプロセス体系図の例

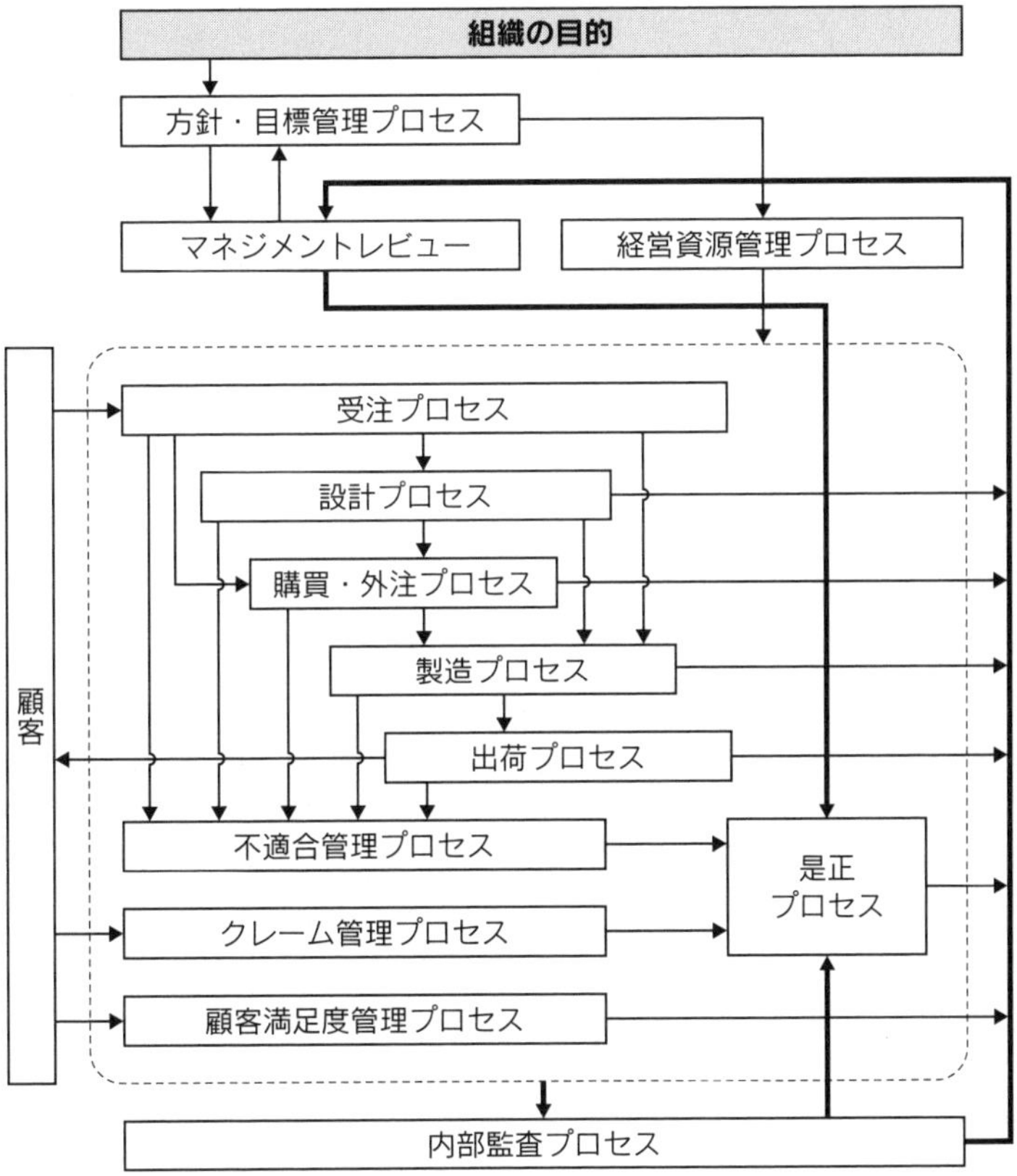

作業環境の差は疲労に、
疲労はミスにつながる

品質保証での高齢者・女性への対応

高齢者、女性…こうした人材層に、それぞれの弱みを補強して、ゆとりをもって働いてもらうための工夫が欠かせない。

◎高齢者の生産活動への受け入れ

▼日本の総人口は、平成22年から減少傾向が始まりました。この動向の中で、産業界にとって特に問題になるのは、「生産年齢人口（15～64歳の人口）」の減少であり、企業も労働力の確保の面から、高齢者の活用が必須になっています。

▼高齢者の活用に際しては、次のような高齢者特有の、身体機能や能力の低下、また情緒傾向の問題などがあり、これらに配慮する必要があります。

- 視力聴力・運動機能・記憶力の低下
- 高齢者の情緒行動…「思い込みが激しい」「過去の知識や経験から物事を判断しがち」「環境や状況変化に柔軟に対応できない」「注意やアドバイスを素直に聞かない」

▼これらの問題点から、疲労や思い違いなどが生じ、作業速度の低下や作業ミスなどを発生させます。

これらに対して、予防対策を講じることが大切です（左ページ参照）。

◎男女の身体差への軽労化での配慮

▼身体差への配慮

平均身長は男性１７２cm、女性１５９cmでその差は13cmです。これは作業高さの位置の差に影響します。

腕の長さは、床面から指先まで男性の平均は２１８cm、女性２００cmでその差は18cmです。これはモノの位置や、作業性や動作範囲の面に影響します。

握力は男性で50kg、女性約30kgで、女性は男性の60％程度となっています。

▼女性が働きやすい作業環境にするには、筋力の負担の少ない作業環境、すなわち「軽労化」への取り組みが欠かせません。この軽労化は特に次のような面に関して必要です。

- 運搬・移動労力の軽減
- 作業時に製品などの保持力の軽減
- 治工具や機械への操作力の軽減
- 部品の組付け力の軽減

男性基準で作られた職場の作業環境は、作業台の高さ、部品などの保管位置、治工具などの操作面などで、女性にとってはかなり厳しいものがあります。疲労や筋肉痛として問題が生じ、これが品質不良の遠因となります。

高齢者を活かす職場づくりの方向

●加齢による機能、能力の低下への対応を進める	●補助装置、ITの活用 ●作業環境の改善 ●能力の個人差を配慮した安全な職場づくり
●高齢者の情緒行動の受け入れと対応を進める	●本人の尊厳を重視した気づきへの教育 ●危険予知などのトレーニングの実施
●高齢者向け勤務形態へ配慮する	●夜勤勤務の軽減などの改善 ●休憩の取り方の改善 ●健康管理の充実
●高齢者のノウハウ・技術を活かす環境づくりを進める	

高齢者の記憶力低下への対応策　～感覚記憶と短期記憶、その対策～

人間への外部からの刺激に対して、感覚器官で瞬間的に数秒程度の記憶として保持される記憶が、感覚記憶です。この記憶は意識上には上がってきません。

感覚記憶は、受け取った刺激の情報をほぼそのまま記憶しますが、処理されなければすぐに失われます。

受け入れた感覚記憶のうち、注意を向けられた情報だけが短期記憶として保持されます。

感覚記憶・短期記憶の喪失への対策例

- 作業要素の削減や単純化を図る
- 手順は逐次指示する
- 作業途中での中断は、中断状態であることを見える化する
- 作業手順書は文章ではなく、図表や略図を活用
- 作業手順書は簡素化する
- 自動停止装置などを活用する
- 機械速度は低めに設定する

10-3

外国人労働者はいまや、
製造業務で不可欠な人材

品質保証での外国人労働者への対応

働きやすく安全な作業環境、日本的作業方式を理解して受け入れてもらう努力…これらの不断の努力によって確実な生産要員となる。

少子高齢化対策の政策が進展し、出生率が上がっても、その子供たちが生産年齢人口になるのは20年後です。

そのため、生産年齢人口を維持するには、最低でも年間約60万人程度は、外国人労働者の受け入れが必要と予測されています。特に製造業や、土木・建設などの業界では不可避でしょう。

◎外国人労働者の課題と対応

増大する外国人労働者の受け入れにより、国民性・言語・慣習・宗教面などで「労働の質の差」が顕在化し、製造不具合を引き起こす傾向があります。

▼国民性などの違いによる問題

- 職場の仲間と協調・協力して仕事を進めるというメンタリティが低い
- 自分のミスを認めない
- 勤務規律の徹底も不十分で、遅刻や無断欠勤が多い
- 作業手順書などの不順守も多い

▼このような問題が起きている中で、作業品質を確保し、品質不良を防止する対策として大切なのは、作業内容を詳細かつ具体的に、母国語で記述した作業手順書の整備です。これに基づき、作業訓練などの場を設けて教育することです。

このような点をきちんと推進するためには、担当者と外国人労働者の間のコミュニケーションが不可欠であり、そのうえで翻訳・通訳ソフトの活用などにより、手順書だけでなく、作業上の注意点の掲示・表示についても、母国語との併記を進めます。

▼情報やコミュニケーションの問題

製造作業は、すり合わせ的な作業が常に必要で、作業ミス防止のためには、各担当者と外国人労働者の間の、情報やコミュニケーションの交流が欠かせません。

製造作業に関する日程や品質のＰＤＣＡを予定・実績のグラフなどで見える化し、常に仕事の状況や問題点を理解、共有化できるように働きかけることも必要です

外国人労働者に、仕事の進め方の基本をきちんと掲示や朝礼の訓示などで伝えたり、外国人の母国語を併記したり、必要なときには通訳者を介してコミュニケーションをとることなども必須と言えます。

品質保証での外国人労働者への対応

外国人労働者採用のメリット・デメリット

メリット

- 少子高齢化の中で、特に製造業や建設業では若手労働者が減少している。
  筋肉労働、高所作業など、若手労働者が向いている作業を任せられる。
- 一般的には、遠方より賃金を得るために来ているので労働意欲が高い。また、賃金だけでなく、技術・技能を習得したいという意欲もある。
- 同じ若手労働者を雇用するよりも、少ない人件費で雇用できる。
- 海外に工場展開する計画がある場合は、その国の労働者を雇用することで文化や慣習がわかり、進出するときの参考になる。

デメリット

- 文化や慣習の違いで誤解が生じ、それが労働意欲を低めてしまう。
- 会社以外のごみの分別方法を知らない・守らないなどの私生活面でのトラブルが起き、メンタル面で不安定になり、仕事のミスの要因にもなる。
- 雇用の手続きなどが面倒。

仕事への取り組み姿勢についての掲示の例

英語、中国語、スペイン語など出身国の言語を併記する

仕事のスリーポイント

- 作業の実施で迷ったら、すぐに相談する
- 手順書をきちんと守って仕事をする
- 機械の調子が悪いときはすぐ連絡する

10-4

コンプライアンス対応は
品質保証の大切な対象だ

コンプライアンス違反と品質保証

コンプライアンス対応は「企業の質」と言える。この質を高めることが、企業の継続的発展に欠かせない。

消費者の品質不安の高まり

2000年代に入り、産地偽装など食の安全性や安心を脅かす偽装問題、情報漏洩に関する違反問題など、多くのコンプライアンス違反問題が発生しました。

そして、これらの問題を発生させた企業の多くは、ISO9001の認証を取っていた企業だったため、消費者の批判はその企業の品質保証体制や、ISO9001の認証機関にも向けられました。

コンプライアンス違反の防止対策

コンプライアンス違反を防止するには、次の4段階を踏んでいくことが必要です。

①コンプライアンス違反につながるリスクの洗い出し…社員へのヒヤリング、既存の規定や手順書、業務フロー図の見直し

②企業方針と行動規範、組織規程・体制の整備と社会倫理の順守体制の確立…さらに、違反発生時の被害拡大を防止するために、コンプライアンス委員会などの設置や、内部監査の実施

③社内教育の充実により、健全な職場環境・働き方への意識改革の推進…業務内容にマッチした具体的な違反行動や、違反事例などを盛り込む

④継続的なモニタリングと見直し…既存の施策が社会情勢の変化に対応できているか、形骸化していないかをチェック

品質保証コンプライアンスの推進例

東レグループでは、グループ全体の品質保証コンプライアンス強化のため、次のような課題に取り組んでいます。

- **品質保証の仕組みの強化**…品質保証体制の整備と監査機能の整備の推進
- **品質保証コンプライアンス教育の実施**…不正をしない人づくりと職場風土の醸成
- **不正をさせない品質データ管理システムの整備**…極力人手が介在しない仕組構築

これからのコンプライアンス対応

「コンプライアンス」のもともとの意味は「法令遵守」ですが、現在では、法令のみならず社内規程や社会倫理への遵守も求められています。

コンプライアンス違反は、事業の存続を脅かす重大なリスクであるとの認識を持ち、品質保証体制の一環として、全社的な対応が大切です。

コンプライアンス違反と品質保証

「消費者の8つの権利」の尊重

顧客に対する基本理念として、国際消費者機構（CI）が提唱する「消費者の8つの権利」を尊重し、具体的活動の中で、製品の安全性と品質の確保に努めることが重要です。

「消費者の8つの権利」

- 生活の基本的ニーズが保障される権利
- 安全への権利
- 情報を与えられる権利
- 選択をする権利
- 意見が反映される権利
- 補償を受ける権利
- 消費者教育を受ける権利
- 健全な環境の中で働き生活する権利

コンプライアンスの問題の捉え方

コンプライアンスの問題は、次のような2つの要素の組み合わせでリスクを整理し、それぞれに対して対策をとります。

- 故意か過失か　　　…不適切な行為を生む意図の違い
- 作為的か不作為的か…積極的な行動を起こしたことで発生したのか、行動を起こさなかったことにより発生したのかの違い

	過失的行動	故意的行動
作為的行動	不正の認識がなく 誤った判断・行動をとる	意図的に 不正を働いている
不作為的行動	問題に気づけず 適切な行動がとれていない	問題を認識していても 適切な行動をとらない

参考文献

- 吉原靖彦 『図解　よくわかるこれからの5S』同文舘出版　2019年6月
- 吉原靖彦 『図解　よくわかるこれからの生産管理読本』同文舘出版　2022年12月
- 吉原靖彦 『図解　新版 よくわかるこれからのヒューマンエラー対策』同文舘出版　2023年7月
- 吉原靖彦、真部助彦 『新商品・新事業開発大事典』日刊工業新聞社　2002年6月
- 吉原靖彦 『業務別　社内マニュアルのつくり方・活かし方』中経出版　2007年10月
- 監修　朝香鐵一他『新版　品質管理便覧（第2版）』日本規格協会　1988年4月
- 米山高範『初級編　品質管理実務テキスト』日科技連出版社　1992年6月
- 米山高範『中級編　品質管理実務テキスト』日科技連出版社　1992年10月
- 稲本稔、細野泰彦『わかりやすい品質管理～第4版』オーム社　2016年12月
- 細谷克也『現場のQC手法　上級編』日科技連出版社　1978年2月
- 細谷克也『やさしいQC手法演習　QC七つ道具』日科技連出版社　2006年8月
- 細谷克也『QC的ものの見方・考え方』日科技連出版社　1984年10月
- 社内標準化便覧編集委員会『社内標準化便覧』日本規格協会　1989年12月
- 石川馨『日本的品質管理』日科技連出版社　1984年1月
- QC手法開発部会『管理者・スタッフの　新QC七つ道具』日科技連出版社　1979年5月
- QCサークル本部編『QCサークルの基本―QCサークル綱領―　～第3版』日本科学技術連盟　1996年1月
- 鈴木順二郎、牧野鉄治、石坂茂樹『FMEA・FTA実施法』日科技連出版社　1988年3月
- 藤本隆宏 『生産マネジメント入門（1）　生産システム編』 日本経済新聞出版　2001年6月
- 門田安弘 『新トヨタシステム』 講談社　1991年6月
- 大野耐一 『トヨタ生産方式』ダイヤモンド社　1978年5月

著者略歴

吉原　靖彦（よしはら　やすひこ）

東京都立大学工学部卒業。大手工作機械メーカーで生産管理、製造、設計などの実務に従事する。（社）中部産業連盟に入職し、執行理事、コンサルティング部長などを歴任。2010年に㈱マネジメント21設立し、現在、同社代表取締役。全日本能率連盟認定マスター・マネジメント・コンサルタント、JRCA登録主任審査員（ISO9001）、経済産業省登録中小企業診断士（昭和54年～平成26年）。

専門分野は経営管理改善全般、生産管理改善、現場改善、間接業務効率化、ISO9001などの認証取得支援などのコンサルティング、人材育成教育、現場改善や生産管理研修など。

著書として『図解　よくわかるこれからの生産管理読本』『図解　よくわかるこれからのヒューマンエラー対策』『図解　よくわかるこれからの5S』（同文舘出版）、『新版　仕事がどんどんうまくいく「カイゼン」の教科書』『5Sによるコストダウンの進め方』『「段取り」の教科書』『業務別　社内マニュアルのつくり方・活かし方』（中経出版）、『新商品・新事業開発大事典』（日刊工業新聞社）など多数。

図解　よくわかる　これからの品質管理読本

2024年　2月28日　初版発行

著　者 ―― 吉原靖彦

発行者 ―― 中島豊彦

発行所 ―― 同文舘出版株式会社

東京都千代田区神田神保町1-41　〒101-0051
電話　営業03（3294）1801　編集03（3294）1802
振替00100-8-42935
https://www.dobunkan.co.jp/

ISBN978-4-495-54156-9
印刷／製本：萩原印刷
Printed in Japan 2024